KB097792

이스라엘 정치사

모든 인간은 하나님의 형상을 닮은 존엄한 존재입니다. 전 세계의 모든 사람들은 인종, 민족, 피부색, 문화, 언어에 관계없이 존귀합니다. 예영커뮤니케이션은 이러한 정신에 근거해 모든 인간이 존귀한 삶을 사는 데 필요한 지식과 문화를 예수 그리스도의 사랑으로 보급함으로써 우리가 속한 사회에 기여하고자 합니다.

이스라엘 정치사

초판 1쇄 찍은 날 · 2008년 2월 28일 | 초판 1쇄 펴낸 날 · 2008년 3월 7일

지은이 · 이강근 | 펴낸이 · 김승태

편집 · 이덕희, 방현주 | 디자인 · 이훈혜, 박한나
영업 · 변미영, 장완철 | 물류 · 조용환, 엄인휘

등록번호 · 제2-1349호(1992. 3. 31.) | 펴낸 곳 · 예영커뮤니케이션
주소 · (110-616) 서울 광화문우체국 사서함 1661호 | 홈페이지 www.jeyoung.com
출판사업부 · T. (02)766-8931 F. (02)766-8934 e-mail: edit1@jeyoung.com
출판유통사업부 · T. (02)766-7912 F. (02)766-8934 e-mail: jeyoung@jeyoung.com
제작 예영 B&P · T. (02)2249-2506~7

copyright ⓒ 2008, 이강근

ISBN 978-89-8350-725-9 (03340)

값 15,000원

이스라엘 정치사

이강근

예영커뮤니케이션

2장 이스라엘의 정치정당제도 Political Party System of Israel · 63

6장 이스라엘 정치경제와 사회 주요세력
Political Economy & Social Force in Israel · 281

추천의 글 [1]

　지구상에서 유대인 만큼 특별한 민족도 없습니다. 유대인들은 수세기에 걸쳐 세계 각국에서 고난을 받아온 역사도 특별하지만, 고난의 역사에도 불구하고 지구상에서 가장 영향력 있는 민족으로 존재하고 있는 것도 특별합니다. 그리고 현대국가 이스라엘도 특별합니다. 현대 이스라엘은 세계 유대인들의 고향으로 세계의 유수한 유대인들과 긴밀한 관계를 맺고 있습니다. 세계 유대인들은 이스라엘을 위해 뛰고 있고, 이스라엘은 세계 유대인들을 위해 중심역할을 하고 있습니다. 세계시온주의기구 등 세계 유대인 조직의 본부가 이스라엘에 있고, 이스라엘 현 정치 지도자들이 이들 조직의 중요한 직책을 맡고 있습니다. 이는 유대인들의 영향력이 큰 만큼 이스라엘이 국가로서의 영향력도 그만큼 크다는 것을 의미합니다.

　뿐만 아니라 이스라엘은 국제 정치관계에서도 중요한 위치에 있습니다. 현재 세계 평화에 가장 큰 위협이 되고 있는 중동분쟁의 핵심에 이스라엘이 있습니다. 이스라엘과 팔레스타인 간의 분쟁 그리고 이스라엘과 아랍국가들 간의 분쟁으로 고조된 중동분쟁을 해결하고자 세계 열강들이 이스라엘로 몰려들고 있습니다. 이스라엘은 이미 세계 정치현안에 있어 중요한 국가 중의 하나입니다. 우리는 우리 국가의 이익을 위해서 그리고 국제정치관계를 위해서도 이스라엘을 알아야 합니다. 세계 유대인들의 근원지일 뿐만 아니라 세계분쟁의 중심에 서 있는 이스라엘의 정치사를 이해하는 것은 정치, 경제, 문화 면에서 아주 중요합니다.

이러한 때에 오랜 기간 동안 이스라엘 정치학을 연구한 이강근 박사가 『이스라엘 정치사』라는 한 권의 책을 묶어낸 것은 아주 반가운 일입니다. 모쪼록 이 책이 이스라엘을 더 알기 원하거나 연구하려는 많은 분들에게 큰 도움이 되기를 바라면서 이 책을 추천합니다.

김삼환
명성교회 담임목사

추천의 글 [2]

1962년 4월에 한국과 이스라엘이 수교를 맺은 이후 반세기가 지났습니다. 수교 이후 아랍국가들의 보이콧과 압력도 있었지만 한국과 이스라엘의 양국 교류는 지속적으로 증대해 왔습니다. 이는 이스라엘과 한국 두 나라가 서로에게 큰 도움을 주고 받는 동반자적 관계라는 증거입니다.

현대 이스라엘의 정치와 문화를 이해하는 것은 국제정치에서 중요한 전제 조건이 됩니다. 그것은 이스라엘과 팔레스타인 간의 문제 그리고 이스라엘과 아랍국가 간의 문제가 바로 중동 분쟁에 중심이기 때문입니다. 현재 반기문 유엔 사무총장이 한국인이라는 점에서 볼 때 이제 한국도 세계 정치현안에서 중요한 위치를 차지하고 있습니다. 이러한 때에 이강근 박사가 펴낸『이스라엘 정치사』는 이스라엘의 정치를 이해하고 나아가 중동문제의 현실을 이해하는 데 중요한 자료가 될 것입니다.

이스라엘 히브리대학교에서 정치학을 공부한 이강근 박사는 한국인으로서 이스라엘의 정치 현장과 학문을 연구하고 경험한 이스라엘 전문가입니다. 따라서 그의 저서를 적극 추천하며, 이 책을 통해 한국의 이스라엘 이해가 증진되고 양국 관계가 더욱 공고히 되기를 바랍니다.

시몬 페레스
이스라엘 대통령

It has been a half century since Korea and Israel formed diplomatic relations in April of 1962. After the amity, international exchange between Korea and Israel has been continuously increased despite of the boycotting or pressure from Arabian nations. This is the evidence that the two countries support each other in a complementary relationship.

It is an important precondition in the international politics to understand present Israel's politics and culture. This is because conflicts between Israel and Palestine or Arabian nations are the center of the Middle East's conflicts. Considering the present UN secretary general of a Korean, Ban, Ki-moon, it can be said that Korea is now in the core status of the international politics. In this situation, 『Israeli Political History』 written by Dr. Lee, Kang-Keun can be an essential material to understand Israel's politics as well as the Middle East's conflicts.

Dr. Lee, Kang-Keun is an expert in Israel, who not only majored in politics at Hebrew University of Israel but also studied and experienced Israel's political situation on the spot as a Korean. Thus, I strongly recommend his book titled 『Israeli Political History』, and hope that Koreans will understand Israel better and the relations between the two countries will become more hardened through that book.

Shimon Peres
The President of the State of Israel

추천의 글 [3]

한국은 이스라엘과 먼 거리에 있습니다. 그러나 먼 거리에도 불구하고 수 많은 기독교인들이 성지 이스라엘을 방문하고 있고, 양국 간의 각종 문화교 류는 물론 여러 산업분야에서 활발한 교류가 이루어지고 있습니다. 이것으로 볼 때, 한국과 이스라엘은 결코 먼 나라가 아닙니다.

한국은 이미 세계 경제 대국으로 계속 성장하고 있을 뿐만 아니라 국제 사 회에도 큰 기여를 하고 있습니다. 이러한 때에 한국에서 이스라엘의 정치사 를 자세하게 다룬 책이 처음 출간된 것을 기쁘게 생각합니다. 이 책을 통해 한 국이 중동문제는 물론 세계 정치사에서 중요한 위치를 차지하고 있는 이스라 엘을 더욱 잘 이해하고 나아가 중동정책과 평화정착에 좋은 교과서로 삼기를 바랍니다.

오랜 시간 동안 예루살렘 히브리대학교에서 이스라엘 정치사를 연구한 끝 에 『이스라엘 정치사』를 출간한 이강근 박사의 노고에 감사와 축하를 드립니 다. 또한 이 책이 한국과 이스라엘이 더욱 가까워지고 우의를 다지는 데 큰 기 여가 되기를 바랍니다.

에후드 올메르트
이스라엘 수상

Israel is very far from Korea. However, in spite of the great distance, a number of Christians are visiting the Holy Land, Israel, and cultural as well as industrial exchanges between the two countries have been actively performed in a variety of ways; thus, Israel is not a far country from Korea.

Korea has been constantly growing as a major economic power in the world and has been greatly contributing to the international society. At this present situation, it is a great pleasure to have a book published in Korea for the first time, which deals with Israeli political history in detail. I hope that Korea will understand Israel better which has a major status in the world political history as well as the Middle East's conflicts through this book and that the book will be a good textbook to understand the Middle East's policies and establish world peace.

I truly appreciate and congratulate that Dr. Lee, Kang-Keun made great efforts in studying Israeli political history at Hebrew University in Jerusalem for many years and published the book titled 『Israeli Political History』. I hope that this book will contribute to getting Korea and Israel closer and improving amicable relationship.

Ehud Olmert
The Prime Minister of The State of Israel

서문

필자가 예루살렘 히브리대학교에서 이스라엘에서 정치학을 공부하게 된 이유는 종교정당을 연구하기 위해서다. 이후 이스라엘 정치학을 공부한다는 이유로 이스라엘 정치 현안에 관한 질문과 자문을 요구하는 요청이 끊이지 않았다. 한국의 정당으로부터 이스라엘 선거제도에 대해 글을 부탁받기도 했고, 월간지로부터 정치 현안과 인물에 관한 글을 청탁 받기도 했으며, 한국의 여러 정치인들로부터 기회가 있을 때마다 이스라엘 정치에 관한 질문을 받았다. 이는 이스라엘 정치학을 전공한 학자가 드문 이유도 있지만, 이러한 궁금증을 해결할 만한 이스라엘 정치학 서적이 없었기 때문이다. 특히 2000년 9월에 촉발해 5년간 지속된 이스라엘과 팔레스타인 간의 유혈분쟁기간 동안 한국의 수많은 기자들이 이곳을 다녀갔는데, 취재 중 복잡한 이스라엘 정치사 이해에 어려움을 토로했다. 그리고 한결같이 필자에게 이스라엘 정치에 관한 책을 내볼 것을 권유했다.

2005년 12월에 박사학위 논문을 제출하고, 심사기간 중 들뜬 마음과 긴장을 가라앉힐 수 있는 일거리를 찾다가 이스라엘 정치사를 정리해 봐야겠다는 생각을 했다. 그동안 써왔던 단편적인 글과 모아둔 자료들을 꺼내어 집필작업에 들어갔다. 무료할 것 같은 집필 기간 더욱 가속도를 낼 수 있었던 까닭은 늘 접해온 내용임에도, 정리를 하면서 스스로 많은 공부가 되었기 때문이다.

목사가 왜 정치학을 공부하느냐는 질문을 자주 받아왔고, 이스라엘 정치학에 관한 글을 쓰게 될 때도 목사가 왜 정치학에 관한 글을 쓰는가에 대해 질문을 받았다. 여기에 일일이 그 이유를 열거할 수는 없지만, 이스라엘은 종교와 정치가 가장 밀접하게 연관되어 있는 나라 중의 하나이다. 유대교는 하나의 종교를 넘어서 이미 이스라엘 국민들을 지배하고 있는 삶 자체이다. 이런 관점에서 이스라엘의 종교정당을 심도 있게 연구하다보니 이 책에서도 다른 정당에 비해 종교정당을 비중 있게 다루었다. 실제로 이스라엘 정치사에서 종교정당은 이스라엘 정치의 핵심에 서 있다.

이스라엘에서 오랜 기간 유학하는 동안 매우 다양한 사람들을 만나왔다. 작은 나라이니만큼 정치학 강의 시간에 활동중인 정치인들과 국회의원들을 만날 수 있었고, 취재 온 한국의 언론사 기자들의 취재를 도와 다양한 분야의 인사들을 만나며 더 많은 공부를 할 수 있었다. 이러한 경험이 책을 집필하며 현장감 있는 접근을 하는 데 큰 도움이 되었다.

10여 년이 넘게 이스라엘을 공부해 왔지만 막상 책을 쓰려고 하니 여전히 부족한 것을 절감한다. 따라서 이 책을 구성하고 내용을 정하는 데 있어서 다음의 책으로부터 큰 영향을 받았음을 밝혀 둔다. Abramov, S. Zalman의 『*Perpetual Dilemma: Jewish Religion in the Jewish State*』(Associated University Press, 1976), Arian, Asher의 『*Politics in Israel*』(New Jersey: Chatham House Publisher, 1989), Schiff, Gary S.의 『*Tradition and Politics: The Religious Parties of Israel*』(Detroit: Wayne State University Press, 1977), Don Peretz & Gideon Doron의 『*The Government and Politics in Israel*』

(Westview, 1997).

이 책은 초기 이스라엘 역사를 중점적으로 서술했다. 2,000여 년 만에 유대인의 옛 땅에 세워진 신생국가 이스라엘은 건국과 함께 수많은 전쟁을 겪어왔고, 정치적인 위기를 극복하는 동안 전쟁영웅과 정치적인 영웅들이 다수 탄생했다. 이 책은 이스라엘의 정부구조, 정당제도, 선거제도 그리고 건국 이스라엘의 정치 문화적인 배경에 주요 인물들이 활동했던 상황을 연결하며 독자들이 흥미롭게 읽을 수 있도록 했다. 다소 따분하게 여겨지는 내용들도 있지만 자세한 이스라엘 정치이해를 위해 할 수 있는 한 모두를 내용에 포함했다.

이스라엘 정치사에 등장하는 히브리어 용어를 한글로 표기하면서 이스라엘 현장 발음을 그대로 옮기려 시도했다. 영어를 본 독자라면 좀 의아해 할 것들도 있지만, 이스라엘 현장을 접할 때에는 이것이 더 유용할 것이란 생각이 들었다. 그러나 여기에도 어려움이 있었다. 이민자들이 모인 사회에서 히브리어의 기준이 될 만한 히브리어 본토 발음을 규정하기가 쉽지 않았다. 이민자들이 히브리어를 배울 당시에는 미즈라히 발음이 표준 히브리어 발음이었다. 그러나 지식인 계층을 장악한 아쉬케나지 유대인들이 미즈라히 발음을 정확히 낼 수 없는 이유 등으로 인해 히브리어 발음체계에 약간의 변화가 생겼다. 오히려 최근 들어서는 중산층의 미즈라히 유대인들이 신분 상승을 바라며 스스로 미즈라히 발음을 기피하는 경향까지 생겼다. 게다가 1990년대 이후 들어온 100만여 명의 러시아 이민자들로 인해 독특한 러시아어 성격의 발음변화가 나타나기도 했다. 이 책에서는 용어의 이해를 돕기 위해 히브리어 원음발음을 시도하면서도, 큰 무리가 없을 때는 한글의 외국어 표기법을 따랐다.

막상 원고를 탈고해 놓고 보니 부족한 점이 많다. 그럼에도 따끔한 비판이 필자로 하여금 더욱 연구에 정진할 수 있는 채찍이 되고, 이 분야에 대한 여러 학자들의 보다 활발한 연구활동을 기대하고 있기에 책을 내놓는다.

이 책을 내기까지 도움을 준 분들이 많다. 우선 초기 원고 작업시 원고 정리를 도와준 서울대학교의 이동원 학우, 원고를 읽어주며 조언을 아끼지 않은 히브리대학교 국제정치학과 박사과정의 김지영 학우, 이스라엘 정치학 석사과정의 강현석 학우, 또 히브리어 용어 교정에 도움을 준 히브리어과 허동범 학우에게 감사를 드린다. 이외에도 일일이 이름을 다 열거할 수 없지만 크고 작은 도움을 준 여러 분들에게 감사를 드린다.

무엇보다도 이스라엘 유학하는 동안 기도와 장학지원을 해 주시고, 계속해서 이스라엘 머물며 연구와 주님의 사역을 할 수 있도록 큰 격려와 후원을 아끼지 않으신 김삼환 목사님께 머리 숙여 큰 감사를 드린다. 이 책을 비롯해 앞으로의 연구도 김삼환 목사님의 특별한 배려가 없다면 아마 불가능한 일이 될 것이다.

그리고 출판사와 필자가 서울과 예루살렘에 서로 떨어져 있어 기획에서 출판까지 서로 얼굴 한번 대면하지 못하고 책이 나왔다. 출판을 결정해서 많은 인내심으로 출판을 해 주신 예영커뮤니케이션의 김승태 사장님과 전화로만 친숙하게 된 편집담당 이덕희 자매님, 그리고 예영가족 모두에게 따뜻한 감사를 전한다.

2008년 3월
예루살렘 히브리대 투루만 연구소에서
이 강 근

1장 이스라엘 정치문화의 배경

Background of Israeli Political Culture

1. 이민자들의 국가

이민자들이 건설한 국가 이스라엘에는 토착민들이 세운 대다수 국가와는 다른 독특한 정치문화가 형성되어 있다. 이스라엘은 2,000여 년 가까이 유대 땅을 떠났던 유대인들이 다시 돌아와 세운 국가이다. 유대인 이민자들은 초기 팔레스타인에 정착 기반을 다지기 위해 낯선 농업기술로 땅을 개간해야 했고, 재정과 물자가 부족한 열악한 환경에서 살아 남아야 했다. 또한 호의적이지 않은 베두윈이나 주변 아랍인들과 공존해야 했다. 동시에 이민자들은

1 하이파 항구에 도착하는 불법이민자들을 실은 하가나 여객선 "엑소더스" 1947년 3월 22일.

건국 이스라엘이 세계에 흩어진 모든 유대인들을 품을 수 있는 포괄적이고 효율적인 정치 시스템을 갖추도록 해야 했다. 이민에서 국가 건설에 이르기까지, 건국과정에서 형성된 문화 자체가 이스라엘만이 갖게 된 정치문화이다.

서기 70년에 유대 땅을 정복한 로마는 예루살렘 성전을 파괴하고 유대인들을 강제로 추방하였다. 특히 주후 135년 로마 하드리안 황제에 대항해 일어난 바르 코크바 반란(또는 항전) 이후 유대인들은 더욱 큰 규모로 해외로 도피하였다. 이는 로마가 유대인들의 추가 반란을 막기 위해 예루살렘을 파괴하고, 반란에 가담한 것이 의심되는 유대인들 모두를 죽이고, 많은 유대인들을 노예로 전락시켰기 때문이다. 결국 로마의 점령이 극에 달한 시기에 유대 땅은 유대인 없는 유대 땅이 되었고 이름도 팔레스타인[1]으로 불렸다.

팔레스타인 땅으로 유대인들이 집단적으로 이주한 시기는 13세기부터였다. 1211년에 영국에서 300여 명의 랍비들이 팔레스타인 땅에 들어왔고 이후 유대인들의 이주가 뒤따르기 시작했다. 1481년에 볼테라의 랍비 메슐람 벤 메나헴은 예루살렘에 250여 가정을 정착시켰고, 이후 1488년에는 이탈리아의 랍비 오바댜가 70여 가정을 정착시켰다. 15세기 무렵과 16세기 동안에 스페인과 포르투갈에서 온 이들 유대인 난민들은 팔레스타인의 유대인 수를 더욱 증가시켰다. 그러나 근대사를 이루는 본격적인 유대인 이민은 1800년대 말부터 시작되었다.

유대인들이 팔레스타인으로 이주하는 궁극적인 목표는 유대인 국가 건설이다. 따라서 팔레스타인 땅에 유대인들이 이주하는 것은 늘 뜨거운 논쟁거리가 되었다. 영국이 팔레스타인을 위임 통치한 1921년부터, 이민을 제지하는 영국과 이민을 주도한 시온주의자들 간의 격렬한 분쟁이 끊이질 않았다. 특히 팔레스타인 땅으로 속속 들어오는 유대인들의 이민에 두려움을 느낀 아

---

[1] 팔레스타인은 블레셋 사람들이 사는 땅이란 뜻이다. 그러나 이 이름은 주후 135년 로마황제 하드리안이 유대주의를 폄하하려고 유대의 오랜 적이었던 블레셋의 이름을 붙인 것이다. 1917년 영국이 이 땅을 점령하고 1921년 유대 땅을 식민화하면서 팔레스타인이란 이름이 정식으로 등장하였다. 따라서 여기서 팔레스타인이란 이스라엘과 팔레스타인 두 민족의 구분이라기 보다는 이스라엘의 건국 이전 유대 땅을 일컫는다.

랍 민족주의자들은 영국에게 유대인의 이민을 제지해 줄 것을 끊임없이 요구했다. 심지어 1980년대 말 소련이 자국의 유대인들을 이스라엘로 보낸다는 소식이 전해지자 팔레스타인과 아랍 지도자들은 모스크바로 달려가 이를 강력히 반대하기도 했다. 그럼에도 불구하고 1990년대에 러시아 유대인 100만여 명이 옛 소련에서 이스라엘로 귀환했다.

유럽에서 발생한 반유대주의와 유대인 학살로부터 유대인을 보호하기 위해 적극적인 유대인 이민정책이 실행되었다. 그것은 1948년 이스라엘 건국 직후 초대정부의 주요 임무 중 하나로서, 유대인 이민을 제한한 백서를 철폐하고 모든 유대인들이 이스라엘에 올 수 있도록 하는 것이었다. 결국 1950년 7월 5일, 이스라엘 국회 크네셋은 유대인 귀환법을 만장일치로 통과시키며 모든 유대인들의 이민을 법적으로 보장했다.

이스라엘의 유대인 귀환법은 국가의 기본법으로 제정되어 "유대인 국가에 반역 행위를 한 자" 또는 "공공건강이나 국가안보를 위협하는 자"를 제외한 "모든 유대인들은 이스라엘로 이주할 권리를 가진다"고 명시했다. 이는 독립 선언문을 재차 강조한 헌법으로, 국회에 귀환법을 제출한 벤구리온은 유대인의 귀환이 국가권리보다 우선함을 다음과 같이 밝혔다.

"이 땅에 정착하기를 원하는 유대인에게는 선천적인 권리가 부여되며, 유대인의 귀환 권리는 (이스라엘) 국가보다 우선한다."

2. 이민의 시기

세계에 흩어져 살던 유대인들의 이주 시기는 1882년부터 현재까지 대략 5개의 시기로 나누어 볼 수 있다. 각 시기별 이민행렬로 이스라엘의 인구는 증가했고, 이들은 당시 정치와 사회에 큰 영향을 끼쳤다.

(1) 1882-1924년

이민은 1800년대 말에 시작되었으며, 이민자는 당시 적은 수에 불과했다. 그러나 이 첫 이민이 중요한 것은 장차 이스라엘 건국을 주도할 주요 정치 지도자들이 이때 팔레스타인에 들어왔기 때문이다.[2] 1880년 이전까지 팔레스타인에 거주하는 유대인은 2만 5,000명도 채 되지 않았다. 이들은 공동체를 이루어 대부분 토라 공부에 몰두하였다. 초기 유대인 대다수는 '할루카'라는 해외 유대인들에게서 거두어들인 자선 기부금에 의존하였다. 정치적으로는 외국 영사관의 보호 혜택을 누렸는데, 스파라디 유대인들은 주로 터키 국적이었고 대부분이 장인과 상인들이어서 누구보다 적극적으로 경제적인 활동에 참여하였다. 이들은 주로 예루살렘, 헤브론, 갈릴리, 츠팟 등 역사적인 장소에 모여 살았다. 이들의 삶은 종교와 관련된 성경 공부와 이스라엘 땅의 회복과 메시아를 기다리며 기도하는 것이 전부였다.

본격적인 첫 번째 이민은 1882년에서 1903년 사이에 이루어졌다. 1881년 러시아 왕자 암살에 유대인이 연루되었다는 의혹으로 유대인들에 대한 대대적인 핍박이 일자 유대인 2-3만여 명이 팔레스타인으로 이주했다. 당시 러시아를 나온 유대인 대부분은 미국으로 이주했고, 그중 일부가 팔레스타인으로 이주했다.[3] 호베베이 찌온(Love of Zion)이라 불리는 첫 이주자들은 주로 민족주의자들로 구성되었으며, 정착에 필요한 농업기술이나 자금을 거의 가지고 있지 않았다. 이미 정착해 있던 종교 유대인들은 첫 이민자들의 세속적인 성향에 반감을 가졌고 외부 기부금이 이들에게 흘러갈 수 있다는 우려 때문에 이들을 경쟁자로 보았다. 종교성에 기반을 두고 극히 절제된 생활을 해 오

---

2   발포어선언 이전까지의 팔레스타인 상황에 관해 다음을 참조하라. Penslar, Derek J., "Herzl and the Palestinian Arabs: Myth and Countermyth," *Jornal of Israeli History*, vol. 24, no. 1, March 2005. pp. 65-78.; Roi, Ya'akov. "The Zionist Attitude to the Arabs: 1908-1914," *Middle Eastern Studies*, 4. 1968. pp. 198-242.; Mandel, Neville, *The Arabs and Zionism before World War I*, Berkeley, 1976.

3   이 시기의 자세한 내용은 Encyclopaedia Judaica, *History from 1880; Israel Pocket Library*, History from 1880, Keter Publishing House Ltd. 1973. pp. 9-27.

던 기존 정착유대인들은, 세속적인 학교를 세우고 적극적으로 땅을 일구며 자립을 꿈꾸는 첫 이민자들에게 강한 적대감을 표출했고 심지어 터키 정부에 밀고를 하기도 했다.

두 번째 이민은 1904년에서 1914년까지 약 10년 동안에 이루어졌다. 이민자들은 러시아에서 가장 많이 왔으며 루마니아, 예멘 등에서도 이주하였다. 이민자 수는 4만여 명으로, 러시아 혁명의 물결과 함께 1903년에서 1906년 사이에 발생한 연이은 대학살과 1차 세계대전의 갑작스러운 종결이 이민의 주요 원인이 되었다. 이들 중 약 1만 명의 사람들은 안정된 삶과 고향을 포기하고 시온주의 혁명에 동참한 선구자들이었다. 이주자들 대부분은 미혼의 젊은 남자들과 이보다 약간 적은 수의 여자들이었으며, 이들의 이민으로 강한 국가주의 정신을 가진 중산계층이 늘어났다. 두 번째 이민자들은 농업뿐만 아니라 유대국가 도시의 기반형성에 영향을 주었다. 첫 이민자들이 팔레스타인에 농업을 뿌리내리는 데 크게 기여하였다면, 두 번째 이민자들은 사회, 문화, 정치 분야의 조직 구조를 확립하는 데 이바지하였다. 첫 번째 이민자들과 비교하여 두 번째 이민자들은, 사회주의 정신이 투철한 젊은이들이었고 혁신적인 인물들이었다. 이들은 유대 문화활동을 촉진하는 가운데 농업 기술을 개발하는 등 산업을 성공적으로 발전시켰다. 이 시기에 정치적 목적을 가진 정당들이 등장하였고, 전국노동조합인 히스타드루트가 설립되었다.[4] 두 번째 이민이 갖는 가장 중요한 의미는 초대 수상을 지낸 벤구리온과 2대 대통령을 지낸 이츠하크 벤 쯔비, 초대 국회의장을 지낸 요세프 스프린자크 등 세 명의 지도자들이 이주해 온 것으로, 이들은 향후 이스라엘 건국과 정치에 큰 영향을 끼치게 된다.

그러나 첫 번째 이민자들과 두 번째 이민자들 사이에는 크고 작은 충돌이 잦았다. 충돌의 중심에는 노동력의 수급 문제가 있었다. 첫 번째 이민자들은 경험이 많고 임금이 저렴한 아랍 노동자들을 이용한 경제성장을 주장한 반

---

[4] 자세한 내용은 Gorni, "Changes in the Structure of the Second Aliyah" 참조.

유대인 이민자들이 이민자 캠프에서 춤을 추고 있다. 페타티크바 근처 "엔 가님", 1940년 2월 1일.

면, 두 번째 이민자들은 장기적인 안목에서 유대인들의 노동을 주장하였다. 유대인 노동력이 이스라엘 경제 성장의 원동력이 되어야 하며 자립 없이는 경제 성장이 불가능하다는 주장이었다. 노동을 둘러싼 분쟁은 결국 세계시온주의기구의 도움으로 노동자 측의 승리로 끝났다.[5] 노동자 측은 점차 유대인 정착을 내세우며 지도자로 나서기 시작했다.

1차 세계대전 기간에 유대인 이주는 중단되었지만, 그간 오스만터키제국의 통제를 받던 팔레스타인에서 자유회복의 기미가 보이기 시작했다.[6] 1917년 영국 외무부장관 아더 제임스 발포어는 로스차일드 경 편에 시온주의자들의 열망을 지지하는 선언문을 보냈다. 이 서한은 영국 외무부 장관이 비공식 기구인 시온주의기구에 보내기 위해 당시 유대인 지도자 출신의 상원의원 로스차일드에게 보낸 것으로 영국 정부는 팔레스타인에 유대인의 국가 건설을 지지한다는 입장을 전달하고 있다. 발포어선언은 팔레스타인 땅에 유대인의 이주를 급증시키는 도화선이 되었다.

세 번째 이민은 1920년대 초반 1차 세계대전의 종료와 소련 혁명 실패 후의 시기로, 1919년에서 1923년 사이에 약 3만 5,000명이 들어왔다. 자신들을 개척자로 자칭하는, 러시아와 폴란드 출신의 미혼 젊은이들은 유럽 시온주의 기관에서 농업 훈련을 받으며 이민을 준비했다. 이들은 사상적으로 매우 개방되어 있었고 유럽풍의 정치와 문화에 익숙해 있었으며, 이전 이민자들이 닦아 놓은 터전 위에서 새로운 삶을 시작했다. 러시아 유대인들이 들어오자 이스라엘을 떠났던 공백이 채워지며 1922년 이스라엘 인구는 8만 5,000명 (1914년 기준)을 유지하게 되었다.[7]

오스만터키제국이 통치하던 1880년부터 1914년까지 약 8만 명의 유대인들이 팔레스타인으로 이주해 왔다. 유대인의 팔레스타인 이민을 금지하는 법조항이 있었음에도 불구하고 많은 유대인의 이민이 가능했던 것은 이민을 제대로 막지 못한 오스만제국의 무능과, 오스만제국 통치하의 팔레스타인에 설치된 영사기관이나 종교기관 등 치외법권을 누리던 유럽인들의 도움이 있었기 때문이었다. 아랍인들이 유대인의 증가에 예민하게 반응하자 영국은 종교계 종사자와 이스라엘 거주자의 가족들에 한해 이민을 보장하는 이민법을 만들었다. 그러나 오스만제국은 자신들이 정한 기준에 적합한 자에 한해 이주를 허락하였다. 그 기준은 세계시온주의기구가 이민자의 1년 생활을 보장하는 것과 1년 후에는 확실한 취업이 예상되어야 한다는 것이었다.

5 Anita Shapira, *The Frustrated Struggle: Jewish Labor, in Hebrew* (Tel Aviv: Hakibbutz Hameuhad, 1977).
6 발포어선언 이전까지의 팔레스타인 상황에 관해 다음을 참조하라. Penslar, Derek J., "Herzl and the Palestinian Arabs: Myth and Countermyth," *Jornal of Israeli History*, vol. 24, no. 1, March 2005. pp. 65-78.; Roi, Ya'akov. "The Zionist Attitude to the Arabs: 1908-1914," *Middle Eastern Studies*, 4. 1968. pp. 198-242.; Mandel, Neville, *The Arabs and Zionism before World War I*, Berkeley, 1976.
7 Friedlander and Goldscheider, *The Population of Israel*, p. 16.

(2) 1925-1948년

네 번째 이민은 1924년부터 1930년 사이에 발생했다. 이 시기는 1920년대 미국이 쿼터제로 이민을 제한하고, 유럽 경제의 악화로 폴란드가 유대인들을 쫓아내고 있던 시기였다. 이 기간에 8만 2,000명이 이민을 왔고, 1925년 한 해에만 3만 5,000명이 이주하였다. 세 번째 이민자들이 사상이 투철하고 가난한 러시아계라면, 네 번째 이민자들은 경제적으로 독립된 수단을 소유한 중산층의 폴란드계였다.[8] 하지만 1927년 심각한 경제 악화로 실업률이 높아짐에 따라 역이주가 늘기 시작했다. 네 번째 이민자들 8만여 명 중 2만 3,000명이 해외로 다시 이주해 나갔다. 그 결과 1927년에는 이스라엘을 떠난 사람들이 들어온 사람보다 많았다.

다섯 번째 이민 시기는 히틀러의 등장으로 동유럽과 중부유럽에서 반유대주의가 확산되던(1932-1938년) 때이다. 1935년에만 6만 6,000명을 비롯해 이 기간 동안 약 20만 명의 유대인들이 이주하였다. 이 기간의 이민자는 "독일 이민자"라고 불렸지만 폴란드에서 온 이민자들이 가장 많았다. 중부유럽 이주자들은 투자 자금과 도시 생활방식 및 조직, 기술을 가지고 이주하였다. 이민자들 대부분은 도시에 집중적으로 정착했고 그중에서 과반수 이상이 텔아비브에 정착했다. 1936년 텔아비브의 인구는 15만 명에 달했고, 텔아비브시의 예산은 다른 인근 도시 22개의 예산을 합한 것보다 많았다.

1920년대와 1930년대 이후 대규모 유대인 이주에 위협을 느낀 지방 아랍인들은 폭력적으로 반응하기 시작하였다. 1882년 이스라엘 전체 인구의 4%에 불과하던 유대인 인구는 1939년에 30%로 증가하고, 17년간 아랍인이 50%의 인구증가율을 보인 데 비해 유대인의 증가율은 500%나 되었다. 유대인의 급증은 아랍인 사회에 긍정적인 변화도 가져왔다. 수천의 아랍인들이 고용되면서 경제적 형편이 훨씬 좋아졌고 부동산 가치가 상승했으며 유대인들이 낸 막대한 세금으로 교육과 복지 등이 향상되었다. 이 때문에 요르단 서안의 아랍인들은 규모가 큰 유대인 이민자들을 자신들의 지역으로 끌어들이기 위해

3 팔레스타인 땅에 들어온 유대인 이민자들이 이민자 캠프 "크파르 비트킨"에서 히브리어를 배우고 있다. 1940년 2월 1일.

유대인과 비밀 협상을 벌이기도 했다.[9] 그러나 유대인과 아랍인 간의 경제적 불평등은 아랍인들을 분개시켰다.

　오스만제국 시절부터 계속된 불법 이주는 2차 세계대전 이후에도 계속되었으며, 이 때에 수만 명의 불법 이민자들이 들어왔다. 그러나 1946년 중반 이후 유럽 대학살을 피해 온 유대인 생존자 대부분이 다시 잡혀갔고 그중 5만 6,000명은 사이프러스에 수감되었다. 이스라엘 건국 직전까지 합법적이든 불법적이든 팔레스타인 땅에 이주하려는 유대인들의 노력은 대단했다. 이주민 유치 노력은 이스라엘 경제 강화와 사회적 기반 조성을 위해서였을 뿐 아니라 아랍인들과 영국과의 무력 충돌에 대비한 전투력 양성을 위한 것이기도

8　Dan Giladi, The Yishuv at the Time of the Fourth Aliyah (1924–29): *Economic and Political Aspects*, in Hebrew(Tel Aviv: Am Oved, 1977).

9　1933년에 영국이 임명한 아랍 통치자 Emir Abdullah와 요르단 서안 족장대표는 유대인관청과 이민유치 협상을 벌였지만 영국의 저지로 실패했다.

년도	유대인인구	이스라엘 유대인	이스라엘 내 유대인비율	세계 유대인인구	이스라엘 유대인비율
1882	600	24	4.0	7,700	0.3
1922	752	84	11.2	8,000	1.1
1939	1,545	464	30.0	16,600	2.8
1948	806	650	80.6	11,500	5.7
1954	1,718	1,526	88.6	11,900	12.8
1967	2,777	2,384	85.8	13,600	17.5
1986	4,331	3,561	82.2	13,000	27.4
1996	5,619	4,550	81.0	13,000	35.0
2002	6,276	5,022	80.0	14,600	34.3

1 세계 유대인인구, 1882-1996년 (단위 1,000) [10]

했다. 이같이 활발한 이주 움직임은 모든 유대인 집단과 개인의 유대를 강화하는 동시에 민족주의의 정신력을 강화하였다. 그러나 국가가 건국되기 바로 직전 유대인 최대의 비극인 유대인 학살이 발생했다. 이슈브의[11] 유대인 사회가 여러 문제에 직면해 있던 어려운 시기, 다비드 벤구리온은 지도력을 발휘하며 이스라엘 안팎의 모든 유대인들로부터 최고의 지지를 받았다.

(3) 1948-1954년

1948년부터 1994년까지 유대인 이민자 수는 해마다 달랐지만, 세계 각지에서 대략 250만 명의 유대인들이 이스라엘로 귀환해 왔다. 1948년 이스라엘이 독립할 당시의 인구는 45년 전보다 4배나 늘어났으며, 이듬해인 1949년에는 가장 큰 규모로 24만 명의 이주민들이 들어오는 등 건국 직후인 1948년과 1951년 사이에 이스라엘 인구는 이전보다 두 배나 늘어났다.[12] 유대인의 집단 이주로 독일의 나치 수용소는 텅 비게 되었고, 영국이 불법 이민자들을 일시 수용했던 사이프러스 수용소는 문을 닫게 되었다. 배로 늘어난 인구는 당시 이스라엘이 처한 경제난을 가중시켰지만, 정부는 성공적으로 잘 대처하였다.

4 욥바(Jaffa) 정부건물 밖에서 헬멧을 쓴 무장 경찰들이 봉기한 아랍인들을 진압하고 있다. 1933년 10월 27일.

그러나 이에 위기를 느낀 아랍인들은 무력으로 저항하는 한편 주변 아랍국가들과 더불어 이스라엘에 군사적인 공격을 가했다. 이스라엘과 아랍의 충돌에 불안을 느낀 팔레스타인의 많은 아랍인들은 이웃 국가로 빠져 나갔다. 아랍인들은 정국이 안정을 되찾으면 돌아오겠다는 생각으로 이 땅을 떠났지만 끝내 돌아오지 못하고 팔레스타인 난민이 되고 말았다.

건국 후 이스라엘로 이민하는 속도는 더욱 빨라졌다. 이주 순서는 ① 유럽 및 사이프러스 수용소에 있던 유럽 유대인들 ② 불가리아 · 유고슬라비아 · 예멘 · 아테네 · 알제리아 출신 유대인 ③ 1949년 초 터키와 리비아 출신 유대

10 Dov Friedlander and Calvin Goldscheider, *The Population of Israel* (New York: Colmmbia University Press, 1979); *Statistical Abstract and the American Jewish Yearbook*.

11 '이슈브'는 히브리어로 이스라엘 건국 이전 팔레스타인 땅에 정착한 유대인 거주자들을 일컫는다. 이슈브란 용어는 1880년대 2만 5,000여 명의 유대인들에게 사용되어 70여만 명으로 늘어난 1948년까지 사용되었다.

12 Israel, *Demograhpic Characterstics 1977, 1978*, pp.14-5; *Statistical Abstract*, 1992, pp. 94-95.

5 불법 이민자들을 가득 실은 유대인 무장단체 하가나 선박 "JEWISH STATE"가 사이프러스로 추방되어 가기 전 하이파 항구에 정박해 있다. 1947년 10월 30일.

인과 3만 5,000명에 이르는 예멘 출신 유대인들 ④ 1949년 말 폴란드·루마니아 유대인들 ⑤ 이라크와 루마니아 유대인들 순으로 이루어졌다. 이에 따라 이스라엘 정부는 이민자들을 포용하고 숙식을 제공해야 하는 데 강한 압력을 받았다. 여러 차례의 전쟁으로 재정이 바닥나자 비상식량 배급이 불가피했다. 당시 미국에 있던 유대인 지도자들은 예산 확보를 위해 6개월 동안 이민 속도를 줄이라고 이스라엘 정부에 요구하였다. 하지만 벤구리온은 "이민자는 경제 조건에 따라 결정되는 것이 아니라, 세계에 흩어진 이민자 수에 따라 결정되어야 한다"며 미국 내 지도자들의 요구를 거절하였다.[13]

(4) 1954-1989년

1951년 유대인관청은 농업 관련 거주를 원하지 않거나 생산업에 종사할 수 없는 자 또는 장기 환자 등을 걸러내기 위해 일단의 조치(Rules of Selection)를 취하기도 했다. 이 기간 초기에는 이민자들이 크게 늘어나지 않았으나, 이스라엘 경제가 되살아나고 독일의 피해 보상이 본격화되며 시나이전쟁(1956년)에서 승리하자 모로코를 포함해 북아프리카 유대인들이 급격히 이주하기 시작했다. 1952년과 1954년 사이에 1년 기준으로 1만 8,000명이 이주하였던 것이 1957년에는 모로코, 폴란드, 이집트로부터 7만 명이 이주하였다.

1950년대 중반 북아프리카 이민자 규제가 문제로 부각되기 시작했다. 수상 모쉐 샤레트는 월 2,000명에서 3,000명으로 이주 허가 인원을 늘렸지만 일각에서는 이민 규제가 필요하다고 보았다. 1961년과 1965년 사이에는 모로코, 루마니아, 아르헨티나에서 유대인 23만 명이 이주하였다. 1967년 6일전쟁으로 동유럽과 북아프리카 출신의 유대인이 이주할 것으로 예상되었지만 이주민의 상당수는 서방 국가 출신이었다. 구소련에서는 이민 허가를 받은 25만 명의 유대인 중 16만 명만이 이스라엘로 이주하였다.[14]

한편 유대인관청과 정부이민국이 이민 관련 업무를 동시에 주관하면서 이주 정책은 더욱 복잡한 양상을 띠게 되었다. 정당 정치인들과 정부 관료 양측이 이민 규제와 이민 방안을 놓고 경쟁적으로 이민 정책에 관여했다. 그것은 이민자들을 주관하고 그들에게 혜택을 알선하는 정당에 이민자들이 정치적 지지를 보낼 수 있기 때문이었다.

(5) 1989년부터 현재

소련의 붕괴로 1990년에서 1993년 사이에 50여만 명이 이민해 왔다. 그 결과 1989년에서 1995년 사이에 이민자 수는 1948년 국가 건설 때보다 많은 70만 명이나 되었다. 이민자들 대부분은 구소련 출신이었으며, 5만 명은 에티오피아 출신이었다.

---

[13] Friedlander and Goldscheider, *The Population of Israel*, p. 97에서 인용.
[14] Zvi Gitelman, *Becoming Israelis: Political Resocialization of Soviet and American Immigrants* (New York: Praeger, 1982).

이스라엘 정부는 러시아 유대인들을 위해 수년간 구소련 정부에 대해 유대인 이민을 요청했지만 막상 엄청난 수가 몰려오자 이를 받을 만한 준비는 되어 있지 않았다. 더욱이 이전에는 정부 차원에서 이민자 적응정책을 폈지만 새로이 집권한 하리쿠드당은 이민자 자립으로 적응해야 하는 정책을 펼쳤기 때문에 이민자들은 지원금 이후 스스로 삶을 꾸려나가야 했다. 다행히 이주자들의 적극적인 적응 노력과 1993년 평화협상 등에 힘입은 경제활성화로 큰 문제는 발생하지 않았다. 그러나 같은 시기, 러시아 이민자들은 직장과 집을 마련하며 환경에 잘 적응해 나간 반면 에티오피아 이민자들은 적응에 실패해 사회문제가 되었다.[15]

1989년부터 1995년 사이 러시아에서 온 이민자 60만 9,900명은 대부분 세속적 성향에 교육 수준이 높았고, 서구 및 구소련의 문화에 익숙한 아쉬케나지 유대인들이었다. 그들은 구소련의 정치·경제적 불안정과 반유대주의적 환경에서 벗어나려고 이스라엘로 이주하여 온 유대인들이다. 구소련 이주자들의 30%는 러시아와 우크라이나 출신이고, 21%는 중앙 러시아 연방국가들인 카프카즈, 아제르바이젠, 조오지아 출신이며, 9%는 베로루시아, 6%는 몰다비아, 3%는 발틱 3국인 에스토니아, 라트비아, 리투아니아 출신이다.[16] 당시 구소련 이민자들 중에서 전문직에 해당하는 사람들이 많은 것에 비해 에티오피아 출신 유대인들은 경제적, 문화적, 종교적으로도 뒤쳐져 있었다. 그들은 저개발 아프리카 국가에서 왔으며 특히나 솔로몬 작전 이후 2만 4,000명이 이주했을 뿐이었다. 에티오피아 출신 유대인들의 유대인으로서의 지위와 관련해 정통유대교 랍비들이 의문을 제기했지만, 결국 성경에 나오는 히브리 12지파 중 하나의 후손에 속하는 것으로 그들을 규정지었다. 이들은 아쉬케나지와 스파라디와는 달리 탈무드와 랍비의 구전전승을 발전시키지 않고 별도의 전통을 발전시켰다.

아랍국가에서의 본격적인 이주물결은 예멘에서 시작되었다. 1949년과 1950년 사이에 마술카페트 수송작전으로 4만 7,000명의 예멘 유대인들이 이스라엘로 들어왔고, 1950년에 이라크는 유대인의 이스라엘 이주법을 제정했다. 또한 구약성경에 나오는 메소포타미아 포로였다가 귀환한 두 명의 이름을 딴 '에스라와 느헤미야' 라는 작전으로 이라크 유대인들을 이스라엘로 데려왔다. 약 12만 1,000명의 유대인들이 이라크의 유서 깊은 난민촌을 떠났고 남은 몇몇 유대인들은 이라크 국경을 가로질러 밀입국하였다. 그리고 2003년 미국이 이라크를 공격했을 때 마지막 남은 유대인이 이스라엘로 들어왔다.

중동 정세의 불안으로 아랍과 아프리카에 거주하던 유대인들이 이스라엘로 들어오면서 1970년대 초반까지 아랍세계에 남아 있는 유대인은 거의 없게 되었다. 중동지역 아랍국가들인 이라크, 예멘, 시리아, 레바논, 이집트와 북아프리카인 모로코, 튀니지, 알제리, 리비아 등지에서 온 유대인들은 아랍어와 히브리어를 모두 사용할 수 있었다. 1960년대 아랍어를 구사하는 75만 명의 유대인들 가운데 약 3분의 1은 모로코 출신이다. 모로코에는 3만여 명의 유대인만이 남았으며, 시리아에 남아 있던 수백의 유대인들은 1994년의 비밀작전을 통해 이스라엘에 들어왔다.

미국 유대인들은 규모는 작지만 이스라엘 정치와 사회에 미치는 영향력은 컸다. 젊고 교육 수준이 높은 미국계 유대인들은 시민권리 찾기, 평화운동, 점령지 정착운동 등의 영역에서 매우 활발히 활동하였다. 1994년 이스라엘에서 집계된 미국 태생의 이민자들은 8만 5,000명으로 이스라엘 전체 인구의 2% 미만이었다. 이는 6일전쟁(1967년)과 대속죄일전쟁(1973년)을 기점으로 각기 3만 명과 5만 명의 이민자들이 유입된 결과였고, 이들은 주로 유대광야지역과 사마리아지역에 정착하였다.

세계유대인의회의 공식적인 인구통계에 따르면 2002년 말 현재 세계에는 총 1,329만 6,100명의 유대인들이 있다.[17] 이 가운데 미국에 615만 명, 이스라엘에 560만 명이 거주하고 있어 미국과 이스라엘이 최대 유대인 거주국가이

---

15 Ruth Westheimer and Steven Kaplan, *Surviving Salvation: The Ethiopian Jewish Family in Transition* (New York: New York University Press, 1992).
16 "The Absorption of Immigrants," Ministry of Immigrant Absorption, March 1996.
17 www.jafi.org.il/education/100/concepts/demography/demjpop.html. Jewish Zionist Education 홈페이지. 2006년 비공식 통계는 1,400만 명으로 추정하고 있다.

다. 한편 러시아에 80만 명, 프랑스 60만 명, 캐나다 39만 3,660명, 영국 35만 명, 아르헨티나 25만 명, 독일에 22만 명이 거주하고 있다. 이밖에 우크라이나에 14만 명, 오스트리아 12만 명, 남아프리카 8만 8,688명, 브라질 8만 7,000명, 헝가리 6만 명, 멕시코에 5만 3,101명이 거주하고 있다. 2차 세계대전 이전에 수백만 명에 이르렀던 폴란드의 유대인 수는 2만 5,000명 정도이다. 나머지는 80개가 넘는 국가에 소규모로 흩어져 있다.[18]

(6) 이스라엘의 "역이민"

이스라엘의 이민 역사 50여 년이 지난 지금 이스라엘로 오는 유대인보다 이스라엘을 떠나는 유대인이 많아지는 추세다. 예전에는 반유대주의와 악화 일로의 경제 상황을 벗어나고자 세계 곳곳의 유대인들이 이스라엘로 들어왔으나, 이제는 이들을 끌어들이는 시온주의와 시온에 대한 기대감의 감소로 역이민이 발생하고 있다. 이와 관련하여 이스라엘 정부는 이민자들에게 많은 혜택을 제공하며 정착을 도와 왔지만, 끊이지 않는 안보상의 위협과 국내 경제의 악화가 이민자들을 불안하게 하였다. 예컨대 1950년대 초반 이스라엘의 경기 악화는 이민행렬의 급격한 감소를 야기했으며, 1970년대 중반에는 이스라엘로 들어온 러시아 유대인들이 미국으로 다시 이민을 떠났다.

이스라엘의 공식 집계에 따르면, 1980년대에 외국에 거주하는 이스라엘 시민은 30만 명으로 나타났다.[19] 그러나 이스라엘로 돌아오겠다는 의사 표시를 하면 단기든 장기든 해외 체류로 집계되기 때문에 실질적인 수치는 이보다 훨씬 높다. 왜냐하면 일시적 해외 거주인지, 이스라엘을 떠난 역이민인지 분간하기 어렵기 때문이다. 1970년대에 들어 역이민의 심각성이 드러났지만 이미 1950년대 초에 이스라엘 역사상 가장 높은 비율의 역이민이 있었다. 유대인 학살을 피해 이스라엘로 왔던 유대인들 대부분이 1950년 초반 당시 단지 몇 개월을 보낸 후 이스라엘을 떠난 것이다. 시온주의 사상과 전혀 관계없는 유대인들에게 이스라엘은 잠시 몸을 맡길 피난처에 불과했다. 여전히 이민자가 역이민자보다 많았지만, 유대인들을 불러들이고 그들에게 정착할 수 있도록 지원한 비용을 고려하면 역이민은 이스라엘 정부에 재정상 큰 손실을 가져왔다. 다행히 역이민자들을 상대로 재귀환운동을 벌인 이스라엘 정부의 노력으로 1991년 8,000명이었던 이주민은 1995년 1만 4,000명으로 증가했다.

시온주의자들은 이스라엘 건립으로 세계에서 방랑하는 유대인들은 더 이상 없을 것으로 내다봤지만 역이민을 떠나는 등 유대인의 현실은 그렇지 않았다. 이스라엘을 버리고 떠났다는 역이민자들에 대한 부정적인 시각도 점차 사라지고 있어 역이민의 추세는 좀처럼 수그러들지 않고 있다. 오히려 그들을 비난하기보다는 포용해야 한다는 사회적 인식의 변화도 일어나고 있다. 한 여론조사에서 역이민을 고려하고 있느냐는 질문에 유대인 성인의 14%가, 20대의 25%가 그렇다고 답했다.[20] 한편, 이스라엘로 이주하는 것이 이스라엘의 미래에 반드시 필요하다고 믿는 유대인들은 1970년에는 이스라엘 전체 인구의 85-90%를 차지하며 정점을 이루다가, 1986년과 1990년에 82%, 1992년에 71%, 1994에는 64%, 1995년에는 67%로 갈수록 줄고 있다.[21]

그러나 2007년 독립기념일을 계기로 실시한 조사에서, 이스라엘에서 태어난 사람보다 이민자들이 독립기념일 행사에 더 적극적이라는 결과가 나온 것은 또다른 시사점을 주고 있다.[22] 이민자들의 국가에 대한 관심이 적지만은 않다는 것이다.

18 http://en.wikipedia.org/wiki/Jewish_population.

19 Drora Kass and Seymour Martin Lipset, "Jewish Immigration to the United Sates from 1967 to the Present: Israeli and Others," in *Understanding American Jewry*, ed. Marshall Sklare (New Brunswick, N.J.: Transaction, 1982).

20 A poll of the Israel Institute of Applied Social Research, in Kass and Lipset, "America's New Wave of Jewish Immigrants."

21 "The Absorption of Immigrants," Ministry of Immigrant Absorption, p. 57.

22 *Yediot Aharonot*, April 23, 2007. p. 5.

3. 스파라딤-아쉬케나짐

이스라엘은 전 세계에서 이주해 온 유대인들로 구성된 유대민족국가이다. 이스라엘을 구성하고 있는 유대인들은 그들의 출신국가나 지역에 따라 다양한 인종과 문화를 이루고 있다. 이러한 이스라엘 국민의 다양한 출신배경은 곧 정치적인 계파 형성과 정치 지형을 형성하는 데 중요한 요소가 되었다. 본질적으로는 유대인과 비유대인(대부분이 아랍인들)으로 구분되지만, 유대인에게 있어 출신지는 이스라엘 사회에서 현격하게 구분되고 있다.

이스라엘 정치에서 지배적인 기준 가운데 하나는 민족적 배경이다. 이스라엘에서 유대인 사회는 전통적으로 출신국가에 따라 이스라엘 본토 태생, 아시아 아프리카 태생, 그리고 유럽과 미국 태생의 유대인들로 구분되었다. 첫번째 집단은 "싸브라", 두 번째 집단은 "스파라디"(미즈라힘 또는 오리엔탈), 그리고 세 번째 집단은 "아쉬케나지"(서양인)라고 불린다. 중세 때는 체류지역에 따라 좀 더 세분화해 구분하기도 했는데, 아시아와 아프리카를 떠나지 않은 오리엔탈 유대인, 1492년 추방되기 전까지 라디노(Ladino) 언어를 쓰며 스페인 문화를 지닌 스파라디 유대인, 독일어와 히브리어의 중간인 이디쉬어를 사용하던 아쉬케나지 유대인 등이다. 그러나 이디쉬어와 라디노어 등은 현재 사용되지 않는 언어인 만큼 언어로써 유대인을 구분하는 것은 타당하지 않게 되었다.

한편, 스파라디와 아쉬케나지로 구분하는 것도 다음과 같은 문제가 있었다. 예를 들어, 남유럽계 유대인들은 스파라딤인 반면, 동쪽 지중해 연안, 인디아, 예멘, 에티오피아 출신의 유대인들은 어느 집단에도 속해 있지 않았다. 최근에는 아메리카 대륙과 프랑스에 스파라디 유대인들이 많은 반면에 아쉬케나지는 이집트와 중국에 주로 거주한다. 그러나 이같은 용어상의 문제가 있는데도 두 집단을 지칭하는 용어 '스파라디-아쉬케나지'는 아직도 이스라엘에서 가장 보편적으로 쓰인다.

현재 이스라엘에서 스파라디와 아쉬케나지 두 유대인 집단은 전체 유대인의 90%를 차지하고 있으며 유대인 대부분은 이들 두 집단 중 하나에 속해 있어 스파라디와 아쉬케나지라는 용어는 이스라엘에서 유대인을 구분하는 보편적 용어가 되었다. 문제는 두 집단 간에 존재하는 사회적 차별이다. 두 집단의 인구 비율은 비슷하지만 집단 간에 존재하는 사회적 차별은 심각한 사회 갈등의 원인이 되고 있다. 두 집단 사이에는 경제적인 격차뿐 아니라 이스라엘 사회의 고위직으로 진출하는 데에도 차별이 존재한다. 한 예로, 1978년 스파라디 출신의 나본이 대통령이 되었을 때 '스파라디 유대인들의 대혁명'이라고 부를 정도였다. 1984년 샤스당이[23] 스파라디 유대인들의 폭넓은 지지를 받으며 정치적인 성공을 거둔 것은 스파라디 유대인을 대변한 정당으로 거듭났기 때문이다.

먼저 두 집단 간의 경제적인 격차를 보면, 1985년 스파라디 유대인 가정의 평균 수입은 아쉬케나지 가정의 63%에 불과했다. 그나마 이는 이전에 비해 많이 줄어든 것이다.[24] 스파라디 유대인들은 높은 실업률과 열악한 교육환경으로 사회진출에 늘 불리했다. 1991년 15세 이상 된 사람들 중 스파라디 유대인들은 평균 9년간 학교교육을 받은 반면 아쉬케나지는 평균 12년간 학교교육을 받았다. 아쉬케나지 유대인 중 약 1% 정도가 학교를 다닌 적이 없지만 스파라디 유대인은 16% 이상이 학교교육을 받지 못했고, 대학 이상의 고등교육 혜택 면에서도 스파라디 유대인은 아쉬케나지 유대인과 비교가 되지 않았다. 이러한 교육환경은 아쉬케나지 유대인이 스파라디 유대인을 사회 모든 분야에서 지배하게 되는 결과를 낳았다.

이스라엘군에서 계급은 곧 사회 진출의 잣대가 될 정도로 군 문화가 차지하는 비중은 상당히 큰데, 국가의 미래 지도자가 될 수 있는 장성은 아쉬케나지가 독점하고 스파라디에게는 그 길이 거의 막혀 있는 실정이다. 이스라엘은 건국 이후 매년 독립기념일을 기해 국가에 공헌하거나 각 분야에서 뛰어

---

[23] 샤스당에 대한 자세한 설명은 3장 이스라엘의 종교정당(p.139) 부분을 참조할 것.
[24] *Statistical Abstract*, 1994, p. 324, 328.

스파라디 최고랍비 벤 찌욘 우지엘이 2차 세계대전에서 사망한 유대인군인들의 기념식에 참석해 있다. 예루살렘, 1946년 4월 24일.

난 기량을 보인 인사들에게 최고의 영예인 이스라엘상을 시상하고 있다. 2007년 4월 24일 수상자로 선정된 15명 모두가 아쉬케나지 출신들로 스파라딤-아쉬케나짐간의 차별이 여전함을 보여 주고 있다.[25]

이스라엘 정치권에서도 스파라디 유대인들은 아쉬케나지 유대인들보다 열세였다. 1948년 이후 유럽에서 이주해 온 엘리트 이민자들이 정치를 장악하면서 이스라엘 출생인 싸브라 유대인들이 정치권에서 밀려났고, 유대인 공동체에 늦게 합류한 스파라디 유대인들도 같은 처지에 놓였다. 이스라엘 건국 이후 25년 동안 임명된 내각의 장관이 64명이었는데 이중에서 단지 3명만이 스파라디 출신이었고 그중 가장 높은 직위는 경찰장관이었다. 국회의원에 있어서도 스파라디 출신은 15%를 넘지 못했다. 다행이 1977년 하리쿠드 정권

---

25 *Haaretz*, April 29, 2007. "Black Box / The Israel Prize scandal".

이후 정부 내 스파라디 출신 장관의 비율이 높아졌다. 1992년 국회에서 스파라디 국회의원들은 2배 이상 많아졌고, 내각의 장관 17명 중 5명이 스파라딤이었다. 정치권뿐만 아니라 군대, 경찰을 비롯한 여러 방면의 공공서비스 분야에서 스파라디 출신의 고위직 진출로 불균형이 해소되기 시작했다.

건국 초기 스파라디 출신은 중앙정치 무대에 입문하는 것이 불가능하여 다른 소수민족집단과 마찬가지로 지방자치를 통해 입문했다. 1950년과 1965년 사이 지방정부에 진출한 스파라딤의 비율이 13%에서 44%까지 올라갔고, 1970년까지 스파라딤 출신 시장이 30%를 차지했다. 지방에서 실력을 인정 받으면 중앙정치 무대로 진출하였는데, 이는 스파라디 정치인들이 아쉬케나지에 비해 지방정치권력에 더 근거를 두고 있었기 때문이다.

이러한 사회적인 격차는 두 집단의 출신배경의 차이에서 비롯되었으며, 팔레스타인에 이민 온 초기부터 표출되었다. 아쉬케나지 유대인들은 유럽 출신으로 독일어에 기초한 이디쉬어 혹은 히브리어를 사용했다. 미국계뿐만 아니라 영어를 사용하는 유대인들은 모두 아쉬케나지 유대인으로 편입되었다. 아쉬케나지 유대인들은 시온주의 운동을 시작한 이들로 이슈브 유대공동체를 만들었으며 초기 이스라엘 정치계를 지배했다. 유럽의 아쉬케나지는 문화적인 시각과 사상 등에서 선진화된 요소들을 내세워 이스라엘 사회에 뿌리내렸다. 반면, 스파라디 유대인은 스페인의 옛 방언인 라디노어를 쓰거나 아랍어를 쓰는 사람들로 15세기 말 이베리아 반도에서 추방되어 북아프리카, 발칸반도, 그리고 팔레스타인과 북아메리카에 정착한 유대인들의 후손들이다. 아랍어를 사용하는 스파라디 유대인 중 일부는 아시아, 북아프리카, 중앙아시아 등에 위치한 이슬람 공화국 출신도 있으며, 검은 피부와 아랍인의 외모 때문에 스파라디 유대인의 한 집단으로 분류된다.

사실 오스만제국 시대만 해도 스파라디는 자신들을 엘리트 집단이라고 여겼다. 스파라디와 아쉬케나지는 각각 최고랍비를 둔 정통종교 유대인이지만, 유대교 회당과 종교 예식이 서로 달라 분열하였다. 이스라엘 정부는 두 공동체의 조정 역할을 하는 두 명의 최고랍비를 양측의 대표로 인정하고 예우한다.

전 세계에 흩어져 사는 1,300만 유대인 대다수가 아쉬케나지 유대인이고 스파라디 유대인은 소수에 불과하지만 이스라엘에서는 사정이 다르다. 세계 아쉬케나지 인구의 약 25%만이 이스라엘에 거주하는 반면 세계 스파라디 유대인의 3분의 2가 이스라엘에 살고 있어 이스라엘에서 아쉬케나지 대 스파라디 인구 비율은 55% 대 45%로 대등하다. 과거에 다수가 아쉬케나지였던 것에 비해 두 지역 출신 비율이 거의 비슷해진 것이다. 더욱이 아쉬케나지 유대인이든 스파라디 유대인이든 이스라엘 정착 이후 1세대가 세상을 떠나고, 이스라엘 태생이 늘면서 출생지가 갖는 의미는 점차 퇴색하고 있다. 두 집단 간의 결혼도 1955년에 11.8%에 불과했으나, 1975년 19.2%에서 1990년 70%까지 높아졌다. [26]

그런데도 규모가 큰 정당들은 자신의 정당을 대표할 순수한 인종 지도자를 내세우기 위해 경쟁을 벌이고 있다. 이는 이스라엘 정치권이 두 집단의 어느 한쪽 표를 끌어들이기 위해 출신지에 여전히 큰 의미를 두고 있기 때문이다.

4. 이스라엘의 정치사상사: 국가통제에서 시민사회까지

나라 없이 살아온 유대인들은 국가나 정치제도라는 조직과는 거리가 멀었다. 19세기 말까지 오스만터키의 통치 하에서 팔레스타인 유대인 거주자는 2만 5,000여 명으로 기독교나 무슬림처럼 독립적인 종교공동체로 존재했다. 3만여 명의 첫 이민자들과 종교유대인들은 당시에는 아무런 정치적인 열망이 없었다. 오스만터키제국은 유럽인들에게 치외법권 특혜를 주었고, 오스만터키제국의 명령에 거역하지 않는 한 자유를 보장해 주었다. 유대인과 기독교인 단체는 자발적이고 다양한 협회들을 조직했다. 오히려 유대인들은 국가를 잃고 전 세계에 흩어져 살면서 국가라는 짐을 벗고 온전히 유대인으로서 하나님과 백성의 관계에 몰두할 수 있었다는 점을 주장하기도 했다. [27] 이러한 상황은 사회주의 성향을 가진 두 번째 이민자들(1904-1914)이 몰려오면서

7 아쉬케나지 최고랍비 이싸르 예후다 운터르만이 전 수상 고 레비 에 쉬콜의 기념식에 참석하고 있다. 예루살렘 헤르쨀 산, 1970년 12월 15일.

달라졌다. 유대인의 활동은 정치적 성향과 맞물리게 되었고 이슈브에서 정치 활동을 독점해 온 노동 시온주의자들은 팔레스타인의 유대인 사회를 완전히 재창조한다고 생각했다.

정부는 '단합과 안보' 라는 미명 아래 개인과 집단의 삶에 간섭하였다. 경제는 계획적으로 이루어졌고 복지시스템은 광범위하고 포괄적이었다. 다비드 벤구리온은 이러한 국가통제주의의 기본 방침을 건국 초기에 공식화했다.[28] 즉 모든 시민들이 필요로 하는 서비스는 시장의 자율성에 맡기는 것이

---

26 이스라엘의 각종 언론에서 발표한 여론조사에 따르면, 2000년에 들어서면서 이스라엘의 젊은 세대들은 자신의 배우자를 선택할 때 출신지를 그다지 고려하지 않겠다는 의식이 점차 확대되고 있다.

27 Ruth R. Wisse, *Jews and Power*, Nextbook, 2007, pp. 4-10.

28 Ben Gurion, David, *Israel: A Personal History*, London: New English Library, 1972.; Ben Gurion, David, *Israel: Years of Challenge*, London: A. Blond, 1964.

8 유대인 군사조직 "하가나" 요원들이 헤페르 계곡에서 경계를 서고 있다. 1938년 10월 22일.

아니라 국가가 제공해야 하며, 국익은 정당의 이익보다 우선한다는 기본 이념을 제시한 것이다. 이러한 방침은 독립전쟁 당시 처음 적용되었다. 이스라엘 국방부는 유일한 군사조직을 만들기 위해 마팜당과 노동운동권과 깊은 연관을 맺고 있는 민병대 팔마흐를 해산시켰다. 시온주의 개혁주의자 민병대인 '이르군 쯔바이 레우미'와 이스라엘 자유를 쟁취하기 위한 전사들인 '레히'도 해산시켰다. 이슈브의 주요 군사조직인 '하가나' 대원들은 개인적인 신분으로 국방부 편입을 허용했다.[29]

이스라엘 건국 이전 정치적인 집단들이 지배하고 있던 고용과 교육은 독립 이후 국유화 1순위가 되었다. 고용은 정부가 노동부를 만들면서 장관이 통제하게 했고, 교육은 종교정당과의 협의에 따라 국가가 모든 재정을 지원하되 세속학교는 국가에서, 종교학교는 종교자치단체에서 운영하도록 했다. 의료와 같은 분야는 이미 이를 운영하고 있던 전국노동조합인 히스타드루트의 강한 저항 때문에 독립적으로 운영되다가 1994년에 국민의료보호법이 통과되면서 국가가 운영하게 되었다. 그러나 국가는 모든 이들의 요구를 만족시킬 수 없었고, 1970년에 들어서 자신의 한계를 인식하기 시작했다. 시민들은 점점 더 자립적으로 되어갔고, 1977년 노동당의 선거 패배와 리구트당의 권력 장악은 이러한 추세를 강화시켰다. 정부의 능력과 자원의 결핍에 의해 효과적인 시민사회의 기초가 놓여졌고 시민사회는 점차 확대되어가기 시작했다.

1980년대 중반부터 선거제도의 개혁에 대해서도 목소리를 높였다. 유권자들의 권익을 보호하는 법적 틀을 요구했고, 시민들의 활발한 시민정치참여 보장과 정치과정에서 시민들의 요구 수용을 촉구했다. 이에 따라 1992년에 노동당은 정당 구성원들이 정당 국회의원 후보를 선출하는 선거제도를 채택했다. 다음해인 1993년에 하리쿠드당도 이를 모방한 민주적인 방식을 채택했다.[30] 이스라엘에는 법률과 정책 평가의 잣대인 헌법이 부재했기 때문에 1980년대 초반 대법원은 자유주의적 가치를 확대하고 인권을 보호하는 역할을 담당하기 시작했다.

1990년대 언론매체는 폭발적으로 증가했다. 1968년 만들어진 단일 텔레비전 채널에다가 대중은 이제 여러 상업적인 채널, 케이블 텔레비전, 다양한 외국 방송들을 접할 수 있었다. 정보는 더 이상 차단되거나 국가에 의해서 조작될 수 없었다. 많은 자발적인 기구들이 국가가 담당했던 다양한 기능을 수행하기 위해 경쟁하듯 생겨났다. 1993년 조사에 의하면 약 26%의 이스라엘 성인들이 시민단체와 관련하여 자원 봉사활동을 하고 있었다. 또 다른 공식 집계에 의하면 시민사회에는 약 1만여 개의 자발적이고 비영리적인 조직이 있었다.[31]

시민 네트워크도 광범위했다. 많은 단체들이 완전히 독립적이었고 이스라

29 Slater, Robert, *Rabin of Israel: Warrior for Peace*, Harper, 1996. pp. 93-102. 팔마흐 간부였던 라빈이 국방부에 들어온 후 벤구리온이 금지한 팔마흐와의 관계를 끊지 않아 장성 승진에 어려움을 겪는다.

30 Arian, Asher and Shamir, Michal (eds), *The Elections in Israel 1992*, SUNY, 1995. pp. 289-292.

31 Peretz, Don, Doron, Gideon, *The Government and Politics of Israel*, Westview Press, 1997. p. 68.

엘과 해외의 개인과 집단들로부터 후원을 받았다. 일부 단체들은 정부 보조에 의존했다. 이스라엘 법무부 위원회는 정부와 일하는 모든 단체의 수와 활동내용을 파악하기 위해 1987년 10월에 만들어졌으나 만족할 만한 결과를 얻지 못했다. 단체들의 수와 그들을 후원하는 기관들에 관한 정확한 정보를 얻기가 불가능했기 때문이다.

5. 이스라엘의 아랍인

(1) 유대인과 아랍인의 갈등

이스라엘의 심각한 사회불안 요소 중의 하나가 유대인과 아랍인 간의 갈등이다. 유대인과 아랍인의 갈등과 분쟁은 시온주의자들이 팔레스타인 땅에 정착한 이래 100여 년간 계속되었다. 반면 이스라엘과 팔레스타인의 갈등은 상대적으로 최근의 일로 UN이 1947년 11월 29일, 영토를 유대인과 팔레스타인 지역으로 분할할 것을 권고하면서 불거졌다.

2007년 4월 이스라엘 독립 59주년에 발표된 이스라엘 인구는 715만 명으로 이 중 유대인이 76%, 아랍인이 20%를 차지했다.[32] 아랍 인구의 절반 이상이 주로 하이파 북부 갈릴리 지역에 살고 있고, 다음으로 큰 규모인 약 23만 명 가량이 예루살렘 지역에 살고 있다. 그리고 일부가 소규모 마을을 이루고 있다.

1948년 5월 14일, 영국 위임통치가 끝나는 날 이스라엘은 독립을 선언하였다. 이스라엘의 건국을 부정한 아랍국가들은 무력으로 이스라엘을 공격했다. 전쟁은 이스라엘의 승리로 끝났고, 전쟁의 승리로 이스라엘 영토는 처음 할당된 크기보다 50%가 넓어졌다. 전쟁이 끝났을 때 12만 5,000명이 이스라엘의 통치를 받았다. 전쟁으로 점령한 팔레스타인 영토 내의 두 민족 간 갈등은 오늘날의 이스라엘-팔레스타인 간의 분쟁으로 발전하였다.

UN의 본래 계획은 예루살렘을 국제도시로 만드는 것이었다. 휴전 후 동예루살렘은 요르단이 서예루살렘은 이스라엘이 통제하였다. 첫 팔레스타인 피난민은 1948-1949년 전쟁 때 생겼다. 요르단 군대와 이스라엘 군대로 인해 70만의 아랍인들이 자의든 타의든 이 땅을 떠났다.[33] 난민의 60%는 요르단, 20%는 가자 지구, 20%는 시리아와 레바논으로 떠났다.[34]

이스라엘과 팔레스타인의 갈등에 가장 큰 기폭제가 된 것은 1967년 '6일전쟁'이었다. 6일전쟁으로 이스라엘은 요르단의 동예루살렘, 요르단 서안, 이집트 시나이반도, 그리고 시리아의 고란고원 등을 점령하였다. 1948-1949년 당시 이들 지역으로 갔던 팔레스타인 피난민들이 다시 이스라엘의 지배권 안으로 들어오게 되었다. 특히 6일전쟁으로 동예루살렘이 이스라엘로 편입되면서 15만여 명의 아랍인이 이스라엘 인구에 추가되었다. 1979년 이스라엘과 이집트가 평화협정을 맺은 후, 이스라엘은 시나이반도를 이집트에 반환하였다.

이스라엘의 건국으로 팔레스타인 지역 갈등이 국제적인 갈등으로 부각되었다. 아랍국가들이 이스라엘을 인정하지 않았고, 이스라엘 역시 역사적으로 팔레스타인 국가의 존재를 인정하지 않았다. 1970년대 골다 메이르, 1990년대 벤야민 네탄야후는 "팔레스타인 국가는 없었으며 앞으로도 팔레스타인 국가는 있을 수 없다"고 주장했다. 12개의 아랍국가들이 이미 나라를 이루고 있고 팔레스타인처럼 인구가 적은 국가를 만들 필요가 없으며 요르단이 팔레스타인들을 흡수하면 된다는 주장이었다.

이스라엘은 유대인보다 비유대인이 더 많았었다. 이스라엘 건국 즈음에는 비유대인이 다수였지만, 1948년 이스라엘 건국 이후 유대인 수가 꾸준히 증가하였다. 급격한 유대인 이민으로 1954년까지 이스라엘 내 유대인이 90%에 달하였다. 아랍인 역시 높은 출산율로 그 수가 지속적으로 늘고 있어, 매년 유

[32] *Yediot Aharonot*, April 23, 2007. p. 5.
[33] 팔레스타인 난민 문제는 이스라엘과 팔레스타인간의 첨예한 문제로, 보다 자세한 내용은 다음의 책을 참조할 것. Gelber, Yoav, Palestine 1948, Sussex Academic Press, 2006; Morris, Benny, The Birth of the Palestinian Refugee Problem Revisited, Cambridge, 2003; Seliktar, Ofira, Divided We Stand: American Jews, Israel, and the Peace Process, Praeger/Greenwood, 2002.
[34] 난민의 보다 자세한 통계와 자료는 unrwa의 홈페이지 참조. www.un.org/unrwa/refugees

9 텔아비브–예루살렘–베이루트를 운행했던 팔레스타인 장거리 버스. 1934년 6월 1일.

대인 이민자 10만 명을 받아들이지 않는다면 2015년에는 아랍인구가 유대인을 앞지를 것으로 예상된다. 이러한 상황은 이스라엘이 유대국가로서 지속 가능할 것인가에 큰 의문을 제기한다.[35]

이스라엘 내 아랍인들은 기본법이 보장하는 이스라엘 시민이다. 이스라엘은 동예루살렘 병합 이후 동예루살렘 거주 아랍인들에게 이스라엘 시민권을 부여했지만 대부분의 아랍인들은 예루살렘이 언젠가는 건국될 팔레스타인의 도시가 될 것이란 기대로 요르단 시민권을 유지하고 있다. 더욱이 2000년 제2차 인티파다 봉기로 이스라엘 시민권을 소유한 아랍인들의 정치적인 영향력 증대와, 팔레스타인의 지원을 우려한 이스라엘은 아랍인에게 시민권 부여를 금지하고 있다.

이스라엘 시민권을 소유한 아랍인은 1948년 전쟁 때 떠나지 않고 이스라엘에 남았던 사람들로, 이들은 국방의 의무가 배제된 채 투표권과 국회의원이 될 수 있는 피선거권을 지닌 명목상 이스라엘 국민이다. 이 때문에 아랍 이스라엘인들은 사회 중심세력이 될 수 없고 일반 유대인들에 비해 형편이 열악하다. 특히 1987년과 2000년 발생한 팔레스타인의 봉기는 이스라엘 내 아랍인들의 처지를 더욱 어렵게 만들었다. 이스라엘 내 아랍인들은 사회 진출에 극히 제약을 받고 있으며 인구의 절반은 극빈층에 가깝다. 예산도 유대인 위주로 배정되며, 특히 종교예산의 경우 2%만이 무슬림 아랍인들에게 배정되고 있다.[36]

이스라엘 아랍인들은 1948년 전쟁 이후 정신적으로 깊은 상처를 가진 희생자들이다. 팔레스타인 아랍인들의 경제기반이나 정치구조는 파괴되었고, 대부분의 아랍 마을, 농경지, 재산들이 훼손되거나 이스라엘에 몰수되었다. 이스라엘 통치하의 수많은 아랍인 지도자들과 유능한 인재들은 고향을 떠났고, 그나마 남아 있는 아랍인들은 장래가 불투명한 삶을 살고 있다. 유엔 분할정책과 이스라엘의 독립선언서에 명시된 아랍인들에 대한 보호와 안정 조치는 계속되는 전쟁과 분쟁으로 유명무실해졌다. 그들은 이스라엘 독립 후 초기 몇 년 동안은 유대인과 똑같은 법적인 평등권을 누렸지만 이스라엘 군사정부 아래에서는 이동의 자유조차 제한 받고 있다. 아랍인들의 충성도가 높아지고 보안 환경이 개선되면 아랍인들에 대한 군사정부의 통제가 다소 느슨해지기도 했다. 그러나 두 민족 간의 관계가 악화되면 이스라엘 군대의 검문 검색이 강화되었고, 심지어 이스라엘에서 추방되거나 다른 아랍 마을로 쫓겨가기도 했다.

아랍 네트워크는 독립적으로 활동하였으며, 유대인 네트워크보다 훨씬 소규모였다. 문학·자선·소년단·의료 활동을 하는 등 적지 않은 수의 다양한 단체가 있었는데, 몇 개는 19세기까지 그 기원이 거슬러 올라가기도 한다. 아랍 단체들을 억제하는 이스라엘 정부의 조치와 기금의 결핍 때문에 대부분은 1948년에 해체되었고 1970년대까지 부활하지 못했다. 그러던 중 1970년대 중반 중요한 변화가 일었다. 아랍 커뮤니티에 대한 통제 완화, 근대화된 젊은이

---

[35] Dellapergola, *The Jewish People*, p. 12, 14.
[36] *Haaretz*, 16 July, A5.

들 중심의 전통적인 리더십 교체, 지방과 국제적인 기금 유입, 용이한 시민단체 설립 등 새로운 환경이 법적으로 보장된 것이다. 아랍인들은 조직을 두 유형으로 발전시켰는데, 하나는 정치적 이익단체였고 다른 하나는 정치를 끌어들이지 않는 시민단체였다.

아랍단체들 가운데 4개의 주요 단체가 있다. 1974년 공식 출범한 아랍지방당국위원장전국위원회(The National Committee of Chairmen of Arab Local Authorities)는 중앙정부와 시민들을 중재했다. 1982년 설립된 아랍시민권리위원회(Committee for Interests of Arab Citizens)는 아랍인의 모든 정치 조직과 운동을 대표한다. 1975년 사회당이 토지보호전국위원회(The National Committee for Protection of Lands)를 설립했고, 1988년에 40연합회(The Forty Association)가 결성되었다. 이 단체는 이스라엘 정부가 불법 건축된 건물들을 파괴하는 것을 제지하며 아랍인 자치시의 법적인 승인과 국가 기금을 얻도록 돕는다.

1991년에는 228개 지역에 기반을 둔 토착민의 비정치적인 아랍단체들이 있었다. 92%는 1970년대 중반 이후에 등록된 단체로 조합, 장학재단, 지식인 협회, 인권단체, 여성단체 등을 포함하였다.

(2) 이스라엘 통치하 아랍인의 상황

유대인이 이스라엘을 건국했지만 건국 당시 이스라엘 영토 내에는 이미 많은 아랍인들이 살고 있었다. 이들 중 일부는 이스라엘의 통치를 피해 영토 밖으로 나가기도 했지만, 많은 수가 이스라엘에서 영주권을 받아 살고 있으며 2006년을 기준으로 한 이스라엘 인구 700만 중 141만 3,500명에 이른다.[37] 완전한 이스라엘 국민도, 그렇다고 완전한 팔레스타인 국민도 아닌 준 국민들이다. 아랍 이스라엘인들은 요르단 서안의 팔레스타인 아랍인들에 비해 안정된 삶을 누리지만, 이스라엘 유대인과 동등한 수준의 혜택을 받지는 못한다. 아랍 이스라엘인들의 처우와 미래는, 유대인 국가이면서도 민주국가인 이스

10 건국 이스라엘의 새로운 이민자들이 아랍인들과 함께 버스를 기다리고 있다. 욥바(Jaffa) 버스정류소, 1949년 3월 1일.

라엘이 풀어야 할 커다란 숙제이다.

1) 정착촌정책, 팔레스타인의 농경지 등 영토 몰수

건국 이스라엘 영토 내 토지는 대부분 국가 소유이다. 장관급의 국가토지 관리국이 있어 국토를 개발하고 관리한다. 국가 차원의 개발이 신속하게 이루어져 이스라엘의 기간 산업이 발전할 수 있었던 것은 국가가 마음껏 토지를 활용할 수 있었기 때문이다. 문제는 일부 아랍인 소유의 땅이 국가 개발권에 들어왔을 때 이들에 대한 보상이 제대로 이루어지지 않은 것이다. 건국 이후 10년 동안 대대적인 경제개발과 국방정책 수행 과정에서 이스라엘 정부는 아랍인들의 많은 농경지를 몰수했다. 1948년 이스라엘 군대가 점령한 아랍인들의 토지 중 아랍국가와 국경에 위치하거나 전략적으로 중요한 지역에 위치

37 *Israel Central Bureau of Statistics*, 2006 Population by Population Group.

한 토지는 강제로 몰수 당했다. 건국 초기에는 수용된 토지와 부재자 재산을 처리하기 위한 법을 만들어 이스라엘 시민권을 가진 아랍인들에게 적용하기도 했다. 그러나 이스라엘은 전쟁이나 여행 등으로 부재된 아랍인들의 땅을 주인 없는 토지로 처리해 강탈했다. 1960년대 이스라엘 아랍인들은 부재자재산 관련법으로 약 3분의 2에 해당하는 토지를 잃었다. 이스라엘은 아랍인들이 입은 재산 손실을 보상했으나 공정성의 문제가 남아 있었다.[38]

전쟁 이후에는 이민자들을 위한 정착촌 건설에 팔레스타인의 많은 땅이 강제 수용되었다. 1967년 노동당의 레비 에쉬콜 수상이 요르단 서안과 예루살렘 주변에 유대인 정착촌을 건설했으며, 1974년 노동당인 이츠하크 라빈 수상과 시몬 페레스 국방장관 때도 아랍인구 밀집 지역에 정착촌을 건설하기 시작했다. 노동당 지도부는 성경에 기록된 땅에 유대인을 정착시키라는 극우 정당들의 요구에 유대인 정착촌 건설을 시작하였다. 1977년과 1992년 사이 하리쿠드당 집권 기간에 유대인 정착촌 수가 크게 늘어났다. 1976년 요르단 서안인 유대와 사마리아 지역에 정착한 유대인은 3,000명이 조금 넘었으나, 1988년에는 7만 명에 가까웠다. 1977년 봄 요르단 서안에 34곳의 정착지가 있었지만 1984년에는 114곳으로 늘었다. 1984년 연립정부 기간 동안에 신속한 유대인 정착을 원하는 하리쿠드당 주도로 정착촌의 확장 속도가 빨라졌다. 그러나 두 당 모두 지속적인 확장에 반대하여 연합정부는 일 년에 늘릴 수 있는 정착촌을 5-6곳으로 제한했고, 1988년에는 자금능력에 따라 8곳으로 재설정하였다.

1990년에서 1992년까지 하리쿠드 집권 정부는 유대인정착촌 정책을 최우선으로 다루었다. 샤미르 정부는 구 소련에서 이주하는 유대인을 위한 미국 자금(100억 달러)을 확보하기 위해 1992년 정착촌 건설 중단 정책을 거부하였다. 하리쿠드 집권 정부와 부시 행정부와의 불화로 1992년부터 1996년까지는 노동당이 집권하였다. 하지만 1996년까지 14만의 정착촌 유대인들이 노동당에 희망의 표를 던지면서도 이들을 설득해야 할 숙제도 함께 주었다.

2) 이스라엘 통치하 아랍인들의 삶의 구조

이스라엘 아랍인들의 급격한 농경지 손실과 이에 따른 직업의 변화로 아랍인들의 전통적인 사회와 경제구조가 바뀌어갔다. 영국위임통치 기간 동안 팔레스타인 아랍인의 80%가 농경으로 생계를 유지했으나, 이스라엘 건국 이후 그 수가 40%로 줄어들었다. 농경사회가 몰락하면서 아랍 농부들은 이스라엘 도시지역의 노동자로 전락했다. 농경문화 종사자에서 도시 근로자로 삶의 형태가 바뀐 것이다.

1967년 이스라엘이 요르단 서안지구와 가자지구를 점령하자 이스라엘 아랍인들은 또 다른 변화를 겪었다. 1948년과 1967년 사이 이스라엘 아랍인들은 분리되고 고립되어 다른 아랍세계의 정치나 사회상황을 접할 수 없었다. 그나마 소수의 아랍 기독교인들만이 성탄절이나 부활절 같은 휴일 동안 요르단국경을 넘어서 친인척을 만나러 가는 것이 허용되었다. 1948년과 1967년 사이 전쟁으로 40만 명 외에 요르단 서안과 가자지구 내의 100만 명의 아랍인이 추가로 이스라엘의 통제를 받았다. 대신 점령된 땅 내에서 아랍인들의 왕래가 가능해졌다. 마침내 이스라엘 아랍인들에게 요르단 강을 건너 아랍국가로의 여행이 허용되면서, 이들은 떨어진 가족들과 직접적으로 연락할 수 있게 되었고, 아랍세계의 정치와 사회를 경험할 수 있었다. 1967년 6일전쟁과 1973년 대속죄일전쟁으로 아랍 세계와 직접적인 연결이 가능해지자 이스라엘 아랍인들이 정치적인 운동에 관심을 가지면서 강력한 민족의식이 형성되기 시작했다. 1967년 이전에는 사회주의 정당을 통한 방법 외에 아랍인들의 정치적인 운동이 제한되었다. 다만 노동당이나 노동당 내 아랍인 대표에게 표를 던지는 것이 전부였다.

아랍인과 유대인의 경제적 격차가 더욱 벌어지면서 아랍인들은 점점 더 낮은 사회계층으로 추락하고 있다. 1994년 아랍인 가정의 순소득은 유대인 가

---

38 www.geocities.com/savepalestinenow/israellaws/fulltext/absenteepropertylaw.htm.
이스라엘은 1950년에 부재자 재산법을 제정한 이후 1951년, 56년, 58년, 65년 67년 등 여러 차례에 걸쳐 아랍인들의 재산에 관한 법령을 마련했다.

정의 절반에 그치고 있다. 아랍인들이 유대인들에 비해 경제적인 여건이 더 악화되는 것은 1990년대 초반에 급속도로 늘어난 러시아 이민자들 때문이기도 하다. 갑자기 늘어난 노동시장은 아랍인들의 일자리를 빼앗기 시작했다. 아랍 남성 실업률은 1992년 12.4%로, 점차 늘어나는 추세이다.

대체적으로 아랍인은 유대인들보다 교육수준이 낮다. 아랍 어린이 대부분은 10살이 되면 더 이상의 정식 교육을 원하지 않는다. 아랍 학생의 약 9%만이 고등교육기관에서 학업을 계속하는데, 이는 유대인 학생보다 훨씬 적은 수치다. 반면 아랍 학생의 낙제율은 12%로 유대인 학생의 6%에 두 배나 된다. 아랍인 교육의 낙후 실태를 조사한 위원회는 이스라엘 정부가 아랍 학생 한 명당 연간 192달러를 쓰는 반면 유대인 학생에게는 열 배 가까운 1,100달러를 사용하는 등 교육기회의 불평등이 주 요인임을 지적했다.[39] 낮은 교육률에 비해 80%가 넘는 아랍인들이 고용되지만, 그중 절반이 보수가 적은 건축업, 농업, 산업에 종사했다. 4%가 채 넘지 않는 사람들이 과학 등 학문 분야에서 일했다. 1990년 이스라엘 대학원 학생 가운데 아랍 학생은 3%도 채 안 되었다. 아랍인들이 고등교육을 받지 않는 이유 중 하나는 그들이 졸업하더라도 일할 수 있는 직장이 부족하기 때문이다. 이스라엘 통계청에 따르면 아랍학생들의 평균 교육기간은 유대인보다 3년이 짧고, 교육을 받은 아랍 학생들도 교육 수준이 같은 유대인들만큼 적당한 직업을 갖지 못하는 것으로 나타났다.[40] 수천 명의 아랍인들이 학교 교사, 경찰관 또는 지방정부 직원으로 일하고 있지만 고위관리로 승진하는 예는 거의 없다. 두 명의 아랍인이 차관급 수준의 직책을 맡아보다 2007년 초 최초로 아랍인 정치인 갈렙 마제이들이 과학문화체육부 장관에 임명되었다. 그러나 여전히 이스라엘 대법원과 정부 보안 및 안보위원회에 아랍인들의 진출은 어렵다.

아랍 이스라엘인들에 대한 이스라엘의 장기적인 차별 정책은 2000년 9월 아랍 이스라엘인들의 제2차 인티파다를 촉발시켰다. 아랍 이스라엘인들에 의해 촉발되어 전 팔레스타인 아랍인들이 들고 일어난 이스라엘-팔레스타인 유혈충돌로 1,000여 명의 유대인과 3,000여 명이 넘는 팔레스타인이 사망했다. 인티파다를 교훈으로 2006년 7월에 이스라엘 정부는 그간 낙후되었던 아랍지역 모두를 제1개발지역으로 선정하여 아랍권을 달래고 부흥시키는 일에 착수했다. 이스라엘은 앞으로 10년간에 걸쳐 약 1억 6,000만 세겔을 아랍지역에 투자해 각종 사업을 개발한다는 개발안을 발표했다.[41]

그럼에도 이스라엘과 아랍인 간의 근본적인 문제는 민족적 이질감 등으로 인해 해결의 실마리가 보이지 않는다. 이스라엘 유대인을 대상으로 2006년에 실시한 여론조사에서 응답자의 63%가 아랍인들은 안전에 위협적이라고 대답했고, 68%는 아랍인과 한 건물에서 살 수 없다고 대답했다.[42] 이러한 현실을 반영하듯 이스라엘 언론에서는 아랍인들의 이야기가 거의 배제되어 있다. 최근 한 조사에 의하면 아랍인들은 이스라엘 인구의 19%를 차지함에도 언론에 노출되는 비율은 1%에 지나지 않았다. 뿐만 아니라 이스라엘 언론사에 근무하는 아랍인은 거의 없는 실정이다. 예를 들어, 채널2인 경우 아랍인에 관한 프로그램 비율은 0.55%로 다른 방송사도 마찬가지이다. 그나마 이런 프로그램의 66%는 아랍인을 위협적인 존재로 묘사하고 있다는 것이다.[43] 따라서 이스라엘에서 이스라엘과 아랍인 간의 이질감은 앞으로 이스라엘과 팔레스타인 사이에 평화가 정착된다 하더라도 결코 극복하기 힘든 난제 중의 하나이다.

---

[39] Arab Sector: NIF Grantees Fight Discrimination in Arab Education. *New Israel Fund*, 2005년 9월 13일.

[40] 미국국무부 2004년 인권보고서, Israel and the occupied territories, www.state.gov/g/drl/rls/hrrpt/2004/41723.htm.

[41] *Ynetnews*, 2006년 12월 12일자. "State to raise NIS 160 million for Arab businesses."

[42] *Haaretz*, 2006년 3월 30일자. "Poll: 68% of Jews would refuse to live in same building as an Arab."

[43] *Ynetnews*, 2007년 10월 21일자. The Israeli Center for Strategic Communication의 여론조사 기사화.

2장 이스라엘의 정치정당제도

Political Party System of Israel

1. 이스라엘의 정당제도

2006년 3월 28일 실시된 이스라엘 국회의원 선거에서 인구 700여만 명을 놓고 경쟁한 정당은 31개이며, 총 120석 가운데 한 석이라도 얻어 국회에 진출한 정당은 12개이다.[1] 건국 직후에 치러진 1949년 선거 당시 유권자 50여만 명(50만 6,567명)을 놓고 경합을 벌여 국회에 진출한 정당이 12개인 것을 보면 건국 직후나 60여 년이 지난 현재에도 이스라엘은 여전히 다당제 정당 국가임을 알 수 있다. 건국 이후 이스라엘의 정당들이 합당과 분당을 계속해 왔지만 이스라엘의 정당제도는 상당히 안정적이다. 시대적 상황에 따라 당명이 여러 번 바뀌고 당의 노선에도 변화가 있었지만, 1930년대의 정치적 경쟁 관계는 70여 년이 지난 2000년대에도 지속되고 있다. 이스라엘은 건국 당시나 지금이나 변함없이 평균적으로 20여 개의 정당들이 선거에 참여한다. 선거 후 최다 의석을 차지한 정당의 수상 후보는 대통령으로부터 정부 구성권을 임명 받아 국회 크네셋 120석 가운데 61석 이상을 확보해 정부를 출범시킨다.[2]

---

[1] 카디마 29석, 하아보다-메이메드 19석, 샤스 12석, 하리쿠드 12석, 이스라엘 베이테누 11석, 이후드-마 프달 9석, 길 7석, 야하둣-하토라 6석, 메레츠-야하드 5석, 라암-타알 4석, 하다쉬 3석, 발라드 3석.

[2] 대통령이 다수당의 당수에게 정부 구성권을 임명하면 당수는 4주 안에 정부구성안을 제출해야 한다. 4주 안에 구성이 실패하면, 다시 2주 동안의 추가 기회를 얻는다. 그래도 실패하면 정부 구성권이 보통 두 번째로 큰 정당 당수에게 넘어간다. 만일 제2의 당수도 정부구성에 실패하면 재선거를 실시한다. 1984년 다수당의 의석 수가 두 번째로 큰 정당과 비슷하자 두 정당은 연합정부를 구성해 수상을 2년씩 교대로 역임했다.

(1) 이스라엘 정당제도의 기원

이스라엘의 다당제 정당정치의 뿌리는 건국 이전 시온주의 운동에 그 기원을 두고 있다. 세계시온주의기구 산하에는 출신지별로 각 지역을 대표하는 6개의 대표들이 있었고, 출신지 산하에 크고 작은 유대인 공동체가 구성되어 있었다. 세계시온주의기구는 자치조직으로 본토 이스라엘에 권한을 행사할 수 있는 것은 아니었지만, 시온주의자들은 '정기적인 회의를 통해 산하 유대인 공동체를 통제하면서 세계 유대인들의 정체성과 결속을 강화해 왔다. 세계시온주의기구는 자발적인 회원제로 다수결의 원칙을 강요하지 않는다. 만약 소수의 의견이 무시되면 의견을 달리하는 소수 단체가 언제든 떠날 수 있기 때문이다. 시온주의 지도자들은 지역별 조직 통합에 많은 노력을 기울이며 점차 정치, 사회, 경제 분야로 관심을 확대해 나갔다.[3]

시온주의 운동이 가장 활발했던 지역은 유럽이다. 유럽 유대인들은 청년단체, 조직의 신문, 출판사, 금융기관 그리고 노동조합과 조직 내 의료 서비스 제도도 설립했다. 팔레스타인에 들어온 시온주의자들은 유럽에서 시행 중이던 이러한 제도들을 팔레스타인에 적용해 유대인 공동체를 통제했으며 구성원들에게 세금을 거두어 다시 사회에 재분배하기도 했다. 유럽과 팔레스타인에서 활동하던 여러 유대인 조직들은 이스라엘 건국과 함께 정치정당으로 자리를 잡았다.[4]

이스라엘 정치정당의 모체인 유대인 공동체 이슈브는 건국이전에 이미 정당활동에 버금가는 활동을 펼친 정치단체였다. 크고 작은 정당들은 전국적인 조직기반을 구축했으며, 소식지를 발간하고 각종 클럽을 만들어 유대를 강화해 나갔다. 정당은 자체적으로 회원의 복지를 위해 의료보험이나 노동조합,

---

3 세계시온주의기구에 관한 자세한 글은 본 책의 6장 '세계시온주의기구'(p.318) 부분 참조.
4 이스라엘 건국 이전 상황을 잘 설명한 책으로 참조할 만한 책. Horowitz, Dan & Lissak, Moshe. *Origins of the Israeli Polity: Palestine Under the Mandate*. Chicago: University of Chicago Press, 1978.

심지어 은행 등을 운영하며 조직원을 관리했다.

(2) 이스라엘 정당의 특성

이스라엘의 국회의 크네셋 선거에는 정당(미플라가, Party)과 리스트(레쉬마트, lists)가 함께 참여한다. 정당은 명확한 선거 규칙 하에 권력과 나아가 정권을 추구하는 정치정당이고, 리스트는 단지 선거에 나서는 후보명부 집단을 말한다. 리스트는 정당과 같이 선거에 참여하지만, 선거 후에 획득한 의원 수를 가지고 거대 정당에 합류해 자신들의 몫을 요구하며 정치적인 이익을 관철시킨다. 대개 리스트는 정당의 한 정파로 자신들이 대우를 받지 못한다고 판단될 경우 정당에서 분리되어 나와 독자적으로 선거에 참여한 후 함께할 정당을 찾거나 단독 정당으로 거듭나기도 한다. 작은 인구에도 수십여 개에 이르는 많은 정당들이 존재하는 이스라엘 정치 현실에서 정당의 규모에 관계없이 계속되는 합당과 분당의 역사는 바로 이 때문이다. 이 책에서는 정당이든 리스트이든 선거에 참여하면 이해를 위해 정당으로 호칭한다.

이스라엘의 정당법에 의하면 21세 이상의 국민이면 국회의원에 입후보할 수 있고, 후보 리스트를 작성한 단체가 이스라엘 중앙선거관리위원회에 등록하면 정당으로 선거에 참여할 수 있다. 정당을 설립하려면 100명 이상의 당원이 있어야 한다. 일단 정당으로 등록되면 영리활동을 할 수 없고, 정당재정법(4장)에 따라 후원자들의 기부금에만 의존해야 하며, 정당의 수입을 감사원에 보고해야 한다. 신당인 경우 신문 지면을 통해 정당등록을 알려야 한다. 정당은 이스라엘을 반대하지 않고 인종차별을 지지하지 않으며 불법행동을 용납하지 않는 정강과 행동강령만 일치하면 정당으로 승인된다. 이는 법을 어기는 정당에게 적용되는 것으로, 아랍 시민 철수를 공약으로 내세운 랍비 메이르 카나의 카흐당이 선거 참여권을 박탈 당했고 이스라엘 내 급진주의 정당들 대부분이 이 조항에 위배되어 정치권에서 배제된 바 있다.

이스라엘의 다당제 정당체제에서 각 정당들 간의 역학관계는 아주 미묘하다. 각 정당의 성향과 사상에 따라 경쟁과 결탁이 이루어지기도 하고, 이념적인 차이뿐만 아니라 각 정당 지도자의 개성도 정당 간의 관계에 크게 작용한다. 또한 정치인 자신도 거대 정당에서 소외되느니 차라리 스스로 정당을 세워 뜻을 같이하는 계파의 선봉에 서는 편을 택하기도 한다. 대표적인 예로, 벤구리온은 마파당 창시자였지만 당에서 소외되자 1965년에 라피당을 만들었고, 1969년에 라피당이 하아보다당에 흡수되자 다시 라피당을 떠나 맘라흐티당을 세웠다.

이스라엘의 크고 작은 정당들은 서로 연합해 큰 세력으로 거듭난다. 1965년에 벤구리온, 다이얀, 페레스, 나본 등이 마파이당에서 나와 라피당을 세우자, 세가 불리해진 마파이당의 지도자들은 약세를 면하기 위해 아흐둣-하아보다당과 연합했다. 1968년에는 마파이당, 아흐둣-하아보다당이 라피당과 연합해 하아보다당이 되었고, 하아보다당은 1969년에 다시 마팜당과 연합해 노동연합제휴당인 마아라흐당으로 거듭났다. 반면 우파 정당인 헤루트당과 리베랄당은 1965년 선거 때 가할당 블럭을 형성했으며, 1973년에 아리엘 샤론이 가할당 등과 함께 하리쿠드당을 설립했다.[5] 이렇게 형성된 거대 정당은 다른 그룹과 일치점을 찾으려고 하나의 주요 이념을 표방하기 때문에 하부의 작은 주제들은 소홀히 하는 경우가 많다. 정당의 세력이 크면 클수록, 정당 내 파벌이 많으면 많을수록 하나의 일치점을 찾기 위해 당내 소수 이념들은 타협의 대상이 되어야 했다. 따라서 오히려 작은 정당들이 순수하게 당의 사상과 이념을 추구할 수 있다.

이스라엘에는 좌파와 우파 진영이 있다. 좌파에는 두 개의 양대 축이 존재하는데, 하나는 두 개의 시온주의 세속정당인 하아보다당과 메레츠당이고, 다른 하나는 아랍 정당인 하다쉬-신공산주의당과 민주아랍당이다. 좌파 진영의 메레츠당은 다시 세 개의 소수정당인 라츠, 마팜, 쉬누이로 구성되어 있다. 우익진영에는 세속그룹과 종교그룹이 있다. 세속 그룹은 하리쿠드와 초국가

---

5 | Arian, Asher (ed.), *The Elections in Israel*: 1969, Jerusalem Academic Press, 1972. pp. 21-37.

적인 '쪼메트', '몰레데트' 등 세 개의 민족주의 정당으로 구성되어 있다. 우파성향의 종교정당에는 마프달, 아구닷이스라엘, 데겔-하토라, 샤스 등의 정당이 있다.

이스라엘은 건국 이래 단 한번도 최대 정당조차 과반을 넘지 못해 늘 연합정부를 구성한 정부가 탄생해왔다. 따라서 아무리 작은 정당이라도 그 가치를 무시할 수 없으며 연합정부를 조건으로 그 지위를 인정받을 수 있다. 다만 소수 정당들은 1992년까지는 선거에서 단 1%만 얻어도 최소 1석을 확보했으나, 최소 1석을 위한 득표율이 1.5%(2006년부터는 2%)로 상향 조정되면서 소수 정당의 국회 입성은 더욱 어려워졌다. 전통적인 정당정치로서 사상이나 국방, 외교 등의 문제에 집중하는 거대 정당들도 있지만 소수 특정인들의 이익을 대변하기 위해 세워진 작은 정당들도 있다. 소수 정당에는 노인, 여성, 상이군인, 택시기사, 수감자, 농부, 군인 심지어 동성애자(게이)나 마약중독자와 같은 특정 집단들을 위한 정책을 제안하며 선거에 참여한다. 한 예로 2006년 선거에서 은퇴노인들이 "길라임"이라는 정당을 만들어 7석을 확보함으로써 정치적인 성공을 거두기도 했다.[6]

이스라엘 건국 이후 20년 동안 정당들 대부분은 설립자나 카리스마를 소유한 지도자들의 독주체제였다. 마파이당의 다비드 벤구리온, 모쉐 샤레트, 레비 에쉬콜, 골다 메이르, 헤루트당의 메나헴 베긴, 마팜당의 야코브 하젠과 메이르 야아리, 이스라엘 공산당의 메이르 빌네르 등이 대표적 지도자들이었다. 국회의원 선거가 다가오면 정당은 후보자들의 순위명부를 정한다. 이때 당 지도자들은 예상되는 당선권 밖의 후보들과 갈등에 부딪힌다. 하아보다당의 술람밋 알로니는 1973년 선거 직전 골다 메이르에 의해 하아보다당 당선권 밖으로 밀려나자 라츠당을 세웠고, 슈무엘 타미르는 헤루트에서 제명된 후 1969년 선거 전날 메르카즈 헤루트당을 설립했다.

당 지도자들은 다양한 계층을 겨냥한 후보자들을 정당명부에 올린다. 비록

---

6 오마이뉴스 2006년 3월 29일자. 이스라엘 총선 '은퇴자당의 국회 입성' 화제.

지지세력이 없는 인물일지라도 당의 전체적인 균형을 이루기 위해 당선권 내에 포함시킨다. 여성이나 아랍계 인물 또는 스파라드계 인사들이 이러한 배분의 수혜자가 된다.

이스라엘에는 정치적인 개념으로 정치정당으로 볼 수 없는 정당들도 있다. 선거 직전에 한두 명으로 명부를 작성해 제출하는 정당이 있는가 하면, 개인적인 야망으로 설립한 당도 있다. 기존 정당들은 특정한 집단을 끌어들이기 위해 대표적인 인물을 후보명부에 넣기도 한다. 특정 종교 지도자들의 정치적 대리인으로서 그들을 충실히 따를 만한 인물을 선별하기도 한다. 아구닷 이스라엘당의 의원들은 랍비들이 결정한 사항을 정치권에 전달하는 전령들이라 할 수 있다. 이는 민주국가에 존재하는 비민주적인 요소들이다. 이러한 모순점을 해결하고자 1992년 국회 크네셋은 정당법을 제정하여 법적인 체제 내에서 정당의 운영과 구성원들의 품행에 대한 기준을 제시했다.

2. 이스라엘 정당정치의 역사

(1) 마파이 하아보다 지배체제: 1949-1977년

건국 이전부터 정국을 주도했던 벤구리온의 마파이당은 건국 후부터 1977년 선거에서 하리쿠드당에 패배하기까지 약 30여 년간 이스라엘의 정치권력을 장악했다. 마파이당의 주도권은 1935년에 본격화하여 1965년까지 벤구리온의 일당 독주체제 아래 있었으며, 1965년 이후 영향력이 점차 약해지다 1977년 선거에서 참패하고 1981년 선거에서 결국 사라졌다. 이후 하아보다당과 하리쿠드당의 양당체제가 정착되었다.

마파이당은 1949년 제1대 국회의원 선거에서 건국 이스라엘 유권자의 38%의 지지를 받으며 제1의 정당으로 등장해 정국을 장악했다. 1969년부터는 골다 메이르의 주도아래 마파이당의 주도권이 계속되었고 1973년 대속죄일전

11 마파이당 골다 메이르가 노동당 계열의 마파이, 이후드-하아보다, 그리고 라피당이 마아라흐당으로 합병하는 서명식에서 연설을 하고 있다. 메이르 옆으로 타벤킨과 페레스가 앉아 있다. 1968년 1월 21일.

쟁 후 수개월까지도 45%의 대중적 지지를 받았다.

마파이당의 정치적인 성공은 역사적, 전략적, 시대적인 측면에서 설명된다. 우선 벤구리온이 마파이당을 이끌 적임자로 신뢰를 받았다. 벤구리온은 마파이당의 당수로, 건국 후 초대 수상으로, 정부를 구성하는 개척자로 최대의 지지를 받은 인물이었다. 건국을 전후해 밀려들어온 이민자들은 마파이당과 마파이당이 주도하는 정부로부터 막대한 정착 지원을 받았으며, 이에 자신들에게 도움을 준 마파이당이나 정부에 반대하는 것은 나라를 배신하는 것과 같을 정도였다. 게다가 마파이당 주도의 정부는 건국 직후의 혼란스러운 이스라엘을 잘 이끌었고 엄청난 경제성장을 이루어 냈다.

벤구리온은 1950년대 후반 세대 간의 갈등과 긴장을 해소하기 위해 모쉐 다이얀[7]과 시몬 페레스[8]의 위상을 차세대 지도자로 높여주었다. 벤구리온과 그 측근들이 1963년 당을 떠나 1965년에 라피당을 설립했을 때 모쉐 다이얀이 여기에 합류한 것도 그로부터 받은 혜택 때문이었다. 벤구리온 없는 마파이당의 지배체제는 계속 유지되었고, 벤구리온의 반대에도 마파이당은 세를 넓히기 위해 1944년 마파이당에서 분리해 나갔던 아흐둣-하아보다당과 재연합하였다. 이후 마팜당의 작은 계파인 하쇼메르-하짜이르당과 연합했고, 마침내 1968년 벤구리온의 라피당을 흡수해 하아보다당을 창설했다.

1968년에 새로 태어난 하아보다당은 온건한 '중도파' 입장을 내세우며 국가와 종교의 관계를 현 상태로 유지하며 혼합경제를 장려하고, 중립외교 혹은 친 서구정책을 추구했다. 그리고 국가 균형을 유지하기 위해 폭넓은 정당들을 끌어들여 연합정부를 구성했다. 그 대표적인 예로 시온주의 종교당인 마프달과 '영구적' 동반자 관계를 맺어 종교적 유권자들과 세속적 유권자들 간의 긴장을 최소화하였다. 1950년대 초 경제적 시련을 겪을 당시에는 제2의 정당인 일반시온주의자(하찌요님-하클랄리임)들과 연합해 경제적 고통과 인구정책에 대한 국민의 불만을 함께 감당함으로써 정부에 대한 비난을 감소시켰다. 또한 아랍 정당들과 연합을 꾀하면서도 별개의 정당으로 남아 유대인 정책이나 아랍인 정책의 충돌과 모순을 해결해 나갔다.

마파이당의 일당 지배체제는 경쟁관계에 있는 상대 정당의 무력함을 보여주는 계기가 되었다. 1974년 하리쿠드당이 39개의 의석을 얻으며 마파이당의 독주에 브레이크를 걸기 전까지 어느 정당도 마파이당을 위협할 수 없었다. 마팜당은 정부가 정통종교당이나 종교정당들과 연합하는 것을 거부했고, 헤루트당은 시온주의 군 장군들을 인정하지 않았으며, 진보주의자들은 아랍 정당과 공산주의당을 용인하지 않았다. 오직 중도 성향의 마파이당만이 다양한 사상을 중재하는 역할을 할 수 있었던 것이다.

(2) 제1차 권력이동: 1977년, 하아보다당→하리쿠드당

위에서 서술한 대로 건국 이후 마파이당은 야당에서조차 도전할 수 없는 독보적인 정당으로 인식되어왔다. 그러나 1977년 5월 선거에서 승리한 하리쿠드당은 자신들이 정부의 새 주인이 된 것이 믿기지 않을 정도였고, 영원한 여당인줄 알았던 마파이당도 자신들의 패배를 쉽게 인정할 수 없을 정도로 충격을 받았다. 일부 이스라엘 국민은 열렬 하아보다당원들의 선거 패배에 대한 보복이 두려워 나라를 떠난다는 소문이 나돌 정도였다. 심지어 하리쿠드당은 평생 야당생활로 말미암아 정부를 이끌 수 있는 훈련된 핵심 당원이 없어, 1981년까지 마파이당 경험자들의 도움으로 정부를 운영해야만 했다.

가장 치명적인 하아보다당의 패배 원인은 다쉬당(DASH, Democratic Movement for Change-DMC)[9]의 설립이었다. 히브리어로 '변화를 위한 민주운동'을 뜻하는 '다쉬'는 1977년 중도정치정당으로서 이갈 야딘과 메이르 조레아가 설립했다. 당시 이스라엘에는 하아보다당 당수 이츠하크 라빈의 부인 레아 라빈의 외환반출 사건과 주택장관 아브라함 오퍼의 자살, 아세르 야드린 사건 등이 맞물려 반하아보다당 정서가 만연해 있었고, 1973년 대속죄일 전쟁 이후 정치권에 대한 국민들의 실망이 극에 달해 있었다. 이러한 시대적 분위기 속에서 다쉬당이 설립되었다. 1977년 선거에서 다쉬당이 획득한 의석 15개는 주로 하아보다당 표에서 나왔다. 다쉬당의 출현으로 큰 타격을 입어 32석 규모로 줄어든 하아보다당은 결국 43석을 얻은 하리쿠드당에게 정권을 넘겨주게 되었다. 하리쿠드당의 메나헴 베긴은 건국 이후 처음으로 하아보다당을 배제한 채 다쉬당과 함께 정부를 구성했다.

특히 하아보다당과 영원한 동반자였던 종교당 마프달도 하리쿠드의 연정에 참여했고, 다른 종교당 아구닷-이스라엘도 반종교당 정서의 하아보다당을 떠나 하리쿠드당을 도왔다. 이스라엘에서는 거대 정당에서 이탈한 제3의 당은 늘 거대 정당을 약화시킨다. 1965년 마파이당에서 나온 라피당은 10석을 얻어 마파이당을 약화시켰으며, 1977년 하아보다당에서 떨어져 나온 다쉬당

---

7 건국 이전 하가나에서 활동했고, 1941년 연합군 측에 가담해 레바논 전투 중 한쪽 눈을 실명했다. 건국 후 국방부 고위직을 역임하다, 1967년 6일전쟁 당시 국방장관으로 전쟁을 승리로 이끈 군 영웅이었다.
8 건국 초기부터 국방부 무기조달 책임자로 활동했으며, 1967년 6일전쟁 당시 국방부 차관이었다. 자세한 것은 본 책의 5장 '이스라엘 역대 대통령과 수상'(p.272) 참조.
9 본 장의 3. 이스라엘의 정당들 / (2) 중도파 정당의 "다쉬당"(p.111) 참조.

12 다쉬당 지도자들(오른쪽부터) 메이르 조레아, 이스라엘 카츠, 모르데카이 엘그라블리, 메이르 아밋, 암논 루빈슈타인, 슈무엘 타미르가 에프라임 카찌르 대통령과 만나고 있다. 1977년 6월 1일.

은 15석을 얻어 하아보다당 집권을 실패로 돌아가게 했다. 이러한 과정에 힘입어 하리쿠드당은 빠르게 성장해 나갔다.

1977년 선거에서 43석을 얻은 하리쿠드당은 아리엘 샤론의 슐롬찌욘당과 연합해 총 45석으로, 32석에 그친 시몬 페레스의 하아보다당을 이기고 양당 체제의 정치구도를 굳혔다. 1977년과 1981년 사이에 하리쿠드당이 이룬 두 가지 큰 성과는 베긴이 이집트 대통령 안와르 사다트와 평화조약을 체결한 것과 부흥 프로젝트를 펼쳐 가난한 시민들과 저개발 지역의 지지자들에게 보답을 했다는 것이다.[10]

1981년 이후 이스라엘 정부는 좌파와 우파로 나누어졌다. 1982년에 하아보다당과 마팜(시온주의 좌파정당)은 '하아보다당-마팜 제휴'라는 단일한 이름으로 1984년 선거에 임했다가 1988년에 분리되었다. 1988년에는 헤루트당과 리베랄당이 하리쿠드당에 통합되기도 하였다. 1984년과 1988년 선거에서 정당의 규모가 서로 비슷한 하리쿠드당과 하아보다당은 소규모의 정당들과 연합해 연립정부를 구성했다. 1984년 선거에서 연합한 하아보다당과 하리쿠드 당은 수상 자리를 2년씩 번갈아 맡았다. 페레스가 첫 두 해를 지냈고 1983년 에는 하리쿠드당의 이츠하크 샤미르가 남은 2년을 채웠다. 1988년 선거에서 하리쿠드당은 약간의 우위를 점했지만 두 정당은 다시 연합정부를 구성하기 로 결정을 내렸다. 바로 전의 연합정부와 다른 것이 있다면 하리쿠드당의 이 츠하크 샤미르가 수상직을 맡고 요직인 국방장관과 재무장관을 하아보다당 의 이츠하크 라빈과 시몬 페레스가 맡은 것이다. 1992년에는 두 진영 간의 정 치적인 교착상태가 깨어졌고 하아보다당이 다시 권력을 잡았다.

(3) 제2차 권력이동: 1992년, 하리쿠드→하아보다당; 1996년, 하아 보다당→하리쿠드당; 1999년, 하리쿠드당→하아보다당; 2001년, 하아보다당→하리쿠드당; 2006년, 하리쿠드당→카디마당

1990년에 이츠하크 라빈과 시몬 페레스 간의 당권 경쟁이 노골적으로 표출 되었다. 1992년 선거는 두 번에 걸친 연합정부를 깨고 하아보다당의 승리로 장식됐다. 하아보다당의 승리에는 여러 요인들이 있었는데, 우익 진영의 연 합 실패가 가장 큰 요인이었다. 주도적인 우익의 여러 지도자들의 이탈은 우 익 지지층의 와해를 가져왔다. 수정된 선거법도 하아보다당의 승리를 도왔 다. 정당이 최소 1석을 얻는 기준이 1%에서 1.5%로 높아져 당시 우익의 많은 소수정당들이 국회진출에 실패했다. 우익의 전체 득표율은 좌익진영보다 높 았지만 의원수가 적어 패배했다.[11]

1993년 라빈이 오슬로에서 PLO와 평화협정을 맺을 수 있었던 것은 1992년 선거에서 44석을 얻은 하아보다당이 강해서가 아니라 32석을 얻은 하리쿠드

[10] Penniman, Howard R. *Israel At the Polls, The Knesset Elections of 1977*, Washington, D.C., 1979. pp. 91–114.
[11] Elazar, Daniel J. and Sandler, Shmuel. *Israel at the Polls, 1992*, Rowman & Littlefield Publishers, Inc. 1995. pp. 27–45. Arian, Asher(ed.), *The Elections in Israel: 1992*, State University of New York Press, 1995. pp. 17–54.

당이 상대적으로 약했기 때문이었다.[12] 1978년 하리쿠드당의 베긴이 이집트와 화해를 이끌어내고 시나이반도를 반환한 것 역시 하리쿠드당이 강해서가 아니라 하아보다당이 상대적으로 약했기 때문이며, 2005년 가자지역에서 유대인 정착촌 철수를 하리쿠드당이 주도한 것 역시 하아보다당이 상대적으로 약했기 때문이었다.[13]

1996년에는 한 사람이 2개의 투표권을 갖는 새로운 선거제도가 도입되었다. 유권자들이 수상과 지지정당 선거에 각각 한 표씩을 던질 수 있게 된 것이다. 그 결과 하아보다당이 가장 많은 득표(26.8%)와 의석(34석)을 얻었는데도 하리쿠드당의 벤야민 네탄야후가 시몬 페레스에 1% 차이로 당선되었다. 총 300만여 표 중에서 네탄야후가 150만 1,023표를, 페레스가 147만 1,566표를 얻었다. 개정된 선거법으로 제1정당은 하아보다당이, 수상은 하리쿠드당이 차지하게 된 것이다.[14]

1999년 선거에서 하리쿠드당을 누르고 승리한 하아보다당의 에후드 바락은 이스라엘-팔레스타인 유혈충돌 중에 실시된 2001년 수상 재선거에서 하리쿠드당의 아리엘 샤론에게 수상직을 내주었다. 2003년 선거에서 하리쿠드당은 19석을 얻은 하아보다당을 큰 차이로 따돌리고 40석의 대승을 거두었다. 그러나 인티파다 유혈사태 종식을 위해 샤론 수상이 내놓은 분리정책으로 인해 정착촌 철수를 지지하는 좌파와 반대하는 우파 간에 갈등의 골은 깊어졌고, 여당인 하리쿠드당 내부에서도 샤론에 반대하는 우파 간 갈등으로 몸살을 앓았다.

2005년 8월 가자지역 정착촌에서 철수가 끝난 후 샤론은 하리쿠드당의 갈등으로 당을 떠나 샤론당이라 불리는 카디마당을 설립했다. 하아보다당과 하리쿠드당을 아우르는 좌우파 인사들이 결집해 세운 카디마당은 중도 성향의

---

[12] 바로 직전 1988년 선거에서 하리쿠드당은 40석, 아보다당은 39석을 얻었다.
[13] 1978년 이집트와의 화해와 시나이반도 철수, 가자지역 정착촌 철수는 아보다당이 지지하기는 했지만, 아보다당의 정책에 반대할 것 같은 하리쿠드당이 주도했다.
[14] Arian, Asher (ed.), *The Elections in Israel: 1996*, State University of New York Press, 1999. pp. 163-83.

정당이었다. 이 당은 2006년 1월 아리엘 샤론이 뇌출혈로 쓰러지자 에후드 올메르트 임시대행체제로 유지되다가 2006년 3월 28일에 실시된 선거에서 승리하여 에후드 올메르트를 수상으로 하는 정부가 들어섰다. 벤야민 네탄야후의 하리쿠드당은 12석을 얻는 데 그쳐 대패했다.

3. 이스라엘의 정당들

(1) 좌파 진영

1992년 좌파 세력은 하아보다당, 메레츠, 2개의 아랍 정당인 하다쉬와 아랍 민주당 등 4개의 정당으로 구성되었다. 라빈의 연합 정당은 의회 과반수를 유지하기 위해 하아보다당과 메레츠당을 지지했지만 아랍 정당은 여기에 참여하지 않았다. 메레츠당을 구성하는 3개의 정당 즉, 마팜, 시민운동, 쉬누이 중에서 쉬누이를 제외한 나머지 좌파당의 뿌리는 노동운동에서 비롯되었다.

1) 사회주의 및 노동 계열

20세기 초반 유럽에서는 유대 사회주의와 유대 민족주의가 합쳐진 시온주의 노동운동이 등장했다. 사회주의 시온주의자들은 유대사회를 '거꾸로 된 피라미드형'으로 인식했다. 즉, 유대사회에서 농업에 종사하는 소수의 유대인들 이외에 대부분은 중간상인이었다. 20세기 초반 유대인의 직업분배를 분석한 자료에서 유대인 인구의 절반이 식품과 음료 판매, 의류 상업, 보석 제조업, 소규모 관화 상점 영업 등에 종사하는 것으로 나타났다. 인구의 약 15-20%는 건축과 섬유산업에 종사했으며, 기간산업에 10% 이하, 농업에는 1% 이하의 인구가 종사했다. 유대인들은 사회의 기초 필수품들을 공급하는 것보다 생산 공정의 끝에서 얻는 생산품에만 노동을 집중하고 있었다. 게다가 노동자 대부분은 빈민이 되어 경쟁이 치열하고, 노동을 착취하는 공장에서 일했다.

첫 사회주의적 시온주의 단체인 포알레이-찌욘(Workers of Zion)은 1907년에 설립되었다. 이 단체의 사상은 49세의 나이로 팔레스타인에 정착한 초기 시온주의자인 고르돈(A. D. Gordon)의 사상과 융합되었다. 고르돈의 추종자들은 육체노동 자체를 신성시하는 그를 성자 또는 신비로운 사람으로 여겼다. 옛 땅에서 육체 노동을 할 때 유대국가가 잃었던 정신적 가치를 바로 그가 복원할 수 있다는 것이다. 보로코브보다 마르크스주의에 영향을 덜 받은 고르돈의 논제에 따르면, 유대인 문제의 핵심은 자본과 노동의 투쟁이 아닌 생산과 실업상태 간의 대립이었다. 유대 토지에서의 노동 비법에 매혹된 고르돈의 가까운 추종자들은 하포알-하짜이르(Young Worker)라는 단체를 설립했다. 이 단체의 사업은 늪의 물을 빼고, 사막에 물을 대며, 새로운 농업 단지들을 세우는 것이었다. 마르크스 경향의 포알레이 찌욘은 1919년에 팔레스타인에 있는 여러 작은 사회주의적 시온주의 단체들과 합병한 후 이름을 아흐둣-하아보다(Unity of Workers)로 바꾸었다.

포알레이-하짜이르와 아흐둣-하아보다는 경쟁관계에 있던 히스타드루트(이스라엘 노동총연맹, General Federation of Workers in Eretz Israel)와 합쳐 마파이당을 설립했다. 당시 히스타드루트당의 의장은 벤구리온이었고, 그는 1935년 벤구리온은 세계시온주의기구의 의장이 되었으며, 모든 유대인들의 지도자였다. 영국의 위임통치 기간 동안 마파이당의 표어는 "유대인의 땅 정복"과 "유대인의 노동 정복"이었다. 이 기간 동안 설립된 키부츠 대부분은 마파이가 통제하는 키부츠 연합에 가입했다. 또한 마파이당은 농업협동조합 모샤브를 설립하는 일을 도왔다. 노동운동의 최고 목표는 유대인 근로자 양성, 유대인 생필품 제조, 유대인 협동 운동, 팔레스타인 땅으로 젊은 유대인들을 불러들이는 일이었다.

히스타드루트는 1920년에 노동자들의 경제적 · 사회적 · 문화적 이익을 증진시키기 위해 설립되었으며, 1920년대에 급성장해 다른 정당이나 큰 단체에 견줄 만큼 거대 조직으로 발전했다. 히스타드루트의 지도자들과 사업활동 및 정책 등은 노동자들이 결정하였으며, 다양한 노동조합들이 히스타드루트 소

13 다비드 벤구리온이 예루살렘 히스타드루트 전국노동총연맹의 건물 주춧돌을 놓는 행사에서 연설하고 있다. 1924년 9월 1일.

속이었다. 1930년에 이슈브의 약 45%는 어떤 식으로든 노동운동 단체와 관계를 맺고 있었고, 1930-40년대 당시 지도자들은 농업 개발과 이슈브 확장을 강조했다. 마파이당 지도자들(벤구리온, 샤레트, 메이르)은 이슈브의 국가위원회와 하가나 그리고 세계 시온주의운동의 핵심 인물이었다.

이스라엘 노동진영에도 변화가 찾아왔다. 1930년경 6,000여 명이었던 마파이당원은 1965년에 이르러서는 20여만 명 이상으로 성장했다. 1948년 이스라엘 건국 당시 대다수의 지도자들은 농업에 기반을 둔 키부츠 출신들이었다. 그러나 당원의 직업은 산업의 발전과 함께 급속하게 변했다. 초창기만 해도 당원의 60%가 농업관련 회원이었지만 1964년에 이르러는 약 4.2%로 줄어들었고 대신 노동운동 회원의 70%가 도시 출신이었다. 1949년 이후 국가경제 기반이 넓어지면서 산업을 비롯한 통상, 상업, 서비스업 분야 종사자는 농업 분야 종사자들과 당연히 경쟁하게 되었다. 의사, 작가, 기자, 기술자로 형성된 대도시 전문직 노동단체들이 히스타드루트 노동조합에 합류하면서 구성원과 지도부에 변화가 온 것이다. 1964년에는 이스라엘 성인 인구의 절반이 노동조합 회원이었고 그들 중 3분의 2는 산업계에, 3분의 1은 사무직과 전문직에 종사했다. 반면에 농업관련 인구는 소수였다.

한편 1930년에 마파이당이 형성되자 지도자들은 우익으로 선회해 당내 좌파와 갈등이 불거지기 시작했다. 대표적인 일로 마파이당의 좌파들은 벤구리온의 히스타드루트와 자보틴스키의 수정주의 노동조합이 서로 협조하는 일을 방해하였다. 수정주의자들이 이슈브 내에서 극단적인 부정적 감정을 불러일으켰기 때문이다. 그럼에도 벤구리온이 당내 협의 없이 단독으로 일을 처리하려 하자 마파이당 대부분의 지도자들이 벤구리온의 협정 강행을 반대하였다. 1941년의 마파이당 전당대회에서 좌파들은 마침내 들고일어났다. 그들은 유대국가 건설을 요구하는 시온주의의 정책 변화에 반대했다. 팔레스타인을 분할하려는 계획을 반대했으며, 국가의 모든 권력을 사회주의적 통제 아래 둘 것을 강력히 요구했다. 한편 1942년 유대국가 창설을 목적으로 열린 미국시온주의자회의는 유대국가 건설을 위한 빌트모어 프로그램을 시온주의 공식정책으로 채택했다.

1942년 마파이당 전당대회에서 내부의 어떠한 분파 활동도 금지한다고 결정했다. 그러나 반대 분파들이 계속 반대를 고집하자, 벤구리온은 히스타드루트 최고 회의에서 좌파들에 대한 대결을 단행했다. 그러자 좌파들은 마파이당을 떠나 자신을 '아흐둣-하아보다'로 명명했다. 그리고 1948년에 아흐둣-하아보다는 하쇼메르 하짜이르와 마팜을 결성했다. 이들 좌파는 비록 자신의 힘으로 권력을 쟁취할 수는 없었지만, 마파이당이 사회주의적 기원을 돌이켜보도록 하는 역할을 하였다.

마파이당(Mapai, מפא"י, 미플레게트 포알레이 에레쯔 이스라엘(חגלפם ילשוף אדי י(לאדשי, 이스라엘 노동자들의 땅)

이스라엘 건국 직후 마파이당은 정치의 주도권을 잡았다. 마파이당은 지도력이 탁월했고 당내 반대세력도 없이 조직을 유연하게 잘 운영했으며, 이스라엘로 들어오는 인적·물적 자원에 대한 통제력도 있었다. 그러나 이슈브가 점점 복잡해지고 이익 집단들이 증가하면서 마파이당은 더 넓고 다양한 유권자들의 요구에 부응해야만 했다. 변화하는 사회와 맞물려 이민으로 급격히 증가하는 다양한 인종의 사회구성 등은 당내의 구조와 사상에 변화를 가져왔다. 1948년 이후로 생활이 향상되면서 생활방식이나 가치관, 정치적 상황 등에 변화가 생겼다. 도시규모가 커지고 도시 노동자들이 증가하면서 농업 관련 노동자보다 기능직과 전문직이 늘어났다. 정부와 국가기관의 공공부문이 확장되면서 전문직의 가치와 공헌을 국가복지차원에서 인정하게 되었다.

이러한 새로운 상황은 마파이당에 심각한 이념 문제를 제기했다. 의사, 변호사, 대학교수들은 노동자들보다 높은 임금을 요구했고, 부유한 이들의 생활방식은 노동자들에게 계급 차이를 느끼게 했다. 다양한 생활방식에 기인한 전문직과 노동자 간의 갈등은 노골적으로 변하기 시작했다. 노조회원들은 지도부의 지시를 받지 않고 파업을 주도했으며, 임금정책에 대한 상반된 논쟁으로 전국노동조합이 마파이당 지도부에서 떨어져 나왔다. 게다가 경제위기에 따른 긴축경제와 마파이당의 세금인상법안 제출과 국가식량보조금 삭감 등은 마파이당과 전국노동조합에 심각한 균열을 일으켰다.

1954년에는 마파이당에서 스파라디 유대인 당원이 차지하는 비율이 27%에 불과했다. 하지만 마파이당이 이민자들의 사회화와 사회적응을 적극적으로 도운 결과 1965년에는 45%로 크게 늘어났다. 마파이당은 북아프리카, 예멘, 이라크 등에서 온 이주자들에게 히브리어와 함께 이스라엘의 문화와 가치를 가르쳤고, 그들의 직장과 주택, 은행신용, 가정생활 등에 대한 문제도 해결해 주려고 노력했다. 이런 도움을 받은 이민자들은 자연스럽게 마파이당의 당원으로 흡수되었다.

그러나 스파라딤의 당내 비율이 커졌는데도 이들의 중앙무대 진출은 여전히 어려웠다. 1960년대 말엽, 당 중앙위원회에서 스파라디 유대인 대표자들이 차지하는 비율은 30%도 채 되지 않았다. 사무국에는 10% 이하였으며, 국회 대표단 내에서도 20%가 안 됐다. 오히려 1977년 하아보다당의 선거 패배

로 하리쿠드당 정부가 들어서면서 스파라디 유대인들은 고위직에 임명되었으며 이들의 내각 진출 비율도 증가했다. 마파이당이 스파라디 유대인들을 그간 차별적으로 대우한 것이다.

마파이당은 커져가는 반대파의 힘과 당내 내분을 겪으면서 몰락하기 시작했다. 그리고 그 도화선은 바로 악명 높은 나본 사건에서 비롯되었다. 1953년 벤구리온 수상이 은퇴하자 외무부장관이었던 모쉐 샤레트가 수상이 되고 핀하스 나본이 국방부장관이 되었다. 나본 국방장관 밑에는 국방부의 총책임자인 시몬 페레스와 군참모총장인 모쉐 다이얀이 들어왔다. 1954년 가을에 비공식 문서 하나가 나돌았는데, 이스라엘 정보부가 이집트 내 유대인조직을 조정해 카이로의 미국시설을 폭파하라고 명령했다는 내용이었다. 당시 미국과 이집트 간의 관계가 개선되고 있는 것을 방해하려는 목적이었다. 이 사건으로 13명이 구금되었고 2명은 이집트 당국에 의해 교수형에 처해졌다. 이에 격분한 이스라엘은 가자지구에 보복 공격을 가해 이집트 군 40명을 죽였다.

카이로에 있는 미국건물 폭파에 가담한 자들과 스파이들이 잘 훈련된 점을 들어 정치적으로 치밀하게 조작되었을 것이란 의문이 끊이지 않았다. 국방부 장관 나본은 이 계획과 관련이 없으며 증거물로 제시된 서류에 있는 사인이 자신의 것이 아니라 위조된 것이라 주장했다. 결국 나본은 이 사건으로 사임했다.

수년이 지난 1960년 나본은 누명을 벗을 만한 증거가 있다며 이 사건을 다시 들추어냈다. 그러나 벤구리온은 나본을 강하게 거부했고 그의 면죄를 반대했다. 이에 나본은 이 사건을 국회 외교안보위원회에 회부하고 사건 연루자로 모쉐 다이얀과 시몬 페레스에게 화살을 돌렸다. 나본의 행동은 마파이당을 격동케 했고 결국 당의 분열로 이어졌다. 당시 외교안보위원장 하임 코헨이 어떠한 결론도 내리지 못하자 수상 레비 에쉬콜은 사건 당시 수상이었던 샤레트에게 진술을 요구했고, 이것이 나본에게 유리하게 작용해 국가조사위원회는 나본에게 책임이 없다는 결론을 내렸다. 그러나 벤구리온은 나본의 정치적인 사면을 반대했다. 벤구리온은 나본이 다른 이들에게 죄를 전가하고 있고 그럴 만한 증거가 있으므로 이 사안을 법정에서 다루어야 한다는 주장이었다.[15]

1961년 1월 31일, 벤구리온은 그의 두 번째 수상직을 사임했다. 1961년 8월에 실시된 선거에서 벤구리온은 기존 의석의 4석을 잃었다. 10년 전 벤구리온이 사임하던 때와 달리 당내에는 벤구리온의 도움 없이도 당을 운영할 수 있는 여력이 있었다. 마파이당의 보수적 지도층이 벤구리온을 배제하려 하자 벤구리온을 비롯한 그가 키운 진보파와 반대 보수파 간에 알력이 발생했다.

---

[15] 나본 사건에 관한 보다 자세한 내용은 다음의 책 참조. Aviezer Golan, Victor Levy, *Robert Dassa and Philip Natanson: Operation Susannah*, Harper & Row, NYC, 1978; Joel Beinin: *Nazis and Spies The Discourse of Operation Susannah*, ch 4 in The Dispersion Of Egyptian Jewry Culture, Politics, *And The Formation Of A Modern Diaspora Berkeley*: University of California Press, 1998; Amer Univ in Cairo Pr, 2005. 다음의 웹사이트에서도 볼 수 있다. www.jafi.org.il/education/juice/service/week2.html, www.allaboutpalestine.com/The_Lavon_Affair.html, www.jewishvirtuallibrary.org/jsource/History/lavon.html, www.mideastweb.org/lavon.htm.

보수파는 진보파를 견제하기 위해 아흐둣-하아보다당과 제휴하기를 원했으나 벤구리온을 지지하는 진보파는 이를 거부했다. 보수파들은 진보파를 견제하고 힘의 균형을 맞추기 위해 아흐둣-하아보다당을 끌어들이려 한 것이다. 보수파는 1965년 전당대회에서 60%의 지지를 얻으며 아흐둣-하아보다당과의 제휴에 성공함으로써 진보파를 물리쳤다. 또한 나본의 면죄를 반대한 벤구리온의 주장도 60%의 반대로 거절당했다. 당내 기싸움에서 진 벤구리온은 마파이당을 떠나 라피당을 만들었다. 나본 사건으로 말미암아 마파이당이 분열한 것이다.

1963년부터 73년까지는 세 번째 이민자들의 지도력이 발휘된 시기였다. 벤구리온 아래 재무부 장관을 역임했던 레비 에쉬콜이 1963년에서 68년까지 수상직을 역임했다. 그는 1967년 6일전쟁이 발발하자 라피당과 헤루트당을 포함한 연합정부를 구성했고 모쉐 다이얀이 국방장관이 되었고 메나헴 베긴도 장관이 되었다. 그토록 완강하게 반대한 벤구리온이 여기에 동의하자 3년 간의 연합정부(1967-1970)에 들어온 베긴과 헤루트가 불법집단이라는 기존의 인식이 바뀌었다. 연합정부 구성을 계기로 1968년 모쉐 다이얀을 비롯해 라피당의 대부분이 마파이당으로 돌아왔고 아흐둣-하아보다당과 마파이당은 아보다당이란 정당으로 다시 태어났다.

아흐둣-하아보다당(Akhdut HaAvoda, הדובעה תודחא, 노동연합)

아흐둣-하아보다당은 노동 시온주의 안에 있는 민족주의자 집단을 대표한다. 당의 정치적 지도부는 대부분 키부츠 운동 출신이고 다수가 팔마흐에서 군사 지휘관과 군인들로 근무했다. 대 아랍인 강경책을 주도하는 강한 안보주의 성향의 정치지도자들의 일부는 이 군사조직에 뿌리를 두고 있다. 몰레데트의 레하빔 제비, 쪼메트 창설자인 라파엘 에피 이탄, 이츠하크 라빈 등이 그들이다. 1944년에 마파이당 지도층과 의견의 불일치로 마파이당을 떠난 아흐둣-하아보다당의 운동가들은 포알레이-찌온-스몰과 하쇼메르-하짜이르와 함께 1948년 마팜당을 만들었다. 1949년 실시된 선거에서 마팜당은 19석을 차지하며 두 번째로 큰 당이 되었다. 노동운동에서 가장 큰 두 당인 마파이당과 마팜당은 연립정부를 만드는 데 실패했다. 두 거대 정당이 연합에 성공했다면 노동계 정당은 65석을 얻으며 넉넉히 과반수를 차지했을 것이다. 두 정당은 사회와 경제 정책에서 큰 차이를 보이지 않았지만 군사조직 팔마흐의 해산 문제와 국제 공산당(소련)과 마팜당 사이의 제휴 문제를 놓고 연합정부 형성에 실패했다.

공산당 문제는 1952년과 1954년에 큰 파장을 일으켰다. 1947년 UN의 분할 계획 논쟁 때 이스라엘에 가장 많은 힘을 실어준 후원자이자 독립전쟁 때 주된 무기 공급자였던 소련이 아랍국가에서 일어나는 민족주의와 좌파 운동을 후원하기 시작했다. 이런 소련의 정책으로 어쩔 수 없이 유대민족주의와 사회주의의 결속 사이에서 마팜당은 분열한다. 여기서 시온주의 민족주의자들은 마팜당을 탈당하고 그들의 정체성을 '아흐둣-하아보다'라는 이름으로 명맥을 유지했다. 마팜당에 남아 있던 다수는 하쇼메르-하짜이르와 연관되어 있었다.

1955년과 1959년, 1961년 선거에서 아흐둣-하아보다당은 독립적으로 선거에 참여해 각각 10석, 7석, 8석을 차지함으로써 마파이당이 선호하는 연합정부의 동반자가 되었다. 1965년 선거에서 아흐둣-하아보다당은 라피당의 벤구리온을 상대로 레비 에쉬콜의 마파이당과의 연합 제의를 받아들였다. 1965년 선거 결과가 나왔을 때 라피당에 가졌던 두려움은 과장된 것이었다. 마파이-아흐둣-하아보다 연합으로 겨우 5석만 잃고 45석을 얻게 되었다. 대신 라피당은 10석을 차지했을 뿐이었다. 레비 에쉬콜이 라피당을 연정에서 제외하자 라피당의 소장파들은 자신들의 정치노선을 재고하게 되었다.

1968년 마파이의 원로들과 아흐둣-하아보다당의 열정적 당원들, 라피당의 국수주의자들은 하아보다당이란 이름으로 재결합하기로 결정했다. 당시만 해도 전 팔마흐 지휘관 이갈 알론과 같은 아흐둣-하아보다당의 지도자들은 이스라엘의 저명한 정치인들 중 한 사람이었다. 그러나 1974년 아흐둣-하아보다당은 실질적으로 정치적 무대에서 사라졌다.

마팜당(Mapam, פמ"ס, *미플레게트 하포알림 하메우헤데트*(מפלגה הפועלים
המאוחדת), 노동자연합정당)

1948년 마팜당은 좌파 노동운동을 대표하기 위해 창립되었다. 마팜당은
1949년 국회의원 선거에서 19명의 의석을 확보하며 두 번째로 큰 정당이 되
었다. 마팜당은 1969년과 1984년 사이 노동제휴당의 소규모 파트너였다. 이
기간 동안 마팜당은 하아보다당의 정책들에 보조적인 역할을 할 뿐 큰 두각
을 보이지 못했다. 마팜당은 하아보다당이 1984년 하리쿠드당과 함께 연정을
구성하기로 결정했을 때 하아보다당을 떠나 1988년까지 야당으로 남아 있었
다. 그러나 1988년 선거에서 키부츠 멤버가 아닌 지도자 야이르 짜반이 당을
이끄는 바람에 3석을 얻는 데 그쳐 창당 40여 년 만에 쇠퇴의 길에 접어들었
다. 1992년 마팜당은 시민권리운동에 참여했고 슐라밋 알로니가 이끄는 시누
이와 함께 메레츠당을 결성했다. 메레츠당은 12석을 얻었고 라빈 정부에 참여
해 평화조약을 지지했으며 시민권과 복지법안을 촉진시켰다. 1996년 짜반과
알로니는 은퇴했고 마팜당은 메레츠당 내 다른 정당들에 거의 흡수되었다.

마팜당의 지속적인 쇠퇴는 이스라엘의 사회적·정치적 변화에 적응하지
못했기 때문이다. 1948년 이후 비록 마르크스 이념을 다소 수정하긴 했지만
당의 노선은 변화하는 중간층에는 여전히 비현실적이었다. 외교정책의 온건
한 입장과 특히 1948년 이전에 유대인-아랍인 문제에 대해 두 개의 국가를 지
지한 정책은 민족주의적인 스파라디 노동자들의 등을 돌리게 만들었다. 당시
마팜당의 가장 큰 지지층은 스파라디 노동자들이었다. 앞서 언급했듯이, 마
팜당은 소련 국제공산당과의 오랜 연합으로 인해 아흐둣-하아보다당과 분리
되었다. 마팜당의 핵심 집단인 하쇼메르-하짜이르는 마르크스주의를 지향하
며, 키부츠나 공동체에 대한 강한 헌신을 바탕으로 시작된 동유럽 시온주의
청년운동을 표방한다. 이들은 소수가 다수를 착취하는 자본주의 제도를 대체
하려면 계급 의식이 없는 새로운 경제와 사회 질서를 만들어야 한다고 주장
했다. 이 연맹의 집단인 키부츠 아르찌(Kibbutz Artzi)는 키부츠운동 회원의 절
반으로 구성되었고 도시 지지자들의 수가 상대적으로 적었다.

"마팜당" 선거 선전운동원들. 텔아비브, 1949년 1월 30일.

마팜당은 미개척농업지역의 개발과 전통적인 개척자의 역할에 크게 기여했다. 그러나 농촌 개발에 대한 강한 집착으로 도시 근로자들과 산업 조직의 중요성을 간과하는 결과를 낳기도 했다. 많은 마팜당 키부츠들은 소규모 산업개발에 참여했지만, 농업 이외의 사업을 놓고 벌인 마파이와의 경쟁에서 승리할 수는 없었다. 1942년 시온주의자들 대부분이 팔레스타인에 유대연방을 세울 것을 요구하는 빌트모아 프로그램을 지지할 때도, 하쇼메르-하짜이르당은 두 개의 국가주의가 유대인과 팔레스타인 간의 경제적·사회적 분쟁을 완화할 것이라며 타협을 강조했고 두 국가체제를 지지했다. 하쇼메르-하짜이르당은 이 때문에 이슈브 내의 중요한 정치적 무대에서 고립되었다. 1948년 독립 이전까지 마팜당은, 계속해서 팔레스타인 국가 없는 유대국가 수립을 반대하다가 결국 자신들의 기존 입장을 철회하게 되었다.

1955년부터 1977년 사이에 (1959년부터 1961년은 제외) 마팜당은 마파이가 이끄는 연립정부에 참여했다. 1969년 마팜당은 당의 정체성과 집단적 구조를

계속 분리 유지하는 가운데 하아보다당과 결합했다. 국회와 정부에 진출한
마팜당원은 팔레스타인의 자치 독립국가를 허용해야 한다는 온건파적인 입
장을 표명했다. 1984년 하아보다당은 하리쿠드당과 연합정부를 구성할 때 당
의 이념이 정부와 너무 다르다며 연합당을 떠났다. 이때 마팜당의 신진 지도
자들은 소련 모델을 버리고 스칸디나비아 사회주의 형태를 채택하는 등 자신
들의 정치적 이미지에 중요한 변화를 주었다. 당 지도부는 지지층 확대를 위
해 하리쿠드당과 경쟁 관계에 있는 하류 계급 산업 노동자들의 이익을 강조
하기도 했다. 이러한 노력 덕분에 마팜당은 3석을 차지하며 야당의 일원이 되
었다. 1992년 선거 때부터 첫 의석을 확보하기 위한 득표율이 1.5%로 상향 조
정됨에 따라 선거 패배를 두려워한 마팜당은 라츠당, 쉬누이당과 함께 메레
츠당을 만들었다. 메레츠당은 국회에서 12석을 차지하고 하아보다당과 연합
해 연립정부에 참여했다. 마팜당은 4석을 얻었고 이 중 2석은 키부츠 회원들
이 차지했다.

라피당(Rafi, רפ״י, 레쉬마트 포알레이 이스라엘(לאחדש ילעוף תמישר), 이스라엘 노동자 리스트)

1950년대 말 벤구리온과 젊은 마파이당 청년 지도층들은 이익집단들의 영향력 증대와 관료주의화, 지도력의 상승화에 대응하여 당의 개혁을 요구하기 시작했다. 1959년 정당위원회에 진출할 기회가 줄어든 것에 조급해진 아바 에반, 시몬 페레스, 모쉐 다이안은 벤구리온의 도움으로 직접 국회에 입성하게 된다. 이들 젊은 정치인들은 국회의원에 당선되자 개혁의 기치를 높였다. 벤구리온이라는 국가적인 인물에 힘입어 이들은 당 내부 소사는 물론 이스라엘 사회와 관련된 국가적 사안까지 관여하려 했다. 쯔이림(젊은이들)이라고 불리는 이 청년단체는 국가에 대한 높은 충성심을 강조하기 위해 국가통제주의(히브리어로 맘라흐티)를 주창했다. 이 단체는 노동조합과의 타협과 강력한 전국노동조합당 히스타드루트에 관심을 집중했다. 하지만 노동운동의 기본 원칙에 반기를 들고 기업이 생산성을 증대하려면 비능률적인 노동자들을 해고할 수 있다고 주장했다. 또한 생산력 향상이 없이 한 노조원들의 사회적 이익은 총체적인 국가경제구조를 약화시킬 것이라고 주장했다.

벤구리온과 청년들이 개척자개념을 확대해 과학과 기술의 중요성을 강조한 결과, 전문적 기술과 능률에 기반한 노동은 마파이당이 전통적으로 중시해온 육체노동을 대체하기 시작했다. 국가통제주의의 이러한 이념은 정부와 히스타드루트의 갈등을 더욱 부추겼다. 히스타드루트의 사무총장인 나본은 영토와 관련된 전통적 가치들을 수호하며 대항하였다. 1954년에 이집트에서 작전을 실행하다가 이스라엘 정보원의 실패로 '안보사고'가 발생, 일시적으로 평판이 나빠졌지만 1956년에 이르러 나본은 히스타드루트 전국노동조합의 의장이 되었다. 이에 나본은 벤구리온을 대체할 수 있는 유력한 수상 후보자로 거론되었다.

1958년에는 당내 강력한 이념적 분열로 당 지도력은 여러 파벌로 분열되었다. 원인은 나본과 벤구리온의 개인적인 대립이었다. 1960년대에 이 두 사람의 대립은 전면으로 대두되었다. 벤구리온은 나본에게 '안보사고'에 대한 결백을 스스로 증명해야 한다고 요구했다. 나본은 내각위원회에 의해 혐의를 벗었지만, 이미 그의 권위는 벤구리온에게 위협받고 있었다. 벤구리온은 사법부의 공정한 판결을 주장했다. 내각과 당이 나본 편에 서지 않는다면 나본은 사퇴할 수 밖에 없었다. 이때 중도 입장을 취하고 있던 마파이당의 수장 레비 에쉬콜이 타협안을 제안했다. 그것은 나본을 히스타드루트 의장으로 내려보내 사건을 마무리하자는 것이었다.

1963년, 에쉬콜이 벤구리온의 권력을 이어받자 그는 쯔이림(젊은이들)이나 그들의 "국가통제주의자" 적인 접근법을 경시하면서 보수주의자들과 히스타드루트를 축으로 한 기존 정당의 정치 노선을 추구했다. 벤구리온의 개혁정책이 대중적인 인기를 얻자 히스타드루트에 대한 마파이당의 통제력이 점점 약해졌다. 그 결과, 마파이당은 1960년 전국노동조합 히스타드루트 선거에서 55.4%(1930년대에 80%)의 득표율을 달성하는 데 그쳤다. 1965년에 새로운 선거 일정이 결정되자 마파이당 지도자들은, 아흐둣-하아보다와 연합하여 입지를 강화하려 했다. 아흐둣-하아보다와는 달리 마파이당 지도자들은 전통적인 사회주의자들로서, 쯔이림이나 국가통제주의 노선에 회의적이었다. 그들 중 일부는 각료로서 초기 연합정부 시절 마파이당의 보수주의자들과 함께 긴밀하게 일했던 사람들이었다. 나본은 노동 조직 내의 지속적인 연합과 새로운 파벌에 대해 반대하면서 에쉬콜에게 자신의 결백을 입증해 줄 것을 재차 요구했다. 그러나 이러한 행동은 벤구리온을 화나게 했고, 벤구리온은 나본 사건을 제대로 처리하려면 내각 위원회가 아닌 사법부가 조사해야 한다고 강조했다.

1964년 제10차 마파이당 전당대회에서 사상 대립, 전략적 차이, 개인적 대립 등으로 말미암아 당에 위기가 발생했다. 핵심 쟁점은 "누가 벤구리온의 후계자가 될 것인가", "마파이가 아흐둣-하아보다와 함께 재편성할 수 있을 것인가", "나본 사건을 어떻게 다룰 것인가", "전통주의자들과 국가통제주의자들 간의 이념적 대립을 어떻게 해결할 것인가" 등이었다. 회의에 참석했던 대다수 당원들은 보수세력을 지지했고, 벤구리온은 성명을 통해 자신을 비롯한 일부 젊은이들은 마파이당을 떠날 것이라고 발표했다. 그리고 그들은 새로운 라피당이라는 하아보다 내 또 다른 당을 창당하였다. 1965년 선거에서 라피당은 예상보다 훨씬 적은 지지를 받았다. 급조된 라피당은 명확하고 포괄적인 목표를 갖고 있지 못했다. 대신에 반대세력으로 안티-에쉬콜, 안티-마파이, 안티-히스타드루트 등이 형성되었다. 라피당은 기존의 가치와 기관에 대항하기는 했지만, 마파이당과 경쟁하기 위한 새로운 대안들을 제시하지는 못한 것이다.

라피당 지지자들과 반대자들은 라피당 자체를 벤구리온 개인의 것으로 인식했기 때문에 대결 구도는 '원로'에 대한 충성심과 마파이당 자체에 대한 충성심 사이에서 만들어졌다. 벤구리온의 카리스마는 많은 유권자들을 사로잡았고, 그 덕분에 마파이를 지지하던 스파라디 유권자들이 라피당으로 돌아섰다. 1965년, 라피당은 자신의 독자적인 후보들로 선거에 나와 7.9%의 득표율을 기록하며 10석을 차지했다. 1968년 라피당은 마파이당 및 아흐둣-하아보다당과 다시 연합하여 하아보다당을 세웠다. 이때 라피당의 일부는 이갈 호르비츠와 잘만 슈발이 이끄는 맘라흐티당에 남았다. 이들은 나중에 라암당과 오메츠와 같은 정당의 지도자가 되었지만 결국은 하리쿠드당에 흡수되었다. 또 다른 일부는 이집트와 체결한 캠프 데이비드 협정에 반대한 뒤 트히야당을 만들었다.

1965년 선거를 통해 마파이당은 하아보다 계열의 다양한 조직을 통해 체계적인 조직력을 분명히 보여 주었다. 일부 지도자들은 탈당하여 라피당에 입당했지만 주요 지부 중 어느 하나도 당을 이탈하지 않았다. 분리 독립 정당으로서 라피당의 큰 약점은 지방권과 중앙본부, 히스타드루트 전국노동조합에 대한 통제력이 약했다는 것이다. 라피당은 마파이당의 10분의 1 수준에도 못 미치는 2만 5,000명에 불과했다. 그중 60%는 35세 이하였다. 이는 보수세력에 대한 젊은층의 반감을 보여 준 것이다.

하아보다당(HaAbod, הדבועה, 미플레게트 하아보다 하이스라엘리트(םפלגה חנ הדובעה הדישיאראל・ית), 이스라엘 노동당)

1965년과 1967년 사이에, 마파이당 보수세력들은 국내외 문제들로 인해 힘이 많이 약해졌다. 나라 안은 심각한 경제 침체를 겪었고, 실업률도 10%에 달했다. 하아보다의 분열과 에쉬콜에 대한 실망 등으로 정부는 신뢰를 잃어갔다. 게다가, 이스라엘에 대한 주변 아랍국가들이 강한 적대감은 이스라엘 국민들을 더욱 공포에 떨게 했다. 이럴 때 강력한 지도자가 없으면 나라는 불안정해질 것이라는 게 지배적인 여론이었다. 벤구리온과 비교해 에쉬콜의 위기 대처방식은 서툴거나 결단력이 없어 보였다. 일부 언론과 야당 지도자들은 에쉬콜의 퇴진을 요구했고, 다른 일부는 에쉬콜이 국방장관직을 모쉐 다이얀이나 벤구리온에게 넘겨 줘야 한다고 주장했다. 1967년 전쟁이 발발하기 얼마 전에 다이얀을 국방장관으로 임명하자는 합의가 도출되었고, 공산주의자들과 몇몇 군소정당들을 배제하는 연립정부가 구성되었다. 이를 통해 헤루트당(후에 가할로 재편성됨)은 처음으로 정부에 진출했으며, 결코 베긴당과는 연합하지 않는다는 하아보다의 오랜 전통도 깨어지게 되었다.

거국연합정부를 구성하려는 움직임은 하아보다당의 분열조짐뿐 아니라 마파이당과 다른 정당들간의 깊은 갈등의 골을 해소시켜 주었다. 마팜당에서 라피당에 이르는 하아보다당(노동당) 계열의 모든 단체들이 연합정부 구성에 참여했으며, 하나로 연합한 하아보다당에 대한 희망이 다시 되살아났다. 1968년 제7대 국회의원 선거 전에 마파이당과 아흐둣-하아보다당, 라피당은 하아보다당(노동당)이란 이름으로 통합했으며, 마파이당이 57.3%, 아흐둣-하아보다당과 라피당이 각각 21%와 35%를 차지하였다. 그리고 이 세 정파를 연합한 하아보다당의 지도자로 핀하스 싸피르가 선출되었다. 독립적이고 독특한 이데올로기를 표방하는 마팜당은 새로운 정당에 참여하지 않고 아보다 제휴당(히브리어 마아라흐)이라 불리는 독자적인 정당으로 선거에 참여했다.

하아보다당에 참여한 세 개의 세력이 자신들의 정체성을 버리고 하나의 정당으로 굳혀지는 데는 몇 년이 더 걸렸다. 에쉬콜이 사망하고 1969년 골다 메

이르가 수상직을 넘겨받은 이후, '국방'과 '점령지역' 부분을 담당한 국방장
관 모쉐 다이얀을 제외하고는 마파이당의 보수파가 지배 세력으로 등장했다.
골다 메이르는 보수파와 늘 국가의 대사를 의논했고 옛 정당동료들에 의존했
으며 아흐듯-하아보다당과 비공식적인 국무회의격의 모임을 가졌다.

1973년 대속죄일(욤키푸르)전쟁으로 하아보다당의 내부 조직에 변화가 일
어났다. 전쟁 수행에 대한 책임을 지고 골다 메이르와 그녀의 보수파 동료들
이 사임했다. 골다 메이르는 곧 사임했지만, 메이르는 이스라엘의 정치적 고
립을 야기했고 엄청나게 늘어난 국방예산을 남겨 놓았으며 이스라엘을 전쟁
으로 쇠약하게 만들었다. 그 후임으로 6일전쟁 때 참모총장을 역임했고 1973
년 욤키푸르전쟁 직전까지 미국 대사를 지낸 이츠하크 라빈이 전당대회에서
선출되었다. 그의 정치적 배경이 다른 후보자들보다 눈에 띄게 두드러지지는
않았지만, 특정 정파에 속한 적이 없었던 점이 오히려 유리하게 작용한 것이
다. 그는 이스라엘 순수 혈통의 최초 수상이었고, 전통적인 마파이당의 리더

십에 연계되지 않은 사람이었다. 1974년 라빈 수상은 시몬 페레스를 국방장관에, 아흐둣-하아보다당의 이갈 알론을 외교부장관과 부수상에 임명해 어느 정당 파벌과도 연계되지 않은 연합정부를 구성했다. 새로운 하아보다당에 참여하지 않은 벤구리온은 더 이상 정계의 주류세력이 아니었다.

1977년 선거 이전에 라빈은 당내 최고 경선에서 시몬 페레스를 물리쳤다. 그러나 선거 직전에 라빈의 아내가 불법으로 외화를 반출했다는 혐의를 받자 라빈은 수상직에서 물러났고 당 서열 1위도 포기했다. 시몬 페레스가 수장직을 물려받았으나 불행하게도 하아보다당 선거에서 하리쿠드당에 패배해 야당이 되었다. 라빈과 페레스는 이념적인 차이는 거의 없었지만 당권장악을 위한 치열한 경쟁은 계속되었다. 1984년에 하아보다당은 페레스의 지도력에 힘입어 44석을 획득, 40석을 차지한 하리쿠드당을 누르고 국회에서 최고 다수당이 되었다. 그러나 좌익세력의 의석 수가 하리쿠드당이 이끄는 우익세력의 수와 같아지는 바람에 페레스는 하리쿠드당과 연합정부를 구성하였다. 그리고 연합정부 구성에 합의한 후 첫 2년 동안은 페레스가 수상직을 맡기로 하고 다음 2년은 외무장관인 샤미르가 맡기로 했다. 페레스는 경제를 조금씩 향상시키고 레바논에서 이스라엘군을 철수시키면서 국민들로부터 수상으로서 높은 지지를 받았다.

1988년 선거에서 페레스는 당을 이끌고 다시 연립정부를 구성하려고 노력했으나 실패하고 말았다. 당시 이츠하크 샤미르가 이끄는 하리쿠드당은 하아보다당보다 한 석 많은 40석이었다. 하지만 역시 연합정부의 구성으로 샤미르가 수상이 되고, 페레스는 재무장관, 라빈은 국방장관으로 임명되었다. 1988년과 1990년 사이에 페레스는 연합정부의 와해를 시도했지만, 당내 2인자인 라빈이 이를 반대하고 나섰다. 이 때문에 정치적 힘이 위태롭게 되자 라빈은 1990년 페레스의 당 지도력에 도전하였다. 라빈은 1차 선거에서 이기는 데 필요한 40%의 표를 가까스로 얻어 당권 장악에 성공했다. 라빈은 1992년 선거에서 승리를 이끌어 내어 수상과 국방장관을 맡았고, 페레스를 외무부장관에 임명했다.

18 하아보다당의 경쟁자 시몬 페레스와 이츠하크 라빈이 정부 불신임에 관한 크네셋 회의 중 서로 등을 돌리고 있다. 페레스는 정부 와해를 시도했지만, 라빈은 반대했다. 1990년 3월 15일.

라빈은 당의 공식 이름을 '라빈 주도의 하아보다당'으로 바꾸고, 새로운 온건-우익 성향의 유권자들에게 당의 이미지를 제시했다. 이러한 전략은 성공했고, 목표를 달성한 하아보다당은 좌익-온건 성향의 연합을 구축할 수 있었다. 라빈과 페레스는 수십년간 경쟁 관계에 있었지만 이 시기만큼은 서로 협력하면서 정부를 이끌었다. 1993년 이스라엘과 팔레스타인은 오슬로에서 서로를 인정하고 팔레스타인 지역의 영토 확장을 중지하기로 합의했다. 이 자리에서 라빈과 페레스는 전 세계에 알려지며 '피스메이커'로 칭송을 받았으며, 팔레스타인 수반 야세르 아라파트와 함께 노벨평화상을 수상했다. 1995년 11월 4일 라빈이 텔아비브에서 암살되자 페레스가 라빈의 뒤를 이어 수상이 되었지만, 페레스는 몇 달 후 실시된 1996년 선거에서 네탄야후에게 패배한다.

1999년 선거에서 에후드 바락이 이끄는 하아보다당은 네탄야후의 하리쿠드당을 물리치고 다시 정권을 잡았다. 그러나 제2차 캠프데이비드 회담의 실패와 뒤이어 발발한 엘악사 인티파다 유혈사태로, 에후드 바락은 2001년 실시된 수상 재선거에서 하리쿠드당의 아리엘 샤론에게 수상직을 내주고 말았다. 계속되는 자살폭탄테러로 얼룩진 인티파다 유혈충돌에 극도로 불안해진 국민들은 하리쿠드당의 강경론에 더욱 큰 지지를 보내게 되었다. 그리하여 하아보다당은 2003년 실시된 선거에서, 우파인 하리쿠드당에게 힘없이 무너졌다.

2005년 샤론의 가자지구 정착촌 철수를 놓고 야기된 하리쿠드당의 내분으로 샤론은 하리쿠드당을 탈당하고, 하아보다당의 많은 정치인들을 끌어들여 신당 카디마당을 세웠다. 2005년 11월 하아보다당 전당대회에서 신인 아미르 페레츠에게 당권을 잃은 시몬 페레스는 하아보다당을 떠나 샤론의 카디마당에 합류했다. 2006년 3월 28일에 실시된 17대 선거에서 하아보다당은 19석을 얻는 데 그쳐 침체상태를 벗어나지 못했다. 하지만 시몬 페레스 등 하아보다당 중진 의원들이 빠져 나간 상황에서 29석을 얻은 카디마당과 12석으로 대패한 하리쿠드당에 비해 신인 아미르 페레츠가 이끄는 하아보다당은 약진한 것으로 해석되었다.

라츠당(Ratz, ר"צ, 하트누아 리즈쿠요트 하에즈라흐 우레살롬(תויובול העונתה), the Movement for Civil Rights and Peace, 시민권리와 평화를 위한 운동)

하아보다당의 한 분파인 라츠당은 슐라밋 알로니가 설립했다. 극히 개인적인 정치적 야망에서 세워진 라츠당은 1973년부터 1984년까지는 주로 여성의 지위 향상과 정교의 분리를 강조했다. 1984년 이후에는 이스라엘과 팔레스타인 간의 갈등을 조율하면서 이념적 기반을 확대해 나갔다. 1973년 선거에서 라츠당은 여성과 세속유대인들의 지지를 받아 2.2%의 득표율을 기록하며 3석을 획득하는 데 성공한 후 라빈의 하아보다당과 연합정부에 참여해 무임소 장관이 되었다. 그러나 종교당 마프달이 연합정부에 들어오면서 종교당을 강하게 비판했던 알로니는 종교당의 공격으로 설 자리를 잃게 되었다. 라츠당은 하아보다당을 나와 독자노선을 추구하던 아리에 엘리아브와 연합했다.

아리에는 1974년 하아보다당을 떠나 요즈마 파벌을 형성했다. 전직 하아보다당 사무총장이었던 아리에는 외교를 비롯한 정부의 여러 정책을 비판해 하아보다당에서 입지를 잃게 되었고, 1977년 선거에서는 아예 의원후보 명단에서도 빠졌다. 아리에는 하아보다당을 나와 이스라엘의 평화와 평등을 표방하는 쉘리당을 만들었으나 알로니와 엘리아브 간 의견의 불일치로 또다시 당이 분열되었다. 아리에 엘리야브와 알로니의 추종자 한 명이 이스라엘 사회당을 세웠고, 알로니와 그녀의 유일한 추종자는 의석 수 2석으로 시민권리운동당을 만들었다. 1977년에 엘리야브는 평화단체인 모케드와 규합해 쉘리당을 세우고 2석을 얻었고, 알로니의 라츠당은 1석에 그치고 말았다. 이것이 바로 소규모 군소정당이 난립하는 이스라엘 정당정치의 단면이다.

1981년 선거에서도 알로니가 이끄는 라츠당은 한 석을 얻는 데 그쳤다. 이를 타개하고자 라츠당은 온건파 쉘리당과 연합하였고 그 결과 다음 선거에서 3석을 차지했다. 또한 좌우정파를 아우르는 연합정부 구성에 반대하며 하아보다당을 떠난 요시 싸리드와 연합함으로써 의석 수를 5석으로 늘려 나갔다. 1988년 선거 전에 좌파 평화단체 샬롬악샵으로부터 추가 세력이 라츠당에 합류했으나 라츠당은 의석 수를 5석 이상으로 늘리지 못했다. 결국 라츠당은 1992년에 마팜과 쉬누이와 연합해 메레츠당을 창설함으로서 2개의 의석을 추가로 얻었다. 메레츠당 의원들은 1992년 선거에서 라빈 정부에 들어가 장관직을 수행하면서 교육, 문화, 통신, 과학, 예술, 이민, 환경과 관련된 분야를 담당하는 한편 고위공무원이 되거나 국회 위원회장을 맡기도 하였다. 1993년 지방자치 선거에서 메레츠당은 하아보다당이나 하리쿠드당의 정책에 참여하여 지방자치 지역에서 세력을 확장했다. 1994년에는 당의 가장 큰 정치적 숙적이던 샤스당과 연합하여 전직 하아보다당 출신의 하임 라몬이 이끄는 전문적인 블록을 형성함으로써 전국노동조합인 히스타드루트를 장악했다.

마키당(Maki, קמ "י, 하미플라가 하코무니스티트 하이스라엘래트(הגלפמה
תילאדשיה תיטסינומוקה), 이스라엘 공산당) [16]

이스라엘 공산당의 딜레마와 시련은 모쉐 스네의 삶이 잘 설명해 준다.
1909년 폴란드에서 태어난 모쉐 스네는 1930년대에 시온주의운동을 이끌었
다. 1940년 팔레스타인으로 이주한 후 스네는 당시 민병대 하가나의 지도자
가 되었다. 1947년 마팜당이 설립되었을 때, 스네는 집행위원회와 마팜당 일
간신문 편집인이 되었다. 그는 친러시아 성향이었음에도 유대인으로서의 정
체성은 확고했다. 제3세계와 함께할 이스라엘의 미래와 중앙 아시아에서 소
련의 중추적인 역할을 예상한 스네는 2차 세계대전 후 서 독일을 재건하려는
미국의 광범위한 노력에 충격을 받았다. 소련은 팔레스타인을 분할하려는 유
엔정책을 지지했고, 소련 출신의 유엔 대표들이 유대인 정부에 강한 지지를
표명했다. 마팜당 내 분열이 생긴 후에도 스네는 공산당 인터내셔널
(Communist International, 공산당의 국제적 동맹)에 대한 자신의 신념을 굳게
지켰다. 그는 이스라엘이 겪는 모든 어려움이 미국에 대한 지나친 집착 때문
이라며 이를 비난했다. 마팜당의 타협정책에 반대한 스네는 1953년 당을 탈
당하여 시아트 스몰(Siat Smol, 좌익파벌)을 세웠고, 1954년에는 이스라엘 공
산주의 당인 마키(Maki)와 연합했다.

팔레스타인 공산주의에서 유래하여 1924년 창당된 마키당에는 급진적인
반시온주의 요소들이 섞여 있었다. 공산주의자들은 히브리어 대신 이디쉬어
(Yiddish)를 권장하며 시온주의에 반감을 나타냈다. 이는 시온주의가 서유럽
제국주의와 밀접하게 연관된 부르조아 운동이라고 본 소비에트 노선과 밀접
한 관계가 있다. 1948년 이전의 팔레스타인 공산당은 구성원 대부분이 유대
인이었지만, 이슈브 내의 선거에서 3% 이상 표를 받은 적이 없다. 1943년 공
산당은 3개의 분파(즉, Arab League of Naional Liberation, Jewish non-Zionist
group, Communist Education Association)로 분열되었으나, 유대 파벌과 아랍

---

[16] 마키당 홈페이지: http://www.maki.org.il/english/english.html

마키당 모쉐 스네가 제5대 크네셋 개원식에서 연설하고 있다. 1961년 9월 4일.

파벌은 1948년에 마키당으로 다시 연합하였다. 이들은 새로운 정부에 충성을 맹세했으나 시온주의에 대한 반감은 여전했다.

친소련 노선을 고수한 마키당은 소련의 아랍 민족주의 지원 덕에 아랍계로부터 강력한 지지를 받았으나, 유대인 공동체에서 살아남기에는 어려움이 많았다. 유대 민족주의에 대한 지지와 반시온주의를 조화시켜야 하고, 당 정책상 소련의 지시를 받으며 이스라엘에 충성을 다하는 것은 일개 정당이 짊어질 짐으로는 과중한 것이었다. 1965년에는 조직이 원조 마키조직과 라카 (Rakah, 새로운 공산주의당) 두 개로 분열되었고, 두 그룹의 지지세력은 대부분 아랍계 이스라엘인들이었다. 1948년 많은 아랍인들은 이스라엘 내의 공산주의 정당을 막시스트 조직이 아닌 민족주의 또는 해방운동으로 받아들였다. 공산주의 정당은 이스라엘 내 아랍인들의 권익 수호에 앞장섰으며, 시민 권리 침해, 아랍인 소유 토지 몰수, 군사정부의 과도한 과세정책 등을 비난했다. 이러한 정책 때문에 아랍 공동체들은 공산주의 정당을 정부에 대해 아랍 민족주의를 대변하는 합법적 단체로 보았다.

1965년에 마키당이 두 개로 분열된 후 스네는 계속해서 모조직을 이끌었지만, 그 당원수는 떨어져나간 라카당보다 적었다. 아랍 민족주의가 더욱 호전적인 성향을 띠고, 이스라엘에 대한 소련의 반감이 커짐에 따라 스네는 아랍과 이스라엘 사이의 분쟁에서 중립을 지키려고 노력했다. 1967년 6일전쟁 전까지 모스코바(소련)는 마키당과 라카당 모두와 2년간 동맹 관계를 유지했다. 스네는 아랍과 이스라엘 지도자들을 "맹목적인 반동 애국주의자"라고 비난했고, 소련 편에 서는 것을 거절했다. 그는 아랍 테러리즘을 공격했으며, 평화로운 정착 이전에 이스라엘인들이 점령지에서 물러나는 것을 반대하며 독립노선을 따랐다. 제국주의와의 투쟁에서 여전히 선봉으로 여겼던 소련이 아랍-이스라엘 분쟁에서 아랍을 지원하며 중립을 지키지 못하자 "소련이 전략상 큰 실수를 범했다"라고 주장했다. 스네는 점차 아랍국가들을 비판하며 마침내 마팜당으로 돌아갔다. 그는 유대국가를 분명한 염원을 지닌 단결된 국제적인 공동체로 인정했다. 1972년 죽음을 앞두고는 시온주의에 대한 자신의 신념을 재차 단언했고 전통적인 유대방식의 장례를 요구했다. 그의 장례식에는 벤구리온, 골다 메이르, 모쉐 다이얀을 비롯해 각계 각층의 정치인들이 참석해 그가 이스라엘의 애국자요 세계적인 유대인이었음을 확인시켜 주었다. 의사인 그의 아들 에프라임은 이스라엘 군 장군이었고, 요르단 서안의 군정관이었으며, 라빈 내각의 측근이 되었다.

스네가 죽은 이후 많지 않은 공산주의자들은 분열되었고 마침내 당이 해산되었다. 1973년 선거 전날 한 파벌은 평화집단 "모케드"(Moked-Focus)에 흡수되었고, 모케드는 하아보다당과의 제휴에서 자신들의 당원 지위에 불만을 품은 마파이당 출신들도 받아들였다. 모케드는 대중적 인기를 누리고 있는 지도자 메이르 파일이 있어 유명세를 탔다. 그는 전직 육군 대령으로, 혁신적인 군 전략과 거리낌 없고 독창적인 정치적 견해로 잘 알려져 있었다. 1977년 선거에서 파일은 아리에 엘리아와 다른 소수 급진주의자들과 함께 쉘리를 창당해 2석을 차지했다.[7] 라카당은 아랍계 이스라엘인들을 중심으로 계속해서 세력을 확장해 나갔다. 1956년 선거에서 전체 아랍 유권자 표의 23%를 차지했고, 1973년에는 37%, 1977년에는 거의 50%에 달하는 표를 얻었다. 1973년에 이스라엘 내 가장 큰 이스라엘 아랍 도시인 나사렛의 시장직을 차지한 것은 대 성공이었다. 비록 유대계 라카당원들이 국회에서 고위직을 맡고 있었지만, 라카당은 지속적으로 아랍 민족주의를 표방했고 좌익 세력을 향해 다른 목소리도 냈다.[18]

1977년 선거 전 라카당은 유대인 유권자에 호소할 목적으로, 가난하고 저개발된 지역의 북아프리카 출신 청년들이 1968년 설립한 민족주의 당 "블랙 이스라엘 팬더"의 지도자를 당선 가능한 순위에 배정했다. 1973년 선거에 나선 팬더는 한 석도 얻지 못했다. 라카당은 아랍계 이스라엘인들과 전략적으로 연합하며 당 이름을 하다쉬(Hadash, 평화와 평등을 향한 민주전선의 히브리어 약자: Democratic Front for Peace and Equality)로 바꿨다. 그러나 하다쉬는 스파라디 유대인 유권자들 눈에 지나치게 공산진영으로 비치거나 또는 강한 아랍 민족주의 성향을 가진 단체로 인식되었다. 하다쉬는 아랍인들의 표를 기반으로 1980년대 세 번의 선거에서 연이어 차지한 4석을 유지하는 데 만족해야 했다. 1992년 선거에서 블랙 팬더(Black Panthers)와 연합하지 않은 채 단독으로 참여해 3석을 얻는 데 그쳤으나, 하리쿠드당에 대항하는 연합전선 형성에 큰 영향력을 행사할 수 있었다.

1990년 중반까지 하다쉬는 근본적으로 아랍 민족주의 정당이 되었다. 지도층의 대부분이 아랍인이었고 약간의 수가 전통적인 유대인 사회주의자로, 아랍국가들과 타협적인 평화정착 및 요르단 강 서안과 가자지구의 팔레스타인 독립국가 건설을 지지했다. 이러한 정책은 하아보다당의 정책과 일치하여 라빈이 하다쉬로부터 정치적인 지지를 얻을 수 있었다. 소수 아랍계 이스라엘인들에 대한 정부 정책이 하다쉬의 정책과 어긋나거나 정부가 공산주의자를

17 Penniman, Howard R. *Israel At the Palls, The Knesset Elections of 1977*, Washington, D.C., 1979. pp. 189–91.
18 Ibid., pp. 191–2.

정부관료로 임명하지 않더라도 하다쉬가 하아보다당을 지지함에는 변함이 없었다.

2) 아랍 정당

마다(Mada, ע"דמ, 미플라가 데모크라팃 아라빗(הגלפמ דמוקדשית עדביה), 아랍 민주당)

이스라엘 건국 초기에 아랍 유권자들은 여당인 마파이당이 국회에서 자신들의 입장을 대변하도록 이 당의 후보를 지지하였다. 아랍당은 마파이당 후원시스템의 산물로, 1977년 선거 직전 마파이당 지도자들은 지역의 아랍계 유명 인사를 찾아 이들이 국회의원에 입후보하도록 제안하며 회유했다. 아랍 유명 인사는 추종자들로 하여금 특정 후보에게 투표하도록 할 수 있는 권위와 영향력이 있었다. 마파이당은 아랍 파벌 간에 존재하는 개인적 또는 종교적 차이점을 극복하여 단일 정당을 만들기보다 당을 몇 개 만들어 재정적 지원을 하는 편리한 방법을 택했다. 어울릴 것 같지 않은 남쪽의 베두윈과 북쪽의 아랍 농부들이 연합하여 "평화", "평등", "과업", "진보"라는 구호 아래 국회 당을 만든 것이 한 예이고, 아랍인을 위해 투표 용지를 아랍어로 인쇄하기도 했다. 그들이 차지한 최고 의석 수는 1959년 5석이었으나, 일단 당선되면 자연스럽게 지지세력이 됨으로써 마파이가 아랍인 지지세력 확보에 드는 비용을 최소한으로 줄일 수 있었다.[19]

이스라엘 내 아랍인 유권자는 유대인 만큼이나 많았기 때문에 마파이당뿐 아니라 보수주의 정당이나 하리쿠드당 같은 정당들로부터도 큰 관심을 받았다. 1960년대에는 아랍계만의 정당 설립이 법적으로 제지되었으나, 1980년 안보에 대한 위험 수위가 낮아지면서 아랍계와 유대 급진주의 세력의 지도자들이 함께 PLP(Progressive List for Peace)를 설립했다. PLP는 유대인과 아랍계

---

[19] Penniman, Howard R. Israel At the Palls, The Knesset Elections of 1977, Washington, D.C., 1979. pp. 193-4.

사이의 화해 모드, 모든 시민들의 평등, 그리고 팔레스타인 독립 정부와 이스라엘의 평화 공존을 위한 분위기 조성을 위해 노력했는데, 과거 공산주의자들이 추구했던 이슈들과 유사한 점이 있다. PLP는 1984년 선거에서 2석을 아랍계 지도자인 무하마드 메에리(Muhammad Meari)와 유대인 교수인 모티 펠레드(Matti Peled)에게 배정했다. 1988년 선거에서 시온주의에 반하는 선거 공약을 제시한 PLP는 국회입성이 좌절될 뻔 했으나, 결국 선거에 참가하여 메에리를 당선시켰다. 하지만 유대인들은 하나둘 당을 떠났고, 1992년에는 메에리가 아랍당과 연합하지 않고 선거에 참여하여 한 석도 얻지 못했다.

압둘 와합 다로쉐(Abdul Wahab Daroushe)를 필두로 아랍계 이스라엘인의 새로운 세력이 등장했다. 그는 전직 하아보다당 국회의원이었으나, 1988년 발생한 점령지역 내 아랍인들의 봉기(Intifada)를 잔인한 방법으로 진압하는 것에 반대하며 국방부장관 라빈에 맞섰다. 결국 그는 하아보다당을 탈당하여 홀로 1석의 작은 당을 만들었다. 다로쉐는 남북의 아랍인들을 연합하기 위해 마파이의 전통적인 전략을 이용했다. 1992년에는 아랍민주당 ADP(Arab Democratic Party)의 당수로 선거에 참여해 2석을 얻었다. 라빈 정부는 의회 선거에서 하리쿠드당 세력을 견제하기 위해 ADP에 의존할 수밖에 없었다. 1990년 중반에 다로쉐는 이스라엘과 팔레스타인의 화해 모드를 조성하기 위해 중간자 역할을 하면서 아랍 민족주의자들의 지지를 얻으려고 노력했다. 새로운 유권자들은 문화적·정치적 자치를 지지하며, 자신들의 이슬람 전통을 따르는 팔레스타인 독립 국가 건설을 요구했다.

아랍 정당을 지지하는 아랍인들의 표가 많아지면서 시오니스트 정당에 돌아가는 표는 점점 줄어들었다. 1996년 선거는 아랍인에게 있어 큰 의미를 가진다. 77%의 아랍인들이 투표에 참여했고, 이 중 70%가 아랍 정당들을 지지하는 표였다. 아랍 정당들은 연정에 참여해 본 적이 없었고 어느 아랍인도 내각에서 장관직을 수행하지 못했다. 아랍 정당들은 1992년 선거 이후 하아보다당이 the PLO와 평화 조약을 맺을 수 있도록 우파 정부의 형성을 막는 데 노력했으나, 사실 이 때도 그들은 공식적으로 정부의 멤버가 아니었다. 아랍인들은 부수상으로서 역할을 했으나 이들 부수상들은 하아보다당 또는 좌파 시온주의 정당들로부터 나왔다.

3) 급진좌익세력

대부분의 급진 좌파 유대인 세력들은 1990년대 이후 이스라엘 정계에서 사라졌다. 이들은 1960년대 중반에 세력을 형성해 1980년대 중반 많은 구성원들이 PLP에 입당할 때까지 지속되었는데, 모택동주의자(Maoists), 게바라주의자(Guevarists)[20], 신마르크스주의자(neo-Marxist)로 나뉘어 활동했다. 이스라엘사회주의운동(Israeli Socialist Movement) 또는 마츠펜(Matzpen)과 같은 작은 단체가 이들 파벌보다 대중적으로 많은 인기를 누리기도 했다. 그러나 반정부시위를 벌이거나 팔레스타인 민족주의 진영 급진주의자들과 교류했다는 이유로 마츠펜은 "반체제" 그룹으로 인식되었다.

이러한 단체의 지도자들은 평화분위기 조성을 위해 노력했다. 우리 아브네리는 주간지《하올람 하제》(Ha-Olam Ha-Zeh)의 편집자로, 선정적인 정치 폭로, 스캔들, 가십거리, 성적유혹 등의 주제를 다루었다. 그의 거침없는 공격성향 때문에 결국 마파이 지도부는 1965년 그의 출판사를 폐쇄하기로 결정했다. 아브네리는 그 후 '새로운 세력'(New Force)이란 정당을 만들어 국회의원이 되고자 했다. 이는 의원에게 주어지는 면책특권을 이용해 자유롭게 자신의 프로그램을 진행시킬 수 있었기 때문이다. 그는 1965년에 1석을, 1969년에 2석을 차지했다. 1973년 그의 선거공약은 아랍인들과의 평화, 가난한 자들을 위한 복지계획 등이었으나 유권자들의 지지를 얻지는 못했다. 1977년에는 쉘리당(Shelli)의 당 서열 3위로 선거에 나섰지만 당선되지 못했다. 1984년에는 PLP 창당을 도왔지만, 그의 순위는 국회의원 당선권은 아니었다. 1990년 중반에는 작은 조직인 평화블럭(Peace Bloc)을 이끌었다. 좌익 세력은 이념적인 차이를 극복하지 못했고, 단일한 슬로건 아래 연합하지 못해 정치권에 영

---

[20] 아르헨티나 태생의 쿠바의 혁명가.

향력을 행사하지 못했다. 1967년과 1973년 전쟁 이후 다수의 소규모 평화단체들이 형성되었고 대부분 반정부 노선을 취했으나, 자신들의 자원을 하나로 모으지 못해 정치권에 대한 영향력은 거의 없었다.

(2) 중도파 정당

일반적으로 중도 우파로 분류되는 4개의 시온주의 단체가 있다. 하찌요님-하클랄리임당(General Zionists, 후에 리베랄당이 됨), 프로그레시빗(Progressive party, 후에 리베랄림-아쯔마이임(Independent Liberals)이 됨), 다쉬(Democratic Movement for Change 또는 DMC) 그리고 쉬누이(Shinui)당이다.

하찌요님-하클랄리임당(The General Zionists, צ סינוי לבלליס, 일반시온주의자들당)

정통종교인들과 노동시온주의자들이 각각 별도의 집단으로 나누어지자, 시온주의 운동의 핵심이라 자처하던 이들은 데오도르 헤르젤과 시온주의 창시자들의 사상을 따르고자 "하찌요님-하클랄리임당" 이란 일반시온주의당을 세웠다. 헤르젤 시대에는 시온주의자들의 각 파벌 간에 특별한 구분이 없었다. 다만 시온주의 지도자로 두각을 나타낸 하임 와이즈만이 좌파와 우파를 두루 연결하는 다리 역할을 하고 있었다. 하찌요님-하클랄리임은 특정 이데올로기를 거부하는 사람들을 규합하면서 노동계와 종교계에 대항하는 반대세력이 되었다. 1920년대와 30년대에 유럽과 미국의 유대인 노동자들이 더욱 계급화 되자, 중산층 시온주의자들은 하찌요님-하클랄리임당을 중심으로 결집해 팔레스타인 내의 중산층과 사기업의 이익을 대변했다. 텔아비브와 하이파의 소규모 상점 주인, 오렌지류 재배자, 새로운 산업과 비즈니스인들은 자신들을 하찌요님-하클랄리임당으로 분류했다. 팔레스타인에서 소수인 이들은 히스타드루트를 상대할 수 없었으나, 상류층 또는 중산층이 지배적인 서유럽이나 미국 내에서는 오히려 하찌요님-하클랄리임당의 세력이 더 강했다.

하찌요님-하클랄리임 내의 이념적 다양성은 좌파와 우파의 출현으로 대변된다. 1930년대 하찌요님-하클랄리임은 비이념적인 활동을 주장하는 그룹과 유대인 노동자계층을 끌어들이기 위한 사회정책의 필요성을 역설하는 그룹으로 나뉘었다. 1935년 폴란드의 크라코우에서 열린 하찌요님-하클랄리임당 세계대회에서 주류인 자유주의자들이 노동자 문제에 더 집중해 하찌요님-하클랄리임당의 노동자단체를 히스타드루트 전국노동자연맹에 참여시키자는 주장에 보수주의자들이 반대하면서 그룹 간 분열이 노골화 되었다. 모쉐 스네는 이 두 진영을 통합하려다 성공하지 못하자 대신 마팜당을 만들게 되었다.

1, 2차 세계대전 사이에 오랫동안 세계시온주의기구의 의장을 맡으며 세계시온주의운동에 두각을 나타내고 있던 하임 와이즈만은 자유주의자로 규정되었다. 당시 하찌요님-하클랄리임당을 지지하던 대부분이 미국계 유대인 지도자들[21]이었다. 이슈브 내에서 좌우파 혹은 자본가와 노동자 간의 이념적 분열은 사실 미국인들에게 그리 중요하지 않았다. 게다가 대부분의 미국계 유대인들은 노동시온주의자들이 주장하는 계급의식을 싫어하는 사회민주주의, 비막시스트들이었다. 미국에서 하찌요님-하클랄리임당은 미국시온주의자단체(Zionist Organization of America), 그리고 하닷사(Hadassah-the Women's Zionist 운동)와 제휴했고 이 두 그룹은 이슈브의 국가형성을 도와주는 데 노력했다.

제1대 국회의원 선거 당시 하찌요님-하클랄리임 내에는 7개의 당파가 있었다; 프로그레시빗(Progressives), 하찌요님-하클랄리임(General Zionists), 국제시온주의여성회(Women's International Zionist Organization), 예멘(Yemenites), 스파라딤(Sephardim), 친예루살렘(pro-Jerusalem), 그리고 이츠하크 그룬바움당(Yitzhak Gruenbaum List-독립적인 General Zionist 분파). 앞에서부터 5개의 당파가 선거에서 18석을 획득했다. 1951년 선거에서 상대적

[21] U.S. Supreme Court Justices Louis D. Brandeis, Benjamin Cardozo, Felix Frankfurter, Rabbis Stephen Wise, Abba Hillel Silver

으로 작은 당파들은 사라지거나 하찌요님-하클랄리임당에 통합되었다. 하찌요님-하클랄리임당은 23석을 얻어 두 번째로 큰 정당이 되었다. 독립적인 성향의 프로그레시빗은 5석에서 4석으로 줄어들었다.

더 민족주의적인 성향의 헤루트(메나헴 베긴의 수정시온주의 운동의 분파)는 하찌요님-하클랄리임당들을 대신하며 이스라엘의 제1야당이 되었다. 하아보다당이 많은 전문직과 예술인 그리고 중산층 유권자들에 호소하며 지지기반을 넓혀가자 하찌요님-하클랄리임당은 그만큼 지지 세력을 잃었다. 마파이당에는 벤구리온이, 헤루트에는 베긴과 같은 뛰어난 인물이 있었으나, 하찌요님-하클랄리임당에는 그러한 인물이 없었다.

지지자들이 급격히 감소하고 있음을 깨달은 프로그레시빗과 하찌요님-하클랄리임당은 결국 1961년 리베랄당으로 통합했다. 당의 지도자들은 통합으로 얻은 힘과 국회의원 후보의 신선함을 내세워 당시 제1야당 헤루트당에 대항할 수 있으리라 예상했다. 신당 리베랄은 1961년에 헤루트당과 비슷한 수의 지지자들을 보유하고 있었고 이는 두 당의 지도자들이 통합을 고려하게 만들었다. 통합 후 누가 통합된 당을 이끌 것인가와 어떻게 양 끝단에 있는 자유주의자들과 보수주의자들 그리고 군사적 민족주의자들 사이의 격차를 조정할 것인가가 중대한 현안들 가운데 하나였다.

이전에 프로그레시빗당의 회원이었던 리베랄당 지도자들이 당을 떠나 자신들의 독자적인 정체성을 유지하기로 결정하면서 갈등은 줄어들었다. 1965년에 많은 자유주의자들이 헤루트당에 참가해 가할블럭을 형성했다. 비록 헤루트당과 리베랄당이 거의 대등한 힘을 가지고 있었지만 가할은 베긴의 리더십에 의해 큰 영향력을 행사하지 못했다.

헤루트-자유주의가 협정함에 따라 헤루트당이 국가안보사안들을 그리고 리베랄당이 경제를 책임지기로 정책을 양분하였다. 헤루트당은 점점 큰 정당으로 변모해 갔다. 그들은 새로운 당원들에게 자리를 개방했지만, 리베랄당은 기존의 당원들에게만 일을 맡겼다. 현실적으로 정당 정책결정 그룹에 누구나 참여할 수 없었고, 정치적인 이권이나 관직은 자신들끼리 나누어 가졌다. 따라서 가할과 하리쿠드당은 선거를 거듭할수록 규모가 커졌으나 리베랄 당은 소규모 정당에 그쳤다. 이러한 상황은 오히려 베긴에게 득이 되었다. 이 는 헤루트가 온건한 유권자들 시각에서 정당화되었고 그가 정치 중심부로 등 장할 수 있게 해 주었다.

리베랄당 장관들이 1967년과 1969년 대 연정에 참여했지만 1970년에는 정 권에서 물러났다. 1974년 선거 때 가할은 맘라흐티당(State List)과 메르카즈-하호페쉬(Free Center)라는 두 개의 새로운 당을 병합했다. 하리쿠드(Likud, 통합)라 불리는 이 새로운 블록은 1973년 39석을 획득했고 처음으로 하아보 다당 독주에 실질적인 위협세력이 되었다. 그리고 결국 1977년 선거에서 하 리쿠드당이 승리하면서 건국 사상 처음으로 하아보다당을 제압했다.

리베랄당은 정부 내에서 두 번째로 중요한 그룹이 되었고, 재무와 여러 장 관직을 맡았다. 점차 리베랄당 지지자들이 줄어드는 것이 분명해지면서, 헤 루트당원들은 1965년 가할블럭 협정의 수정을 요구했다. 1983년 베긴이 사임 하면서 하리쿠드당 내의 리베랄당 비율이 헤루트 때보다 줄어들었다. 리베랄 당 내의 개인적인 충돌은 하리쿠드당과의 협상력을 더욱 약화시켰다.

1990년대 초반, 당 내부의 갈등은 또 다시 불거져 이츠하크 모다이가 이끄는 리베랄당의 한 그룹은 하리쿠드를 떠나 하아보다당과 연합하겠다며 위협했 다. 당시 수상 샤미르는 모다이를 재무장관으로 임명하며 그를 설득했다. 모 다이는 리베랄당을 지지하는 유권자들이 있다고 생각하고, 1972년 새로운 리 베랄-하다쉬(New Liveral)로 1992년 선거에 참여했지만 한 석도 얻지 못했다.

프로그레시빗당(The Progressive Party, הגלפמ תיביסדגורפ, 미플라가 프로그 레시빗, 진보정당)

1933년 이후에 팔레스타인에 이주해 온 독일 유대인 전문직 종사자들과 중 산층 이주자들은 중도적 입장의 알리야 하다쉬(Aliya Hadasha)를 세웠다. 이 정당은 와이즈만과 비슷한 온건주의 노선에 섰고, 정당의 철학은 일반시온주 의세계연합(World Confederation of General Zionists)과 유사했다. 친 하아보다당 성향의 이들은 마르크스주의에 반대했고, 시온주의의 기치 아래 영국·아랍과 타협해야 한다고 주장했다. 무력을 사용하자는 민족주의자들과 온건주의자들 사이에 논쟁이 일자 알리야 하다쉬는 진보정당이 되었고, 1948년 이후 하찌요님-하클랄리임당 내 자유주의의 한 축이 되었다.

프로그레시빗당은 하찌요님-하클랄리임당과 연합해 리베랄당(Liberal party)을 세웠다. 1961년 선거를 제외하고는 1949년부터 1981년까지 리베랄당만의 정체성을 유지했으나, 1977년경 리베랄당 지지자들이 다쉬당(DMC)로 옮기면서 진보당은 한 석의 소수당으로 전락했다. 1965년 하찌요님-하클랄리임당과 연합을 그만두기로 한 것은 여성 권리, 정교 분리, 아랍국가들과 평화정착 타협과 같은 사안에 헤루트당과 협상을 거절했기 때문이다. 프로그레시빗당은 리베랄림-아쯔마이임당(Independent Liberals)이 되었고, 1969년과 1974년 연합정부 때도 국내외 사안에 대해 중도적인 입장을 가진 소수정당이 되었다. 정당의 외교정책은 온건아보다당과 같은 입장에 있었다. 국내문제에서는 노동계급의 삶의 질 향상을 위해 탈 국가통제의 사회복지 프로그램과 정책을 지지했다. 1981년 진보당은 정치무대에서 사라졌다.

리베랄당(The Israeli Liberal Party, הגלפמ תילדביל תילאדשי, 미플라가 리베랄릿 이스라엘릿, 이스라엘 자유당)

리베랄당은 하찌요님-하클랄리임당의 계승자였다. 일반시온주의자들은 세계시온주의기구의 핵심이었다. 일반시온주의는 시온주 정책을 달성하기 위해 정치적으로 통합을 유지하였다. 1920년대 일반시온주의는 두 개로 나뉘었다. 세계시온주의기구 WZO의 의장 하임 와이즈만이 이끄는 계파 A는 위임통치에 유화적이었으며 친 노동자정책을 견지했다. 부르조아 성향의 계파 B는 이스라엘에서의 사기업 활동을 장려하고 영국에 대항하는 행동주의적인 정책을 유지했다.

1930년대 독일이민자들이 지지하던 계파 A는 진보주의로, 계파 B는 일반시온주의라 불렸다. 이 두 계파는 1961년 하나로 합쳐 리베랄당(Liberal Party)

이스라엘 부수상 이갈 야딘 교수. 1978년 2월 15일.

을 결성했다. 그러나 두 파의 합병은 그리 오래가지 않았다. 헤루트당과 협력 때문에 1965년에 다시 분열했다. 진보주의자들은 점진주의적인 이념을 지녔고 하아보다당과의 협력에 우호적이었다. 리베랄당 대다수가 가할에 협력함에 따라 당이 분열되었다. 자유주의자들은(이전 General Zionists)은 리베랄이란 이름을 그대로 유지했고 진보주의자들은 스스로 리베랄아쯔마이임 (Independent Liberals)이라고 불렀다. 이 명칭은 하찌요님-하클랄리임당과 헤루트로부터 독립되었음을 분명하게 보여 준다.

하리쿠드당 내의 리베랄당은 언제나 제2의 지위를 차지했다. 당 출신 인사가 국정의 주요 자리에 오른 적이 없었기 때문에 베긴의 지도력을 받아들이는 결정은 정치적으로 합당한 것이었다. 하리쿠드당 내 헤루트와 리베랄과의 관계는 수년간 권력과 일을 나누는 규칙과 타협으로 유지되었다. 1977년 선거 이후 리베랄당 지도자인 심하 에릴리흐가 도입한 경제 정책들이 일 년에

130% 이상의 인플레이션을 야기하자 그는 재무부장관에서 부총리로 내려 앉았다. 하리쿠드당 내 두 번째로 중요한 집단의 지도자인 그를 곧바로 사임시키는 것은 불가능했기 때문이다. 심하 에릴리흐의 반대 때문에 1981년 선거 전까지 아리엘 샤론은 국방부장관에 임명되지 못했다. 선거 후 베긴은 결국 샤론을 국방부장관에 임명했다. 1984년 헤루트당 지도자들은 하리쿠드당 리스트에서 리베랄당 의원수를 줄였고 리베랄당은 이를 감수해야 했다. 1988년 선거 이전에 리베랄당과 헤루트당은 공식적으로 하리쿠드당으로 합당했다.

다쉬당(Dash, ד"ש, 트누아 데모크라틱 레쉬누이(יונישל תיטדקומד העונת), 변화를 위한 민주운동)

1977년 군 장성출신 크네셋 의원 이갈 야딘은 다쉬당(DMC)을 창당했다. 다쉬당은 이스라엘의 전통적인 정치적 분류에서 벗어났다. 즉, 좌파도 우파도 아니고, 노동자들에게 우호적이지도 적대적이지도 않았으며, 민족주의자도 반민족주의자도 아닌 정당이었다. 다쉬당 지도자들과 당원들은 하아보다당에서 헤루트당까지 아우르는 범 비종교적인 시온주의 정당들의 스펙트럼을 보여 주었다. 다쉬당이 다른 정당들과 구분되는 한 가지 특징이 있었다면 바로 선거개혁을 주장하며 이스라엘의 정치제도에 활력을 불어넣은 것이다. 이러한 선거개혁 주장은 온건파와 강경파, 자유주의자와 보수주의자, 열성 민족주의자와 온건민족주의자들의 연합을 가능하게 했다. 정당 당원들은 하아보다당의 잘못된 국가경영에 초점을 맞추었고, 하아보다당 주도의 연합정부 아래서 비일비재했던 부패, 친족 등용, 편파적 관직 임명에 반대했다.

이갈 야딘은 초기 25년 동안 정치와는 담을 쌓고 고고학자이자 교수로서 국제적인 명성을 쌓았으며, 1973년 대속죄일전쟁에서 이스라엘의 과오를 조사하는 단원으로 널리 알려졌다. 그는 1973년 전쟁 이후에 설립된 쉬누이 운동의 지도자 암논 루빈슈타인이 이갈 야딘을 설득하면서 정치에 입문하게 되었다. 암논은 이갈 야딘 외에 히스타드루트의 산업체들 중 하나를 이끌었던 슈무엘 타미르도 참여시켰다. 다양하고 때로는 모순되는 정치·사회적 시각을 가진 사람들의 연합이 가능했던 것은 그간 보수파들에 느꼈던 환멸 때문이었다. 그러나 다쉬당의 선거개혁 주장은 기대했던 것보다 적은 표를 얻었다. 선거개혁안은 당시 선거의 주된 이슈가 되지 못했기 때문이다. 다쉬당 지도자들은 기존의 정당비례대표제에서 지역구로 전환하면, 현재의 정부구성 병폐를 피할 수 있다고 주장했다. 즉 많은 중소규모의 정당을 섭외해 정부를 구성할 때 각 정당이 제시한 요구가 불합리한 줄 알면서도 이를 수용해야 하는 일은 없을 것이라는 주장이다.

다쉬당은 다른 비종교 시온주의자 당들과는 큰 차이는 없었다. 평화정착과 점령지에 관한 다쉬당의 입장은 하아보다당과 비슷했다. 지도자들 간의 다양한 배경 때문에 다쉬당은 하아보다당이 이끄는 정부기관이나 히스타드루트에 아주 비판적이었지만 어떤 강령이나 주의를 뚜렷하게 내세우지는 않았다. 다쉬당은 1977년 선거에서 15석을 획득했다. 비록 다쉬당이 이스라엘 정치의 변혁을 이끌어 낼 만한 의석을 차지하지 못했지만, 하아보다당이 건국 이후 처음으로 선거에서 참패하는 데 결정적인 원인을 제공했다. 다쉬당이 얻은 대부분의 지지세력은 이전 하아보다당을 지지했던 중산층의 전문직 유권자들이었기 때문이다. 반면 노동자 계층, 스파라디 유대인 또는 아랍계 이스라엘인들에게서는 거의 지지를 얻어내지 못했다. 선거 뒤 다쉬당은 메나헴 베긴의 연합정부 참여 제의를 받았다. 당의 정체성 손상 우려 때문에 연합정부 참여를 놓고 여러 달 당내 토론을 벌였지만 결국 연합정부에 참여키로 결정했다. 대신 다쉬당은 종교와 이스라엘군의 점령지 주둔 같은 특정 사안에 대해 독자적으로 행동한다는 조건을 내걸었다. 이갈 야딘은 부총리가 되고 세 명의 다른 지도자들은 장관직을 받았다.

메나헴 베긴의 하리쿠드당 정부는 다쉬당이 내건 선거개혁에 별로 관심이 없었다. 다만 다쉬당의 등장으로 하아보다당이 큰 타격을 받자 하리쿠드당은 3분의 1만의 득표로도 선거에서 승리한 것이다. 하아보다당에 대한 대중들의 환멸 때문에 다쉬당이 도약했지만 그들의 미래는 불투명했다. 베긴의 영향력에 가린 야딘은 그리 두각을 나타내지 못했다. 다쉬당은 몇 개의 소규모 당파들로 분할되었고 몇몇은 연합정부에 남았으나 다른 당파들은 야당 쪽에 가세했다. 1981년 선거를 앞두고 한계를 느낀 야딘은 당을 해산했고, 쉬누이만이 계속 선거에 참여했다.

쉬누이당(Shinui, שינוי, 쉬누이 미플레케트 하메르카즈, 변화)

이스라엘을 강타한 1973년 대속죄일전쟁 후인 1974년 이스라엘 사업가와 학자 등 중산층 엘리트들이 중심이 되어 쉬누이를 창당했다. 쉬누이는 1973년 선거 이후 주요 개혁내용을 담은 강령을 제정하고 자원을 집결하는 데 필요한 조직과 동맹을 맺은 새로운 정당이었다. 이 정당은 1977년에 리베랄당과 다쉬당을 이루었지만, 곧 다쉬당에서 떠나 암논 루빈슈타인의 주도로 1981년부터 1988년까지 유일한 자유주의 중도 정당이 되었다. 1981년 국회의원 선거에서 2석, 1984년에 3석을 확보했으며 루빈슈타인은 연합정부에서 통신부장관을 역임했다.

비록 자유 기업, 민영화, 선거개혁을 옹호했지만 쉬누이는 스스로를 하아보다당 좌파진영의 일원이라 명시했다. 아랍-이스라엘 분쟁에 관한 평화적 태도를 취함으로써 쉬누이는 많은 이들에게 좌파정당으로 오해를 낳기도 했다. 여기에 더해 1992년 선거 이전에 쉬누이 당 지도자들은 라츠와 마팜(둘 다 평화적 해결 찬성)과 함께 메레츠 블록을 형성했다. 쉬누이는 비록 교육문화부장관을 맡았지만 이 메레츠 블럭에서 가장 소규모였다. 1977년 포라즈가 이끄는 쉬누이는 더욱 사상적으로 자유주의 입장을 취했다. 1999년 선거 때 종교정당을 강하게 비판했던 토미 라피드가 쉬누이당을 이끌면서 6석을 얻었고, 2003년에는 15석을 얻어 제3당으로 아리엘 샤론의 연합정부에 들어갔다. 그러나 가자정착촌 철수를 위해 막대한 재정 지원을 빌미로 종교정당을 끌어들이는 것에 반대해 연합정부를 떠났다. 정착촌 철수는 당론에 맞지만, 이를 위해 종교정당에 자금을 주는 샤론의 정책에 동조할 수 없었던 것이다. 샤론이 하리쿠드를 나와 하리쿠드와 하아보다당을 아우르는 중도신당 카디마를 창당하자 쉬누이는 2006년 선거에서 한 석도 못 얻는 참패를 당했다.

(3) 우파 민족주의 진영

1990년대 중반 우파 민족주의 진영은 하리쿠드, 쪼메트, 몰레데트 세 개의 당과 종교진영과 연대한 세속 시온주의자당으로 하아보다당-좌파 진영의 블록에 직접적으로 반대하는 당들로 구성되어 있다. 이 중 하리쿠드는 규모가 가장 크면서 주도적인 역할을 했는데, 헤루트와 수정시온주의운동 (Revisionist Zionist movement)에 뿌리를 두고 있다. 민족진영 정당은 헤루트 (Herut), 맘라흐티(State List), 하리쿠드(Likud), 트히야(Tehiya), 쪼메트 (Tzomet), 몰레데트(Moledet), 극우파(Radical Right) 등이 있다.

헤루트당(Herut, חרות, 자유)

1948년에 설립된 헤루트는 그 사상의 뿌리가 1920년대 블라디미르 제브 자보틴스키가 세운 수정시온주의운동에 있다. 시온주의의 정책들은 모두가 공유하는 목적을 위해 즉각 수정해야 하며, 민족의 목표달성을 위해 군사력을 사용할 것을 주장했다. 메나헴 베긴은 자보틴스키로부터 영향을 받았는데, 자보틴스키는 격렬한 연설가이자 독특한 사상가였다. 그러나 그의 사상은 너무 전투적으로 비춰져 지도층에 받아들여질 수 없었다. 그는 영국의 위임통치시절 와이즈만의 정책들은 영국으로부터 양보를 얻어내는 것에 불과하며, 반 유대인 정책에 너무 미온적이라 생각했다. 1922년 유대인 국가 건설은 오직 요르단 강 서쪽에 한정될 것이란 영국의 일방적인 결정에 자보틴스키와 그의 지지자들은 격렬하게 반대했다. 수정주의의 근본주의자들은 1922년 팔레스타인으로부터 요르단 강 서안의 분리는 불법이며 요르단 강 양쪽 지역 모두 유대인 국가에 포함돼야 한다고 주장했다.

수정주의 운동은 모든 분할 정책에 반대하며 팔레스타인 전역에 걸친 유대인 국가 건설을 주장했다. 이는 영국의 타협안을 기꺼이 받아들이려는 다른 시온주의자 정당들과 대조적이었다. 수정주의자들은 경제적 기반을 토대로 한 모든 의무 조항에도 반대했는데, 영국 정부는 유대인 국가가 많은 이주자

21 메나헴 베긴이 헤루트당 집회에서 연설하고 있다.
텔아비브, 1948년 8월 14일.

들을 후원할 자원이 모자란다고 생각해 유대인 이주를 제한하려는 것이었다. 수정주의는 계속해서 하아보다당 블록의 사회 정책들에 반대했고 중산층의 이주지역 건설과 국가 발전을 촉진하는 개인 투자를 지지했다. 이들의 마르크스주의에 대한 적대의식은 계급투쟁을 불법화하고 노동분쟁에 강제적인 중재를 가능케 하려는 제안에서 잘 드러난다. 위임통치 시절 수정주의자들은 자신들의 분리된 노동 연방을 설립했으나 폭넓은 사회복지 서비스와 경제계 네트워크가 없어 사실상 훨씬 큰 히스타드루트와 경쟁할 수 없었다.

자보틴스키는 1925년에 세계수정시온주의연합(World Union of Zionist Revisionists)을 만들었다. 이 조직은 학생, 유대전쟁 참전용사, 정통종교유대인, 운동선수, 노동자, 여성 등을 끌어들여 노동운동에 대항했다. 세계탄원운동(The World Petition movement)이라고 불린 독자적인 정치활동은 1934년에 시작했다. 이 정치활동은 팔레스타인으로 유대인들의 자유로운 이주를 허용해 줄 것을 각국 정부에게 호소하는 것이었다. 수정주의자들은 세계시온주의기구에 세가 밀렸지만, 자보틴스키는 신시온주의단체(New Zionism Organization)를 만들어 의장이 된 후 다시 한번 자신의 주장을 펼 수 있었다. 영국의 제지에 반대하여 불법 이주를 조직한 수정주의자들은 1936년과 1942년 사이에 3만 명의 유대인들을 팔레스타인으로 이주시켰다. (1939년 백서(White Paper) 이후, 공식적인 시온주의 기구 또한 불법 이주를 조직했다.)

가장 잘 알려진 수정주의 네트워크로는 에쩰 또는 이르군 쯔바이 레우미(전국군사조직)였다. 이르군은 시온주의 이주정책을 제한하는 조치에 대항하기 위해 1937년에 만들어졌다. 이르군은 하가나의 제한적 보복공격을 넘어서는 대 아랍 게릴라 활동을 전개하였다. 2차 세계대전 동안 이르군은 팔레스타인에서 군사행동을 중단하고 독일과의 전투에 집중할 것이라고 선언했다. 자보틴스키와 미국에 이르군 대표단을 파견해 히브리 군대를 조직하기 시작했다. 1940년 자보틴스키가 죽자 미국이 수정주의자 운동의 중심지가 되었다. 수정주의자들은 여론과 미국의회의 지원을 구하는 데 집중했고, 유럽의 유대인 구출을 위해 미국 정부가 행동해 줄 것을 요구했다. 2차 세계대전 이후 많은 미국 시온주의 지도자들은 유대인들이 즉각 UN의 구성원으로 인정받고 위임통치에서 벗어나 자신들의 국가를 건설할 수 있도록 요구했다. 미국 시온주의 지도자들은 팔레스타인 분쟁 해결을 위해 유대인과 아랍인을 떼어 놓아야 한다고 생각했다. 이런 이유에서 나온 구호가 바로, "팔레스타인은 유대인들에게, 아랍인들에겐 이라크를!" 이다.

유럽에서 유대인들이 당한 고통은 1946년에 열린 제22차 세계시온주의기구에서 수정주의자들이 공식적으로 시온주의 운동에 합류하게 만들었다. 시온주의 주류와 수정시온주의자들은 힘을 합쳐 불법이주, 유대인 군대, 반 나치전쟁, 그리고 유대국가건설을 추진하는 발티모어 계획을 지지했다. 전쟁 이후 수정주의자는 다시 주류 시온주의에 반대했다. 팔레스타인에서 이르군은 영국과 아랍 게릴라들과의 싸움을 재개했다. 팔레스타인과 유대기구와 하가나가 영국의 이주 제한정책에 평화적으로 저항할 때 이르군은 군사적인 활동을 재개했다. 영국 당국이 유대인 게릴라들을 체포해 재판에서 사형을 선고하는 것에 반대해 이르군은 영국 군사기지에 폭탄을 투척하고 영국 군인들을 나포·처형하였다. 1947년 팔레스타인 아랍인과 이슈브 유대인들 간에 내전이 일어나자 이르군은 아랍에게도 군사행동을 벌였다.

벤구리온이 이스라엘 국방부를 창설하는 과정에서 정부 이외의 모든 군사조직을 불법화하자 이르군은 메나헴 베긴에 의해 헤루트라는 정치정당으로 변모하였다. 작은 수정시온주의 정당은 1948년 첫 이스라엘 선거에서 참패하자 해산해 신당 헤루트를 지지했다. 한편 국제적으로는 국제지부를 계속 유지했고 이들 지부는 다양한 유대인 민족협회와 세계시온주의운동에 대표로 참여하였다. 이스라엘에서는 헤루트가 수정시온주의를 대표한다고 볼 수 있었다. 수정주의자들은 이슈브 밖에 있었으며 무력 행동으로 비난을 받았다. 이들은 무책임한 기회주의자이자 가치 없는 지지자 그리고 시온주의의 대의에 위협적인 요소로 낙인 찍혔는데, 아르로조로프의 암살, 씨즌(the season), 아틀란타호 침몰 같은 사건의 발단이 되었다.

1933년 6월 하포알하짜이르의 지도자이자 천부적인 사상가인 아르로조로프가 텔아비브 해변에서 총격을 당해 34세에 사망했다. 마파이 지도층은 암살 배후에 수정주의자들이 있다고 확신했다. 젊은 이민자인 수정주의자가 체포되어 암살혐의로 기소되었으나 증거부족으로 풀려났다. 히스타드루트 지도자들은 아르로조로프의 암살에 수정주의자가 개입됐다고 확신했고, 반면 수정주의자들은 마파이와 영국의 음모라고 확신했다. 수년이 흘러 두 명의 아랍인이 암살범으로 밝혀진 뒤 정치문제화 될 것을 우려한 영국은 이 사실을 덮어 두었으나, 이 사건을 조사하기 위해 1982년 공식 조사위원회가 만들어졌었다. 씨즌은 1944년 말과 1945년 초에 영국과 유대인 인사들이 협력하여 헤루트의 핵심조직인 이르군과 레히 구성원들을 검거했던 사건을 말한다. 1931년에 하가나 B를 결성한 반대자들이 하가나의 명령 계통에 복귀를 협상한 이후인 1937년에 자보틴스키가 이르군을 만들었다. 이 반대자들은 설립 당시 100명이었고, 1937년 재통합 당시 3,000명을 헤아렸다. 이들은 이슈브 지도층보다 더 군사적이었고 히스타드루트 지도자들의 평화정책을 우려했다.

1940년 2차 세계대전이 발발하자 이르군은 전쟁을 수행하는 데 영국과의 협력 문제에 부딪히게 되었다. 자보틴스키는 영국과 휴전하고 히틀러에 공동 대응할 것을 주장했지만 아브라함 스턴은 이 노선을 거부했다. 1940년 자보틴스키가 사망하자 스턴은 이르군 구성원들을 모아 레히를 설립했다. 스턴의 계획은 유럽에 있는 유대인들과 독일인들에게 돌아가는 지원을 맞바꾸려는 것이었다. 이슈브 군대인 하가나는 다른 지하조직들의 활동을 추적하는 조사팀을 오랫동안 운영해왔으나, 이들을 체포하고 영국에게 밀고하는 행동은 하지 않았다. 그러나 레히 요원들이 카이로에서 영국 국방장관을 암살하자 상황은 달라졌다. 이슈브는 영국과 함께 이르군과 레히 전사들을 체포하는 데 동의하였다. 유대인이 유대인을 고발한다는 양심을 피하기 위해 활동은 비밀리에 행해졌다. 이 "씨즌"은 성공적으로 지하에 숨은 비조직적 활동들을 약하게 만들었지만 이를 완전히 제거할 수는 없었다. 메나헴 베긴은 체포를 피하는 데 성공했고 요원의 체포로 조직이 와해되는 것을 막기 위해 새로운 요원들을 충원했다.

독립 이후 6주, 이스라엘 국방부가 설립된 지 한 달이 채 안 되었고, UN에 의한 휴전협정 효력이 발휘된 지 며칠 되지 않아 우파 민족주의자와 좌파 사회주의자들 사이의 관계를 악화시키는 사건이 발생했다. 아틀란타호는 이르군의 배로 800여 명의 지원자와 5,000정의 라이플, 250정의 기관총과 총탄을 보유하고 있었다. 벤구리온 내각은 법에 위배되고 이르군을 무장하려는 것으로 간주해 이 배를 폭파시켰다. 여론의 동요가 있었지만 법의 지배와 국가 통치에 대한 국민적인 지지로 결국 벤구리온이 승리하게 되었다. 이르군은 해산되었고 구성원의 다수가 이르군과 레히의 전통과 가치, 지도력을 기반으로 헤루트당을 결성하였다. 이로서 다시 한번 조직화 되었지만 이는 결국 정부의 권위를 인정한 셈이 됐다.

메나헴 베긴이 1943년 이르군의 지휘관이 되었던 때가 그의 나이 30세였

22 헤루트당 청년당원들이 아틀란타호 침몰 1주년 기념식에 참석하고 있다. 텔아비브 해변, 1949년 6월 1일.

다. 5년 뒤에 그는 이르군, 레히, 수정주의자 등을 아울러 헤루트운동을 시작했다. 그때까지 그는 지하 활동 당시의 터프한 자세를 유지하고자 했으나, 헤루트의 첫 해는 아틀란타호가 침몰하고 자신의 조직원들이 체포되는 등 파란만장했다. 1952년 독일 분할 논쟁이 일어났을 때, 그는 어떤 조건 아래서도 독일과 협상은 있을 수 없다고 천명했다. 베긴의 영향을 받은 군중들이 의회를 공격했고 이스라엘 의회는 위기에 처한 듯 했다. 벤구리온은 베긴을 파시스트라 불렀고, 벤구리온보다 인기가 덜한 베긴은 벤구리온 정책에 반대를 일삼았다. 1965년 가할(Gahal) 블럭의 형성은 헤루트당을 합법화하는 데 큰 도움을 주었다. 일반시온주의와 자유주의 그리고 헤루트의 합체는 헤루트의 일부를 온건하게 만들었고, 하아보다당이 지배적인 내각에서 새로운 블록이 받아들여질 수 있는 여지를 조성했다. 1967년 국민연합정부가 구성되자 베긴은 무임소장관으로 정부에 참여해 잠시나마 정쟁에서 벗어났다.

베긴이 주도하는 1949년 선거에서 헤루트당은 이르군 중앙본부 인사들과

4명의 미국 이르군 대표들로 선거에 임했으나, 헤루트는 국회의원 수를 처음 의석 수보다 더 확보하지는 못했다. 1951년에 8석을 획득했고 1955년에는 15석을 다음의 두 차례 선거에서는 17석을 얻었다. 가할의 형성은 헤루트를 주요 야당으로 만드는 데 도움을 주었지만, 1965년과 1969년 26석만으로 권력을 쥐기에는 아직도 역부족이었다. 그러나 베긴의 카리스마적인 지도력은 많은 유권자들을 끌어들였고, 특히 마파이의 정책에 실망한 북아프리카 출신 이민자들에게 매력적이었다. 가난한 지역과 개발 지역에 거주하는 서민층에게 당을 개방함으로써 헤루트는 지역 기반 정당으로서 모습을 갖춰 갔다.

베긴의 지도력에 반기를 드는 내부 갈등도 있었다. 1960년대에 변호사 슈무엘 타미르가 이끄는 젊은 당원들이 베긴주의의 절대적인 지도력에 의문을 제기했다는 이유로 헤루트에서 추방되었다. 타미르는 신당인 메르카즈-호페쉬(Free Center)를 결성했다. 이 당은 아랍과 이스라엘의 갈등 문제에 가할보다 더 급진적인 입장을 지녔었다. 1969년 메르카즈-호페쉬당은 국회의원 두 석을 얻었다. 타미르는 다쉬당에 참여해 그의 정치 라이벌인 베긴 정부에서 1977년 법무부장관이 되었던 때까지 정치적 영향력을 유지했다. 베긴은 1982년 레바논 전쟁과 아내의 죽음을 겪은 후 1983년 정계에서 은퇴했다. 일부 사람들이 베긴의 사임 후 헤루트와 하리쿠드의 혼란을 예상했지만 샤미르의 지도력으로 이를 극복할 수 있었다. 샤미르는 성공한 정치적 전략가임이 입증되었고 다비드 레비, 아리엘 샤론 같은 젊은 지도자들과의 긴장 관계 속에서도 권력을 유지할 수 있었다. 중요한 것은 1940년 이후 처음으로 헤루트가 베긴이 아닌 다른 사람에 의해 유지되었다는 것이다.

1979년, 시나이에서 이스라엘군이 철수하기로 한 이집트와 평화조약에 반대하면서 헤루트의 몇몇 지도자들이 당을 떠나 트히야당을 세웠다. 트히야당은 이탄의 쪼메트에 합류하여 1984년에 국회에서 5석을 얻었다. 쪼메트는 1996년에 하리쿠드당에 통합되었다.

23 하리쿠드당의 장관직에 지명된 지도급 의원들이 크네셋 하리쿠드당 의원석 맨 앞줄에 앉아있다. 1977년 6월 13일.

맘라흐티당(The National List, תיתבלממ המישר, 레쉬마 맘라흐팃, 국가 리스트)

"국가"란 의미를 지닌 맘라흐티당(State List)은 노동운동 진영에서 나와 민족주의 우파진영으로 전환한 정당으로서 중요성을 지닌다. 맘라흐티당은 벤구리온의 지도력 아래 1969년 결성돼 1974년 하리쿠드당에 들어가 반체제 성향의 헤루트당을 합법화 하는 데 큰 도움을 주었다.

벤구리온은 자신이 만든 라피가 하아보다당에 통합되자 맘라흐티당을 만들어 떨어져 나왔다. 맘라흐티당의 정강은 간단하여 옛 정치인에 충성을 다하고 라피의 정강을 유지하는 것이었다. 사회주의자보다 더 민족주의적이었던 맘라흐티당은 국회의원 선거에서 4석을 얻었지만 벤구리온은 곧 의원직을 사임하고 그의 키부츠인 네게브 세덱 보케르로 돌아갔다. 이후 이 정당은 지지기반이 약해지자 하리쿠드당에 합병됐다. 지도자인 이갈 호르비치(모쉐 다이얀의 사촌)는 1980년, 짧은 기간이지만 재무부장관직을 맡았고, 라피의 정신적인 영웅 다이얀은 외무부장관을 맡았다. 1981년 선거에서 라피의 당원

24 국방부 장관을 겸직했던 메나헴 베긴이 자신의 국방부장관직을 아리엘 샤론에게 넘겨주고 있다. 국방부, 1981년 8월 6일.

들은 다이얀의 지도력 아래 텔렘당을 만들어 2석을 차지했다. 1981년 다이얀 이 사망하자 텔렘은 다시 하리쿠드당에 합병됐다.

하리쿠드당(Likud, ליכוד, 연합) [22]

하리쿠드 형성에 가장 큰 역할을 한 사람은 1973년 대속죄일전쟁 영웅인 아리엘 샤론이었다. 리베랄당의 주요인물이었던 샤론은 1967년 차지했던 점 령지 반환에 반대하며 중도우파 리베랄과 헤루트당 그리고 메르카즈-호페쉬, 맘라흐티, 라암 등 소규모 민족주의 세력들을 결집해 하리쿠드당을 창당했 다. 여기에는 점령지 반환에 반대하는 마팜, 마파이, 아흐둣-하아보다 및 하아 보다당의 전·현직 당원들도 참여했다. 하리쿠드당은 개별 분파들이 공식적 으로 해체되어 단일 정당이 된 1988년까지 헤루트 분파의 메나헴 베긴이 이 끌어나갔다. 그러나 초기 하리쿠드당은 외교정책 등 여러 안건에서 불거진 의견 차이로 단합이 약화되자 샤론이 하리쿠드당을 나와 슐롬찌욘당을 만들었다. 그러나 선거 직후 그가 얻은 2석을 더해 45석이 된 하리쿠드당이 제1당이 되었다.[33] 하리쿠드당의 초대 수상은 메나헴 베긴(1977년 당선)이었고, 1983년 베긴의 수상 사임으로 이츠하크 샤미르가 2대 수상이 되었다. 제3대는 벤야민 네탄야후로 1996년에 당선되었다. 아리엘 샤론은 2001년 하아보다당 에후드 바락의 사임 이후 수상 재선에서 당선된 후, 2003년에 수상에 재선되었다.

1977년 하리쿠드를 승리로 이끈 사람은 에제르 와이즈만이다. 그는 이스라엘의 초대대통령의 조카이자 전직 공군 사령관이며 1969년 연정에서 가할당의 교통부장관을 지냈었다. 1977년 승리 이후 에제르 와이즈만은 베긴의 국방장관이 되었고, 그의 매형인 모쉐 다이얀과 함께 이집트 대통령 안와르 사다트와 캠프데이비드 평화조약을 맺도록 베긴을 설득했다. 정부와 하리쿠드를 이끌었던 베긴은 인기 면에서 그의 라이벌인 벤구리온과 비슷했다. 베긴은 이집트 사다트 대통령과 평화조약에 서명했고, 1981년 이라크의 핵 원자로가 있던 오시라크스에 폭격을 지시했다. 베긴이 주도하는 하리쿠드당은 1981년에도 집권했고 샤론은 국방부장관이 되었다. 샤론은 베긴을 설득해 레바논과 전쟁을 했으나 베긴은 레바논 전쟁 책임으로 사임했다. 1983년 베긴의 사임으로 이츠하크 샤미르가 수상이 되었다. 샤미르 집권하의 하리쿠드당은 의석 수가 1981년 48석에서 1984년 41석으로 줄어들었고 1988년에 40석이 되어 하아보다당과 한 석 차이가 났지만, 하아보다당과 연합정부를 구성할 만큼 여전히 강력했다.

1990년 연합정부의 위기 이후, 하아보다당이 연합정부를 떠나자 샤미르는 우익 종교단체와 연합해 정치력을 유지했는데, 샤미르는 당시 미국의 반대

22 하리쿠드 홈페이지: http://www.likud.org.il
23 Penniman, Howard R. Israel At the Palls, The Knesset Elections of 1977, Washington, D.C., 1979. pp. 183-5. 1967년 6일전쟁과 1973년 대속죄일전쟁을 통해 전쟁 영웅으로 부상한 샤론은 국회의원이 되었고, 1975년 6월부터 의원직을 사임하고 1976년 3월까지 하아보다당 수상 이츠하크 라빈의 특별 보좌관이 되었다. 1977년 선거 때 좌파성향인 슐롬찌온당을 만들어 2석을 차지했다. 샤론은 원래 하보다당에게 합류하려 했으나 거절당한 뒤 하리쿠드당 내 헤루트당파에 합세했다.

를 무릅쓰고 요르단 강 서안에 우파 종교단체가 요구한 정착촌 건설을 허락했다. 미국과의 관계가 불편했음에도 1991년 이라크와의 걸프전 중에 미국의 지원을 받았고, 구 소련에서 밀려온 수천 명의 이민자들이 정착할 수 있도록 정부 차원의 도움을 주었다. 1992년 선거 전날 심각한 당 내부 갈등이 터져 하리쿠드당의 균형이 깨졌다. 샤미르와 샤론은 세를 합쳐 당시 외무부장관 다비드 레비가 이끄는 세 번째로 큰 파벌의 당원들을 제압했다. 이 때문에 레비의 지지자들은 선거에 적극적으로 임하지 않아 결국 8석을 잃으면서 라빈의 하아보다당에 패배했다. 선거 패배 후 하리쿠드당의 소장파 지도자인 벤야민 네탄야후(비비)가 도전장을 내밀어 레비를 물리치고 당권을 장악했다. 네탄야후의 지도력 아래 하리쿠드당은 텔아비브와 예루살렘시장을 비롯한 지방자치 선거에서 큰 승리를 거두었고, 1996년 선거에서 네탄야후는 수상이 되었다.

1999년 선거에서 하아보다당의 에후드 바락에게 패한 네탄야후가 정치에서 물러나자 샤론이 당을 이끌었다. 2001년 인티파다 발생 후 재신임 선거에서 하아보다당 에후드 바락 수상을 누르고 샤론이 수상에 당선되었다. 2003년 선거에서도 하리쿠드당은 압도적인 표차로 하아보다당을 누르고 정권 유지에 성공했다. 그러나 수상 아리엘 샤론이 가자 정착촌에서 철수를 추진하자 하리쿠드당의 우익성향 의원들이 거세게 반발했다. 샤론의 하리쿠드당 내 여론은 네탄야후에 압도되어 조기전당대회가 개최되기도 했고, 샤론 수상의 장관 임명도 하리쿠드당의 극심한 반대로 무산되었다.

일련의 사건으로 샤론은 2005년 11월에 자신과 뜻을 같이하는 의원들과 하리쿠드당을 탈당해 신당 카디마당을 세웠다. 샤론이 떠난 후 하리쿠드당은 네탄야후를 비롯해 7명의 당권 후보가 난립하였으며, 2005년 12월에 시행된 하리쿠드당 당수 선거에서 44.4%의 지지를 얻은 네탄야후가 당수로 선출되었다. 네탄야후는 33%의 득표로 2위를 차지한 실반 샤롬에게 정당명부에 두 번째 자리를 보장해 주었다. 카디마당의 분당과 네탄야후의 인기하락으로 2006년 3월 선거에서 12석을 얻는 데 그친 하리쿠드당은 제1당에서 샤스당과 함께 제4당으로 전락하여, 41년 전 가할블럭 형성 후 최악의 상황을 맞았다.

트히야당(Tehiya, התחיה, 부흥)

하리쿠드당에서 분리된 트히야당은 이스라엘의 우익 정치정당으로, 이집트와의 캠프 데이비드 평화조약과 베긴의 시나이반도 정착촌 철수에 반대하면서 세워졌다. 당시 이츠하크 샤미르를 포함한 몇몇 하리쿠드당 당원들이 베긴에 반대했고 두 명의 의원이 당을 떠나 1981년 선거직전에 야당에 합류했다. 그들은 세계적으로 유명한 과학자 유발 네에만을 대표로 트히야당을 만들었다. 트히야당은 1981년 선거에서 3석을 얻었고 1982년에 베긴으로부터 연합정부 참여를 제안 받았다. 1982년 레바논 전쟁 당시 이스라엘군 최고 책임자였던 라파엘 이탄이 1984년 선거 전에 트히야당에 입당했고, 선거에서 5석을 얻었다.

트히야당에는 헤루트의 군사당파와 요르단 서안 정착민들 그리고 라파엘 이탄이 이끄는 노동운동 행동대원들이 포함되었다. 1988년 선거에서 이탄과 지지자들은 트히야당을 떠나 쪼메트당를 결성했다. 그 선거에서 트히야당은 3석을 얻었고 쪼메트당은 2석을 얻었다. 트히야당은 1981년부터 1992년까지 3-5명의 의원수를 유지했다. 샤미르는 트히야당과 쪼메트당을 연합정부에서 제외시켰지만, 하아보다당이 연합정부를 떠나면서 이 두 당을 정부에 끌어들였다. 1992년 선거에서 군사적 민족주의자 표는 여러 갈래로 나뉘어졌고 트히야당은 국회진출에 실패하면서 당을 해산했다.

쪼메트당(Tzomet, הצומת, 교차로)

쪼메트당(Tzomet)은 라파엘 이탄(Rafael Eitan)이 트히야당에서 나와 1988년 선거 때 설립해 2석을 얻었다. 농부이자 노동운동가인 이탄은 정치전략을 발전시켜 안보와 깨끗한 환경을 강조했다. 1990년부터 1992년까지 농림부장관을 맡으면서 선거 개혁을 강조했고, 안보를 위해 물 공급의 필요성을 강조했다. 간결하면서도 대담한 문장으로 전달되는 그의 이념은 젊은 유권자와 군인에게 큰 호소력을 지녔다. 몇몇 무명의 후보자들 가운데 한 명이었던 이 탄은 1992년 선거에서 8석을 얻어 세상을 놀라게 했으나, 그의 독재적인 지도력이 당의 분열을 초래해 의원 3명이 당을 떠나 이후드당을 결성하게 되었다. 1996년에 이탄의 쪼메트당은 하리쿠드당에 합류했다.

몰레데트당(Moledet, תדלום, 고향) [24]

1988년 레하빔 제비가 몰레데트당을 창당하였고, 2001년 팔레스타인 무장세력에 암살될 때까지 당을 이끌었다. 우익의 소규모 정당인 몰레데트당은 의회 내에서 민족주의 성향이 가장 강했으며, 1990년대 중반까지 3석을 가지고 있었다. 대법원이 인종차별을 이유로 랍비 메이르 카나의 카흐당을 거부하자 1988년 선거 직전에 몰레데트당이 결성되었다. 은퇴한 이스라엘군 장군이자 노동운동의 선구자인 레헤빔 제비가 이끄는 몰레데트당은 아랍인들이 요르단 서안과 가자지구에서 다른 아랍국가로 이주해야 한다고 주장했다. 제비는 벤구리온을 포함한 노동운동의 창시자들을 언급하며 자신의 주장을 정당화시킴으로써, 그의 이념은 이스라엘 정치체제에서 합법적인 범주에 놓이게 되었다. 1990년 샤미르가 제비의 연합정부 참여를 요청해 그의 사상과 노선이 정당화 되었고 1992년 선거에서 몰레데트당은 의석을 추가했다. 2001년 제비가 암살된 후 베니 엘론이 당 지도자로 선출되어, 2003년에 아비가도르 리베르만이 이끄는 이스라엘-베이테누당에 연합했다. 베니 엘론은 샤론 정부에서 관광장관 재직시 샤론의 가자정착촌 철수에 반대해 2004년 중반 장관에서 해임되었다.

카디마당(Kadima, המידק, 전진) [25]

수상 아리엘 샤론은 2005년 11월 21일 자신의 우파정당인 하리쿠드당을 탈퇴하고 좌파 우파를 규합해 카디마당을 세웠다. 카디마당은 이스라엘의 중도혹은 중도우파 정당이다. 2006년 3월 28일 선거에서 총 120석 의석 중 29석을 획득한 카디마당은 이스라엘 내 가장 강력한 정당이 되었다. 샤론은 가자지

구 철수안을 실행하기 위해서 2004년 12월에 하아보다당과 함께 연합정부를 구성했다. 샤론의 철수안은 하리쿠드당 내외 극우파들의 거센 반발에 부딪혔지만, 좌파와 우파를 아울러 광범위한 지지를 얻기도 하였다. 이스라엘 하아보다당의 전 지도자인 시몬 페레스는 하아보다당을 떠나 카디마당에 합류했다.

2005년 12월 18일에 샤론이 가벼운 뇌졸중으로 병원에 입원하면서 이스라엘 정국은 예기치 못한 방향으로 흘러갔다. 당시 임시 수상이었던 에후드 올메르트가 샤론을 계승해 카디마당을 이끌었다. 샤론이 없는 카디마 당의 미래는 불확실했지만 3월 28일 선거에서 29석으로 다수당이 된 후 에후드 올메르트가 수상이 되었다. 카디마당의 탄생은 이스라엘의 두 주요 정당인 하아

---

24 몰레데트당 홈페이지: http://www.moledet.org.il
25 카디마당 홈페이지: http://www.kadima.org.il

26 2006년 제17대 크네셋 선거. 이스라엘-베이테누당 아비그도르 리버만이 선거 승리를 자축하고 있다. 2006년 3월 28일.

보다당과 하리쿠드당의 오랜 권위에 대한 도전이었다. 샤론의 중도적 정책들은 대중적 지지를 이끌어냈다.

이스라엘-베이테누당(Yisrael Beiteinu, ונתיב לאדש, 이스라엘-우리의 집) [26]

이스라엘-베이테누당은 구소련 출신 이민자들의 지지를 받고 있는 중도우파 정당이다. 이 정당은 아랍인들과 팔레스타인들이 유대인의 권리(중동 지역에 이스라엘 국가를 유지할 권리)를 인정하려 들지 않는다는 현실주의적 시각에 기초해 이들에 대한 강경노선을 취한다. 이 정당의 창당인이자 지도자 중 한 명인, 하리쿠드당 소속이었던 아비가도르 리베르만은 이스라엘 아랍인들을 팔레스타인에 넘겨주어 팔레스타인은 팔레스타인의 국가가 되고, 이스라엘은 이스라엘 민족의 국가가 되어야 한다고 주장했다. 이를 시행할 수 있는 영토만 있다면 언제든 아랍계 이스라엘인들이 이스라엘을 떠나도록 이들에게 경제적 인센티브를 제공해야 한다는 것이 논쟁거리가 되었다. 이스라엘-베이테누당은 2006년 3월 선거에서 이스라엘 의회 11석을 확보했다.

1997년 당시 헤브론 도시의 일부를 팔레스타인에 넘겨준다는 네탄야후의 와이리버협정(Wye River Memorandum)에 반대하며 리버만과 샤란스키가 하리쿠드당을 떠나기로 했다. 이후 리버만은 신당 이스라엘-베이테누당을 세웠으나, 샤란스키는 다시 하리쿠드당에 남게 되면서 리버만을 크게 실망시켰다. 1990년 15대 크네셋 선거에서 리버만과 바알리아당은 이스라엘-베이테누당을 세워 4석을 얻었지만, 이스라엘 바알리아당 의원 두 명이 좌파 쪽으로 당적을 옮기면서 의석 수가 둘로 줄었다. 그 뒤 이스라엘-베이테누당과 이후드-레우미당이 연합했다. 2003년 선거 직후 이후드-레우미당이 아리엘 샤론 수상 연립정부에 참여하면서 연합은 와해되었다.

이스라엘-베이테누당은 2005년 "리버만 프랜"을 제안함으로써 주목을 받게 되었다. 이 안은 가자지구 철수의 대안으로 1967년 이전의 이스라엘 영토 중 아랍인이 많이 거주하는 지역(blocs)을 팔레스타인에 이양한다는 내용으로 되어 있다. 그러나 이스라엘 아랍인들의 이스라엘 시민권이 박탈되고, 이들을 팔레스타인 지역으로 돌려보낸다는 내용 때문에 좌익의 많은 비난을 받았다. 이 정당은 우파 성향의 다른 정당들과 달리 지난 국회에서 아리엘 샤론 연정의 구성원이 아니었다는 점이 차별화 되었다. 이 때문에 이스라엘-베이테누당이 이후드-레우미나 마프달당보다 한 발 더 앞서 나갈 수 있었고, 선거에서 12석을 차지해 일약 제3의 정당으로 도약했다.

극우파 카흐당(Kach, ב"ך, 카하네 레크네셋(חסנבל אנחהב), 카하네 크네셋으로)[27]

1950년대에 여러 개의 소규모 극단주의 단체들이 반체제활동으로 불법화되었다. 불법 단체들 중 가장 호전적이었던 그룹은 메이르 카나가 만든 "카흐"이다. 카나는 1968년 미국에서 유대군사연맹을 설립한 미국 랍비였다. 그

---

[26] 베이테누당 홈페이지: http://www.beytenu.org.il(히브리어), http://www.yisraelbeytenu.com(영어)
[27] 카하네 홈페이지: http://www.kahane.org

는 1980년대 초반부터 국회의원 선거에 출마하기 시작했고 1984년에 의석을 얻었다. 유대 땅은 유대인의 것이며 모든 아랍인은 떠나야 한다는 노선의 단순함은 많은 젊은이들을 사로잡았다. 카나는 유대인 국가와 민주주의 개념 사이에 모순이 존재하며 유대인 국가는 민주주의에 우선한다고 주장했다. 그는 이러한 주장을 행동으로 옮겨 아랍 마을로 침입해 시위를 벌이고 거주민들을 폭행하며 공공질서를 어지럽혔다. 그의 첫 번째이자 마지막이었던 의원 임기 내 실시된 여론조사에서 카나의 정치적 호소력은 실직자, 가난한 지역 주민들에게 크게 확대되었다.[28] 민족주의 진영 정당인 하리쿠드당과 트히야당은 카나가 목표한 10석에 위협을 느껴 카흐당을 재판에 넘겼고 대법원은 인종주의를 부추긴다며 1988년 선거에 참여 불허판결을 내렸다. 그러자 지지자들은 몰레데트로 옮겨갔다.

메이르 카나는 1990년대 초 뉴욕에서 암살당했지만 아랍 팔레스타인들에게 품은 적개심은 진정되지 않고 있으며, 여러 소규모 그룹들이 아랍인 없는 땅을 계속 주장하고 있다. 그리고 유대 땅 구석 구석에 정착할 권리 주장은 여전히 급진 우파의 이념 속에 주요 요소로 남아 있다.

---

28 Elazar, Daniel J. and Sandler, Shmuel, Israel's Odd Couple: The 1984 Knesset Elections, State, University Press, 1990. pp.159-168.

3장 이스라엘의 종교정당

Religious Parties in Israel

1. 종교정당의 현황

이스라엘 정치에서 종교정당이 차지하는 비중은 매우 크므로 본 장에서는 종교정당만을 다루려 한다. 이스라엘의 종교정당은 연합정부를 구성할 때 늘 캐스팅보드를 쥐고 있다. 이는 선거 때마다 항상 제3당의 위치를 유지하는 종교정당이 거대 정당인 좌파와 우파의 영입대상 1순위이기 때문이다. 이스라엘의 역대 선거에서 승리한 어떤 거대 정당도 전체 국회의원 의석의 3분의 1을 웃돌지는 못했다. 선거에서 승리한 정당은 선거를 전후해 의회 의석의 과반수를 채우기 위해 여러 중소규모의 정당을 포섭해 연합정부를 구성해야 한다. 승리한 여당은 선거에서 패배한 라이벌 정당과 값비싼 대가를 지불하며 이들 정당을 영입하기보다는 조건이 단순한 종교정당을 1순위 파트너로 선택해 온 것이다. 종교정당은 종교법의 유지를 약속 받고 재정적 도움만 제공받으면 국방, 외교, 안보 등 민감한 사안에 전폭적인 지지를 보낸다. 이러한 특수한 정치상황 덕분에 종교정당은 자신의 정치력보다 큰 힘을 현실 정치에서 발휘한다. 종교정당은 건국 이후 여당이 하아보다당(노동당)이건 하리쿠드당이건 항상 연합정부에 들어갔다.[1]

이스라엘 건국 초기 참여했던 종교정당으로는 "미즈라히", "하포엘-하미즈라히", "아구닷-이스라엘", "포알레이-아구닷-이스라엘" 이렇게 네 개의 정당이 있었다. 미즈라히와 하포엘-하미즈라히는 시온주의 정당으로서 마프달당

---

[1] Gregory S. Mahler, *The Knesset: Parliament in the Israeli Political System*, Fairleigh Dicknson University Press, 1981. ch.3.

이란 이름으로 통합되었고, 반시온주의 정당인 아구닷-이스라엘과 포알레이-
아구닷-이스라엘은 비정기적으로 협력하기도 한다. 시온주의 정당인 미즈라
히와 하포엘-하미즈라히는 이스라엘의 건국을 지지하며, 메시아가 와서 세울
진정한 이스라엘이 세워지기 전까지의 과도기적 국가로 지금의 이스라엘을
규정한다. 따라서 현재 이스라엘의 정치와 사회에서 종교정당은 종교법을 유
지하는 한편 세속적인 요소를 제지하는 역할을 한다. 반면 반시온주의의 아
구닷-이스라엘당은 하나님이 세우는 참 이스라엘을 기다리며 시온주의에 입
각해 수립된 세속 국가 이스라엘을 부정한다. 반시온주의 종교인들 중 극단
적인 종교인들은 국가를 부정하며 반국가운동을 벌이기도 한다.[2] 이스라엘
의 반시온주의 정당은 보다 온건 노선으로 선거에 참여해 자신들의 종교적
권익을 신장시키려 노력한다. 그러나 정부의 공식 직위나 직함을 받지 않고
주로 재정적인 지원을 이끌어내는 가운데 반종교 정책이나 세속법에 대해 다
른 종교정당과 힘을 합해 대응한다.

2. 이스라엘의 대표적 종교정당들

이스라엘의 종교정당으로 시온주의 종교정당에는 앞서 말한 미즈라히와
하포엘-하미즈라히가 있으며, 두 정당은 건국 후 마프달당(National Religious
Party)으로 통합되었다. 반시온주의 종교정당으로는 아구닷-이스라엘과 하포
엘-아구닷-이스라엘이 있는데, 이들은 야하둣-하토라당(United Torah
Judaism)으로 통합되었다. 한편 아구닷-이스라엘 계열에서 분리되어 나온 같
은 성향의 "샤스"와 "데겔-하토라" 당이 있다.

27 종교당 선거운동집회, 하짓–다팃–토라닛당(토라종교연합전선)에서 연설하는 종교지도자들. 벤야민 민츠, 잘만 소로츠킨, 아브라모니츠, 카한만, 엡스테인, 고르돈. 텔아비브, 1959년 10월 21일.

(1) 마프달당(Mafdal -The National Religious Party)

"미즈라히"는 히브리어로 "영적인 중심"이란 뜻의 "메르카즈 하루하니"에서 유래한다. 미즈라히는 1902년 세속학교 설립에 반대하며 결성되었으며, 1922년에는 미즈라히 내의 노동자층이 중심이 되어 포알(노동)을 강조하는 "하포엘-하미즈라히"를 설립하였다. 이 정당은 전통적으로 노동을 거부하는 정통종교인들에 반대하며 만든 정당으로서 노동을 지지하며 종교 키부츠를 공고히 하기 위해 설립되었다. 미즈라히의 이들 두 정당은 시온주의 노선을 지지하며 첫 크네셋 국회의원 선거부터 "마프달당"으로 통합되어 이스라엘 선거에 함께 참여하고 있다. 1949년에 실시된 초대 선거에서 시온주의 정당인 마프달당과 반시온주의 정당인 아구닷-이스라엘과 포알레이-아구닷-이스라엘 등 4개의 종교정당들이 연합해 연합종교전선인 "하짓 다팃 메우하뎃"(United Religious Front)을 결성하고 총 16석의 의석을 확보하였다.

마프달은 건국 이후 1981년에 이르기까지 선거 때마다 10-12석의 의석을 확보하며 종교진영에서 주도적인 역할을 수행했다. 종교법 유지와 종교적 삶의 보호를 위해 정부와 투쟁하고 유대교의 교육과 전통을 유지해 나갔다. 그러나 1981년 선거 때부터 내부적인 분열과 갈등으로 떨어져 나온 분파들이 타미당을 세우면서 마프달당은 세력이 반으로 줄었고, 1984년 마프달에서 일부 세력이 또다시 트히야당과 모라샤당으로 옮겨가면서 더욱 세력이 약해졌다. 특히 1984년에 아구닷-이스라엘당에서 나와 설립된 정통종교당 샤스당의 출현으로 마프달당은 회복의 기회를 완전히 잃게 되었다. 샤스당이 선거에서 매번 성공을 거두며 1999년 17석을 얻었을 때, 마프달당은 겨우 5석을 얻는데 그쳐 이스라엘 정치사에서 독보적이었던 제1의 종교당으로서의 지위를 상실했다. 마프달당은 2005년 가자지역의 정착촌 철수문제로 인한 당내 갈등으로 당이 쪼개지는 사태에 이르렀고, 마침내 2006년 선거에서 이후드-레우미당과 연합했다.

(2) 아구닷-이스라엘당(Agudat Israel Parties)

아구닷-이스라엘은 1912년 독일의 프랑크푸르트에서 정통 유대종교인들이 모여 토라(모세오경)의 규율 준수를 목적으로 설립되었다. 아구닷-이스라엘은 모든 유대인 공동체는 조건 없이 토라를 최고의 권위로 받아들여야 하며 토라가 유대인 국가보다 더 중요하다고 주장했다. 아구닷-이스라엘은 1911년 제10회 시온주의 회의에서 이탈한 일부 미즈라히에 회원이 조직한 당으로, 1912년 300여 명의 대표들이 참석한 가운데 공식 출범했다. 당시 다음과 같은 성명이 발표됐다. "유대인들은 정치가들이 만든 정부체제 속에 있지 아니하며, 그들과는 질적으로 다르다. 유대인의 주권자는 하나님이며(전능자), 우리를 지배하는 법은 토라이다. 우리가 살아야 할 거룩한 땅은 항상 예정되어 있다. 아구닷-이스라엘의 모든 행위는 토라가 결정한다."[3]

미즈라히의 내부 구조가 민주적으로 운영되는 것과는 달리 아구닷-이스라

아구닷–이스라엘당 크네셋 의원 아브라함 싸피라(오른쪽), 메나헴 포르쉬가 하리쿠드당 의원 사라 도론이 미국으로 출국하는 베긴 수상을 기다리고 있다. 1982년 6월 15일.

엘은 현인위원회인 "모에젯 그돌레이 하토라"(Moetzet Gedolei HaTorah-Council of Sages)에 의해 독자적으로 운영된다. 아구닷-이스라엘은 지역 대표자들로 구성된 최고위원회가 있으며, 현인위원회인 "모에젯 그돌레이 하토라"로 구성되어 있다. 현인위원회는 학식 있는 다양한 성향의 랍비들인 원로 정통유대인들로 구성되어 있으며, 여기에는 하씨딤과 미트나게딤(반대주의자)도 포함되어 있다. "모에젯 그돌레이 하토라"는 랍비들이 모여 종교법을 지키는지를 판단하고, 유대인의 삶과 더불어 국가의 구성에도 종교법을 적용한다. 이 기구는 대법원과 같은 역할을 하는데, 선출된 대표들이 한 결정도 무효화할 수 있는 막강한 권한을 가지고 있다.

아구닷-이스라엘은 시온주의자들과 협력하지 않으며 스스로 시온주의자가 아님을 밝혔다. 아구닷-이스라엘은 1948년 시온주의자가 세운 이스라엘을

3 Yaakov Rosenheim, *Ketavim*(Jerusalem: Histadrut Olamit Agudat Yisrael, 1970), pp. 93-107.

29 샤스당의 정신적 지도자 오바댜 요세프가 수상 네탄야후와 만나고 있다. 예루살렘, 1997년 7월 10일.

인정은 하지만 반시온주의 노선에 서서 시온주의 정부와 거리를 둔다. 따라서 초대 정부 이후 연합정부에 합류하기도 하지만 장관과 같은 정부의 공식직은 수행하지 않는다. 다른 정치 집단처럼 아구닷-이스라엘도 청년과 여성 등의 단체와 해외 지부가 있다. 아구닷의 한 축인 포알레이-아구닷-이스라엘은 건국 이전 영국의 통치 시기 때 유대인 국가기금을 지원받아 정착에 필요한 토지를 확보하기도 했다. 아구닷-이스라엘과 포알레이-아구닷-이스라엘은 1949년 첫 선거 때 연합하여 "하짓 다팃 메우하뎃"(United Religious Front)을 결성했다. 아구닷 회원들은 별도의 랍비기구인 현인위원회를 갖고 있지만 마프달당을 통해 이슈브의 주류 측과 일정 관계를 유지했다.

아구닷-이스라엘을 대표하는 국회의원들은 랍비위원회가 선임한다. 현인회원회 사이에서 신망 있는 랍비는 엘리에저 샤흐(리투아니아 출신으로 미트나게딤 지도자)였다. 1984년 랍비 샤흐는 아구닷-이스라엘에 반대하며 현인위원회를 떠나 데겔-하토라당을 세우고 4석을 확보했다. 이 때문에 아구닷-이스라엘당은 2석으로 줄어들었다. 1984년에도 역시 아구닷-이스라엘에서 나온 스파라디 유대인의 샤스당은 아쉬케나지 진영에서 2석과 스파라디에서 2석을 얻는 등 모두 4석을 얻었다. 샤스의 공식적인 지도자는 랍비 요세프 오바댜이다. 오바댜는 전직 이스라엘 스파라디 최고랍비로 토라현인위원회를 만들었지만, 랍비 샤흐가 이 위원회를 주관했다. 랍비 샤흐의 관리하에 있던 스파라디의 샤스당과 아쉬케나지의 데겔-하토라당은 1988년 선거에서 각각 6석과 2석을 얻었다.

(3) 샤스당(Shas Party)

샤스는 "토라를 지키는 스파라디 세계연합회"(International/World Separdic Association of Torah Keepers)라는 뜻이다. 전통적으로 아쉬케나지 랍비들이 아구닷-이스라엘당을 이끌었는데, 여기서 제대로 대우를 받지 못한 스파라디 랍비들이 세파르디 샤스당을 세웠다. 샤스당은 1984년 선거 직전에 전직 이스라엘 최고랍비 랍비 오바댜 요세프의 지도하에 창당되어 창당과 함께 성공적으로 당의 세력을 확장해 나갔다. 샤스당의 정치적 성공은 아구닷-이스라엘 내에서 소외된 스파라디 유대인들의 대대적인 지지로 급성장했다.[4] 이러한 샤스당의 성공은 사회 경제적 불만을 출신지와 종교적인 불평등의 문제로 전환시켰기 때문에 가능했다. 샤스당이 정치적으로 성공한 주요 요인의 하나는 정부의 지원 속에서 전통적인 유대인 교육에 적극적으로 투자하고 가난한 지방의 도시와 큰 도시의 빈민들을 효과적으로 연계한 학교시스템의 설치였다.[5] 샤스당이 개발한 교육시스템은 유치원에서 성인들을 위한 교육으로 확대되었으며, 샤스는 오후까지 교육시간을 늘리고 따뜻한 음식과 등하교길의 교통편을 제공함으로써 학부모들을 효과적으로 설

4　Schocken, Gershon. "Israel in Election Year 1984," Foreign Affairs 63, no. 1 (1984). p. 86.
5　Shahak, Israel and Mezvinsky, Norton. Jewish Fundamentalism in Israel. Fluto Press, 1999. pp. 23-25.

득할 수 있었다.[6]

비록 샤스당의 성공적인 지도자 아리예 데리는 감옥으로 갔지만, 엘리 이샤이가 그 뒤를 이어 안정적으로 샤스를 이끌고 있다. 샤스의 정신적 지도자 오바댜 요세프는 이라크 바그다드 출신으로 네 살 때 가족과 함께 예루살렘으로 이민 와 스무 살 때 랍비의 지위에 올랐으며, 1942년에는 이집트의 부최고랍비와 카이로 종교법원의 장이 되었다. 이스라엘이 독립한 후에는 이스라엘로 돌아와 페타 티크바와 예루살렘의 랍비법원에서 근무했다. 이후 예루살렘 최고 종교법원에 임명되었고, 1968년에 텔아비브 최고랍비, 1973년에 이스라엘 스파라디 최고랍비가 되었다. 그는 유대법 할라카의 권위자로서 유대법을 사전처럼 암기하는 천재적인 학자로 통했다. 랍비 요세프는 극정통종교인의 유대주의에 중요한 인물로, 선거와 정치참여는 스파라디 유대인의 입지를 강화하고 이스라엘에 영향을 미치는 중요한 요소라고 강조한다. 샤스는 1999년에 17석을 얻으며 전성기를 누렸다가 2003년 선거에서 11석을 얻는 데 그쳐 위세가 많이 줄어들었다. 하지만 2006년 선거에서 12석으로 한 석을 추가하며 안정적인 세를 유지하고 있다.

(4) 데겔-하토라당(Degel Hatorah Parties)

1988년 하바드(Chabad-Lubavitch) 출신의 랍비 메나헴 스니어슨과 루바비처 라베(이디쉬어의 '랍비')가 이끄는 극정통유대인들이 연합해 창당하며 이스라엘 선거에 첫 모습을 보였다. 그간 하바드는 종교, 교육, 사회적 복지 분야에 오랫동안 관련되었지만 활발한 정치활동은 하지 않았다. 하바드의 목적은 아구닷-이스라엘을 정치적으로 지원하여 아구닷-이스라엘의 정치력을 강화하는 것이었다. 이스라엘 정치에서 정통종교계는 하바드 회원들과 랍비 샤

---

6 Sharkansky, Ira, *Policy Making in Israel: Routines for Simple Problems and Coping with the Complex.* Pittsburgh: University of Pittsburgh Press, 1997. p. 43.

흐가 이끄는 회원들 간의 경쟁으로 분열되었다. 랍비 샤흐와 루바비쳐는 신학적인 이유로 수년 동안 긴장관계에 있었다. 예를 들어, 루바비쳐 라베의 지지자들은 랍비는 메시아이므로 신적 존재가 인정되어야 한다고 주장하는 반면 랍비 샤흐는 이러한 입장을 신성모독이라 비난했다. 따라서 이 둘은 정치적 영역과 신학적 차원에서 늘 분쟁의 관계에 있었다.

아구닷-이스라엘당의 최고위원회격인 현인위원회와 랍비 샤흐의 관계가 나빠지자 샤흐는 1988년 데겔-하토라당을 세웠다. 아쉬케나지가 주류인 아구닷-이스라엘당에서 나온 랍비 샤흐는 오히려 스파라디가 주류를 이루는 샤스당의 랍비 오바댜 요세프와 긴밀한 관계를 맺고 데겔-하토라당과 샤스당을 동시에 지도하게 되었다. 샤스당이 스파라디 유대인들의 세를 밀집하였다면, 데겔-하토라당은 아쉬케나지 유대인들에게 호소하기 위해 세워졌다.

(5) 야하둣-하토라-하메우헤뎃(토라 유대주의 연합당, United Torah Judaism)

야하둣-하토라-하메우헤뎃당(United Torah Judaism, UTJ)은 1992년에 극정통종교정당인 데겔-하토라당과 아구닷-이스라엘당이 연합한 당이다. 데겔-하토라당은 하시딤인 것에 반해 아구닷-이스라엘당은 비하시딤 계열이지만 두 계열 모두 아쉬케나지 유대인들이다. 정당 지도자들은 모두 90대의 고령들로 전직 예시바교장이나 존경 받는 랍비들로 구성되어 있다.

두 정당은 1992년 각 정당이 한 표에 미달한 죽는 표를 살리기 위해 하나의 당으로 연합해 종교진영의 의석을 최대한 확보하기 위해 연합했다. 그러나 2004년 아리엘 샤론 정부에 참여를 놓고 갈등하다 다시 분열되었다. 당시 가자 정착촌 철수를 놓고 이견을 보인 두 당은 결국 아구닷-이스라엘당이 샤론 정부에 참여하고, 데겔하토라당은 반대하며 12년간의 연합이 와해되었다. 그러나 2006년 선거가 다가오자 두 당은 다시 연합을 논의, 다시 합쳤다.

3. 이스라엘의 종교정당사

이스라엘 종교정당은 이스라엘 유대종교인들의 권익과 종교적 삶을 보호하기 위해 존재했던 조직으로 건국과 함께 정치정당으로 거듭났다. 이스라엘 정치사에서 아주 독특하고 중요한 역할을 한 종교정당은 이스라엘 정치를 이해하는 데 매우 중요하다. 여기서는 이스라엘의 종교정당을 건국 이후 현재에 이르기까지 세 개의 시기로 구분하여 설명하고자 한다. 제1기는 마프달당이 평균 10-12석의 의석을 확보하며 연합정부에서 강력한 정치력을 발휘한 안정적 세력균형의 시기(1948-1977년)이다. 제2기는 선거 때마다 종교진영의 당이 분리되거나 통합되는 시기(1977-1996년)이다. 제3기는 종교정당의 2세대들이 활약하는, 1996년 이후 현재에 이르는 시기이다. 이 시기에는 그동안 주류를 이루었던 시온주의 종교정당의 역할이 약화되고 반시온주의 종교정당들이 두각을 나타낸 것이 특징적이다. 마프달이 소규모정당으로 전락한 반면 아구닷-이스라엘 정당들은 종교정당의 정치의 중심으로 무대에 올라섰다.

다음의 4개 그래프는 건국 이후 현재에 이르기까지 종교정당별 국회의원 의석 수를 나타낸 것이다.

〈그래프1〉은 전체 종교정당이 차지한 의석 수이다. ① 1949년에서 1977년까지 종교 세력은 국회의원 선거에서 수적으로 안정적이었으나, ② 1981년과 1984년에는 급격히 줄어들었고, 1988년 선거에서 주목할 만한 회복세를 보였다. ③ 1996년 선거 이후는 종교적인 정당들이 기대 이상의 힘을 과시하는 시기이다.

〈그래프2〉는 시온주의 정당 마프달의 국회의원 선거에 대한 통계이다. 그래프에서 알 수 있듯이 마프달은 1949년 국가 수립 때부터 1977년에 이르기까지 줄곧 안정적인 10-12석을 확보하다가 1981년과 1984년 선거에서 패배하여 급격히 의석 수가 줄어든다. 그러나 〈그래프3〉을 보면, 1984년에 설립된 샤스당은 마프달과는 달리 1984년과 1992년 사이에 꾸준한 증가추세를 보이

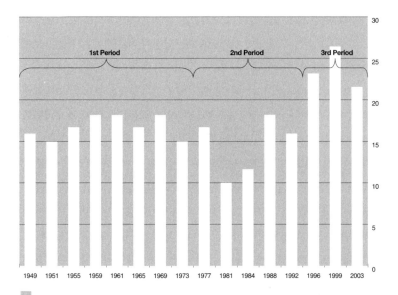

1 종교진영의 국회의원 선거(1949~2003)

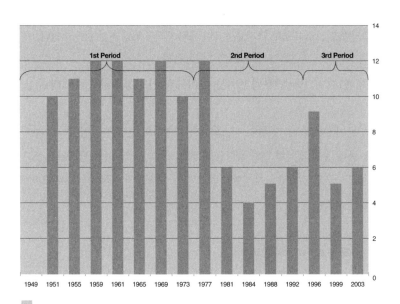

2 마프달당 국회의원 선거(1949~2003)

다가 1996년 선거 후에는 급격히 증가하게 된다(1996년 10석에서 1999년 17석으로 증가). 의석 수에 있어 샤스당과 마프달당이 서로 상반된 경향을 보이고 있는 것이다.

〈그래프3〉은 1996년 선거 이후인 제3기에 종교 정당들은 종교정치의 2세대들을 맞이하게 된다. 종교 정당들을 이끌며 정부설립에 기여했던 선구자들의 시대에서 새로운 세대의 시대로 바뀐 것이다. 마프달당도 당을 이끈 원로 지도자들이 물러나고 그 자리를 새로운 젊은 세대가 차지하게 되었다. 경험 많은 랍비가 운영한 강력한 샤스당도 아리예 데리라는 젊은 인재를 발굴하였다. 이를 통해 마프달당은 과거의 명성을 회복하지는 못했지만 유럽의 기독교정당의 모델을 모방하는 등 현대적이고 전략적인 선거활동을 펼치게 되었다.[7]

〈그래프4〉는 1949년과 2003년 사이에 아구닷-이스라엘 블록이 얻은 국회의원 의석을 보여 주고 있다. 아구닷-이스라엘 블록은 국회의원 선거에서 평균 4-6석을 확보해 왔으며, 1988년에는 최고 7석을 차지했다. 아구닷-이스라엘은 줄곧 안정적인 의석을 확보해 정치적인 기반이 확고함을 보여 준다. 아구닷-이스라엘은 샤스와 함께 극정통종교인 세력의 적극적인 지지를 받고 있다.

(1) 제1시기, 1948년부터 1977년 선거까지: 안정성과 공유된 세력 균형

건국 이후부터 1977년까지 이스라엘 종교정당의 특징은 안정적인 지지기반을 통해 종교 정치력 간의 균형을 유지한 것이다. 국회의원 선거에서 종교 정당들은 줄곧 15-18석을 차지했고 최고 의석 수와 최저 의석 수의 차이도 3석을 넘지 않았다.

1) 종교 수호자로서의 종교정당
이스라엘의 초기 종교 정당이었던 미즈라히와 하포엘-하미즈라히는 마프

---

7 Bradley, C. Paul, *Parliamentary Elections in Israel*, Tompson & Rutter, 1985, pp. 54-57.

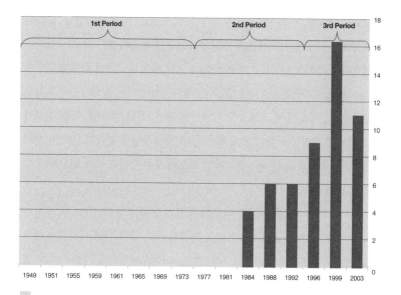

3 샤스당 국회의원 선거(1984-2003)

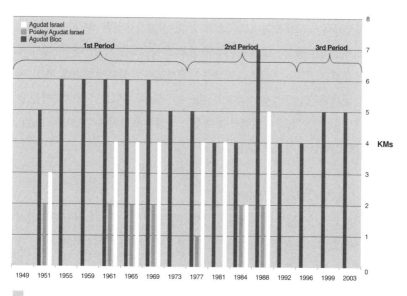

4 아구닷 진영의 국회의원 선거(1949-2003)

달당으로 연합해 이스라엘의 가장 강력한 종교정당이 되었다. 반면 또 다른 종교정당인 아구닷-이스라엘과 포알레이-아구닷-이스라엘은 세력은 작지만 안정적이며 극히 보수적인 성향을 보였다. 이스라엘의 건국과 함께 정치권으로 들어온 종교정당은 초기에는 강력한 정치적 영향력을 행사하였다.[8] 특히 1948년 5월 건국부터 첫 국회소집 시기인 1949년 2월까지에 해당하는 임시정부 기간에 종교정당의 활약상이 매우 컸다. 종교정당은 건국할 국가의 정체성 규정 및 국가의 틀 안에서 종교적인 요소의 포함 수위에 대해 협상의 주도권을 쥐고 있었다.

이스라엘의 종교당들은 국가의 초기 정책과 방향에 종교인들의 이익과 의견을 반영해 나갔다. 당시 이스라엘의 좌파와 우파 양대 진영 사이에서 캐스팅보드를 쥔 종교정당은 연합정부의 방향을 좌지우지하였다.[9] 1949년 첫 선거부터 연합정부의 영입대상 1순위가 된 종교정당은 건국 이전 이슈브 공동체에서 유지한 수준의 종교법 및 전통을 건국 이스라엘에 그대로 적용하도록 정부를 압박했다. 일명 "현상유지"(Status Quo)를 강조하는 종교법들은 사실 현대 민주국가 체제에 그대로 도입하기에는 문제가 많았다. 지극히 세속적이라고 주장하는 종교유대인과 너무나 종교적이라고 주장하는 세속유대인 사이의 분쟁은 건국 이스라엘의 심각한 사회적 갈등의 하나가 되었다. 특히, 세상의 변화에 유연하지 못한 종교법 때문에[10] 세속유대인들의 거센 반발을 불러일으켰지만 연합정부 내에서 갖고 있는 막강한 영향력에 힘입어 종교법은 지금도 그대로 유지되고 있다.

2) 연합정부의 동반자 종교정당

종교정당 마프달당이 노동당과 연합정부를 구성하며 역사적인 동맹관계를 유지했던 것은 건국 이전부터다. 1935년 제19차 시온주의 회의에서 노동당의 전신인 마파이당은 미즈라히[11]를 도와 그를 핵심 지도자 대열로 끌어올렸다.[12] 당시 마파이가 미즈라히에 관심을 보인 것은 미즈라히의 전국적인 선거기반 때문이었다. 미즈라히는 전국적으로 두터운 지지층을 갖고 있었다.

가난하거나 부유하거나 구세대나 신세대나 가릴 것 없이 지지세력이 매우 많았다.[13] 반면, 아구닷-이스라엘은 지지세력이 안정적이었지만 규모가 작았으며, 지지자들 대부분은 특정지역에 있으면서 보수적이고 종교적이며 가난한 사람들이었다.

1949년과 1967년 사이에 연합정부는 이미 의석 120석 중에서 61석 이상을 차지, 압도적인 다수를 형성하고 있었다. 정부는 마프달당(미즈라히와 하포엘-하미즈라히) 없이도 안정적으로 과반수 이상의 의석을 차지하고 있었던 것이다.[14] 그러나 1951년과 1955년, 1961에서 1964년까지 정부 구성에 있어서 마프달당 없이는 안정적인 과반수를 차지할 수 없었다.

연합정부를 구성하는 가장 큰 이유는 다음의 표에서 볼 수 있듯이 건국 후 어떠한 다수당도 선거에서 51% 이상의 의석을 차지하지 못했기 때문이다. 또한 다음의 표에서 알 수 있듯이 평균적으로 최고 다수당은 경쟁자인 제2정당보다 규모 면에서 두 배 이상 크다고 하겠지만 여전히 61석 이상을 차지하지는 못한다. 이러한 상황에서 종교정당들은 안정적으로 15-18석을 항상 유지하였다.

8 Unna, Moshe, *Separate Ways: In the Religious Parties' Confrontation of Renascent Israel*, Publishing Division of the Torah Education Department of the W.Z.O. 1987. p. 90.

9 Schiff, Gary S., *Tradition and Politics: The Religious Parties of Israel*, Detroit: Wayne State University Press, 1977. p. 25.

10 Don-Yehiya, Eliezer, "Conflict Management of Religious Issues: The Israeli Case in a Comparative Perspective," pp. 89-90, in *Parties, Elections and Cleavages*, (ed.) by Hazan, Reuven Y. and Maor, Moshe, 2000.

11 미즈라히는 마프달당의 전신으로, 미즈라히와 하포알하미즈라히가 연합해 마프달당이 되었다.

12 Don-Yehiya, Elazar, "Religion and Coalition" in *The Elections in Israel: 1973*, Jerusalem Academic Press, 1975. pp. 256-57. (ed.) by Arian Asher.

13 Schiff, Gary S., *Tradition and Politics: The Religious Parties of Israel*, Detroit: Wayne State University Press, 1977. pp. 142-43.

14 Arian, Asher (ed.), *The Elections in Israel: 1973*, Jerusalem Academic Press, 1975. pp. 256-57.

Cabinets	Coalition Parties	Size of Coalition
1949	Mapai (48) + Religious Bloc (16) + Progressives (5) + Sephardim (4).	73
1950	Mapai (48) + Religious Bloc (16) + Progressive (5) + Sephardim (4).	73
1951	Mapai (50) + NRP (10) + Agudat Israel (3) + Poalei Aguda (2) + Sephardim (2).	67
1952	Mapai (50) + NRP (10) + General Zionist (23) + Progressive (4).	87
1954	Mapai (50) + NRP(10) + GeneralZionist + Progressive(4).	87
1955	Mapai(50) + NRP(10) + Progressive(4).	64
1955	Mapai(45) + NRP(11) + Achdut Haavoda(10) + Mapam(9) + Progressive(5).	80
1958	Mapai(45) + NRP(11) + Achdut Haavoda(10) + Mapam(9) + Progressive(5).	80
1959	Mapai(52) + NRP(12) + Achdut Haavoda(7) + Mapam(9) + Progressive(6).	86
1961	Mapai(46) + NRP(12) + Achdut Haavoda(8) + Poalei Aguda(2).	68
1963	Mapai(46) + NRP(12) + Achdut Haavoda(8) + Poalei Aguda(2).	68
1964	Mapai(46) + NRP(12) + Achdut Haavoda(8) + Poalei Aguda(2).	68
1966	Alignment(49) + NRP(11) + Mapam(8) + Poalei Aguda(2) + Independent Liberal(5).	75
1967	Alignment (49) + NRP(11) + Mapam(8) + Po. Aguda(2) + Ind. Liveral(5) + Rafi(10) + Gahal(26).	111
1969	Alignment(49) + NRP(11) + Mapam(8) + Po. Aguda(2) + Ind. Liveral(5) + Rafi(9) + Gahal(22).	106
1969	Labor(60) + NRP(12) + Independent Liberal(4) + Gahal(26).	102
1970	Labor(60) + NRP(12) + Independent Liberal(4).	76

5 연합 정당과 규모(1949-1970)[15]

노동당과 종교정당은 연합정부를 구성하여 상호 간의 이익을 추구했다. 마프달당은 종교법 제정에 있어 지속적으로 영향력을 행사하고 정부 예산 지원과 함께 교육의 자치권을 인정 받는 대가로, 노동당의 국방·외교·안보에 관한 정책에 전적인 지지를 보였다.[16] 이러한 동맹관계를 통해 마프달당은 정부 안에 있으면서 종교법을 유지하고 확대하는 일을 성공적으로 수행할 수 있었고, 노동당도 민감한 정책을 수행함에 있어 영원한 지지세력을 확보할 수 있었다. 물론 노동당과 마프달당 간에는 이념적인 차이가 존재했지만 동맹 자체를 위협하는 논쟁을 피하고 적정한 수준에서 합의를 이끌어 냈다.[17] 아구닷-이스라엘당은 비록 정부 밖에 있었지만, 정부에 적당히 협조하며 정부로부터 재정지원과 교육자치를 이끌어 냈다.

Party	1949	1951	1955	1959	1961	1965	1969	1973	1977	1981	1984	1988	1992	1996	1999	2003
Mapai	38	38	33	39	35	38	47	43	43	48	44	40	44	34	26	39
2nd largest	16	17	13	14	14	22	22	33	32	47	41	39	32	32	19	19
Religious Bloc	16	15	17	18	18	17	18	15	17	10	12	18	11	23	27	25

1977. Likud (Herut, Likud, and others) = 43, Alignment (Labor and Mapam) = 32
1981. Likud (Herut, Likud, and others) = 48, Alignment (Labor and Mapam) = 47
1984. Alignment (Labor and Mapam) = 44, Likud (Herut, Likud and others) = 41
1988. Likud = 40, Labor = 39
1992. Labor = 44, Likud = 32
1996. Labor = 34, Likud = 32
1999. One Israel (Labor, Gesher, Meimad) = 26, Likud = 19
2003. Likud = 39, Labor = 19
1996. Labor = 34, Likud = 32
1999. One Israel (Labor, Gesher, Meimad) = 26, Likud = 19
2003. Likud = 39, Labor = 19

6 최고 다수양당이 의회에서 차지하는 의석 수 비율(1949-2003)

3) 종교정당의 이념적 분열: 1967년과 1973년

안정적인 종교세력도 내부 갈등이 시작되었다. 1967년 "6일전쟁" 때 획득한 요르단 서안과 시내반도, 골란고원 등 점령지의 지위를 놓고 내부에 이견이 나타났다. 당시 점령지에 관한 이스라엘 국민의 관심은 지대했고, 영토와 관련된 외교와 국가안보에 관한 쟁점들이 이스라엘 국내정치의 핵심으로 자리잡았다. 점령지에 대한 지대한 관심은 상대적으로 종교 본연에 관한 정치적인 관심을 뒷전으로 밀려나게 했다. 특히 마프달당 내의 젊은 신진세력들

[15] Nachmias, David, "*Coalition Politics in Israel*," *Comparative Political Studies 7*, no. 3 (1974). p. 318. Table 1.
[16] Bradley, C. Paul, *Parliamentary Elections in Israel: Three Case Studies*, Tompson & Rutter, 1985. pp. 20-26.
[17] Arian, Asher, (ed.), *The Elections in Israel: 1973*, Jerusalem Academic Press, 1975. p. 265.

은 종교적 관심보다는 영토의 활용에 더 많은 관심을 가졌다. 점령지 처리 방안을 놓고 온건파와 강경파가 대립했는데, 지역 평화에 걸림돌이 될 것을 우려하여 언젠가는 돌려주어야 한다는 온건파와 이스라엘 영토에 편입시켜야 적극 활용해야 한다는 강경파로 나뉘었다. 점령지에 관한 의견 충돌은 정당 내 온건파와 강경파뿐 아니라 좌파와 우파의 대립에서도 나타났다.

우파의 민족주의 성향이 강한 젊은 세력들은 "6일전쟁"으로 얻은 영토에 대해 어떠한 양보도 허용치 않았다. 그들은 전쟁에서 얻은 땅은 원래 유대인의 것으로 국토를 점령지 전역으로 넓힐 것을 주장하였다.[18]

교육과 종교법에 중점을 두어 왔던 마프달당은 점차 외교나 안보문제에 집중하면서 당내 온건 세력을 뒤로 밀어내고 점점 호전적인 모습으로 바뀌어 갔다. 그 첫 행동으로 종교당 내의 젊은 세력들은 점령한 "요르단 서안지역"에서 정착을 강하게 추진하였다.[19] 이들 세력 중 상당수가 "구쉬 에무님"(bloc of the Faithful)의 중요 인사들이었다. 랍비 쯔비 예후다 쿡이 영토를 종교와 통합시켜 하나의 종교운동으로 발전시켜 널리 보급된 것이 "구쉬 에무님"이다.[20] "구쉬 에무님"에 관여한 젊은 세력들은 마침내 마프달당의 주요세력으로 성장하게 되었다.[21] 그러나 종교적인 사안에 몰두했던 종교당 마프달이 세속적인 주제에 관심을 가지면서 선거에서 유권자들의 변화가 나타났다. 종교와 교육 등 전통적인 당의 정책에 기대를 걸었던 유권자들이 당에 등을 돌리게 되었고, 결과적으로 마프달은 1973년 선거에서 2석 줄어든 10석의 의석을 확보하는 데 그쳤다.[22]

---

18 Don-Yehiya, Eliezer, "Origins and Development of the Agudah and Mafdal Parties", *Jerusalem Quarterly 20*, Summer 1981. pp. 60–61.

19 Sharkansky, Ira, "Religion and State in Begin's Israel" *Jerusalem Quarterly 31* (Spring 1984). p. 33.

20 최영철, 구쉬 에무님, 이스라엘문화원 포럼자료.

21 Avruch, Kevin A. "Gush Emunim Politics, Religion and Ideology in Israel" *Middle East Review* 11 no. 2 (1978–79). p. 27.

22 Penniman, Howard R. *Israel At the Palls, The Knesset Elections of 1977*, Washington, D.C., 1979. p. 178–9.

아구닷 계열의 정당들도 영토에 대한 관심은 비슷했다. "아구닷 이스라엘 당"은 시종일관 종교적 주제에 관심을 집중했고, 종교적인 문제 외의 국방이 나 안보 등은 부차적인 문제로 다루었다. 반면, "포알레이 아구닷-이스라엘" 은 점령지의 양보를 허용치 않는 우파 성향의 민족주의적인 노선을 택했고, 마프달이나 구쉬에무님과 같은 우익세력과 가까워졌다. 아구닷 계열은 1973 년과 1977년 선거에서 5석으로, 1984년에는 4석까지 줄어들며 정치력의 감소 를 겪었다. 이는 종교정당이 종교 본연의 모습에서 벗어나 국방이나 외교 등 세속적인 주제에 치중하면 정체성에 혼란을 가져와 지지세력이 이탈할 수도 있음을 보여 주는 사례이다.

(2) 제2시기, 1977년부터 1996년 선거까지: 종교세력 내의 동요

1) 선거세력 내에서의 분열, 끊임없는 변화 그리고 통합

제2시기인 1977년부터 종교정당은 당내 분열과 종교세력의 동요가 요동치 는 기간을 맞이했다. 1981년에서 1992년 사이에 있었던 국회의원 선거에서 종교정당간의 분열과 재통합이 반복되었다. 이 시기는 전반기와 후반기로 나 뉘고 각 시기를 대표하는 두 가지 경향이 나타났다. 전반기는 분열과 탈당이 다. 마프달당으로부터 1981년 타미당이, 1984년 마짜드당이 분리되어 나갔 고, 아구닷-이스라엘당으로부터는 1984년 샤스당이 떨어져나갔다. 반면 후반 기에는 종교 정당들이 서로 합당하는 경향이 나타났다. 마프달당으로부터 분 리되었던 마짜드가 1988년 마프달당과 합당했으며, 1988년 포알레이-아구닷-이스라엘당이 아구닷-이스라엘과, 1992년 아쉬케나지 종교정당인 데겔-하토 라당과 아구닷-이스라엘이 야하둣-하토라당이란 이름으로 통합되었다. 종교 정당들이 서로 연합했던 이유는 1992년 선거 전에, 바뀐 법이 실행되어서 의 회 내의 투표수를 1%에서 1.5%로 올렸기 때문이었다. 이 법안으로 인해 정당 들은 최초 한 석 이상의 득표를 위해 서로 통합해야만 했다.

30 마프달당 의원 버그, 함머, 그리고 아부 하쩨라가 대통령 집무실에서 만나고 있다. 예루살렘, 1977년
6월 21일.

2) 마프달당의 이념적 변화와 내부 갈등

건국 이후 안정적 의석을 확보하며 이스라엘 정치에 막강한 영향력을 행사
했던 마프달당은 6일전쟁 때 얻은 점령지 처리 방안을 놓고 벌어진 당내 갈등
으로 당파 간 정쟁이 심화되면서 마침내 분열되는 상황을 맞이했다. 1970년
대 당시 마프달당은 7개의 작은 정파로 구성되었다. 7개의 파벌 중 3개의 파
벌이 가장 강력한 영향력을 행사했는데, 이츠하크 라파엘이 이끄는 하리쿠드
우트무라(Likud U' tmura), 오랫동안 당의 지도자였던 요세프 버그가 이끄는
라미프네(Lamifne), 즈브룬 함머와 예후다 벤메이르가 이끄는 쇼무레이 짜이
르(Young Guard)가 그것이다.[33]

1977년 국회의원 선거 전날 마프달당의 주요 지도자 중 한 명이었던 이츠
하크 라파엘이 쇼무레이 짜이르 분파 내의 선거에서 젊은 소장파인 아하론
아부하쩨라에게 자리를 빼앗겼다. 힘을 얻은 쇼무레이 짜이르 분파는 정착촌
추진 운동인 구쉬 에무님의 랍비 하임 두르크만을 마프달당 내의 2인자로 내

세웠고, 마프달당이 전통적으로 수행한 역할의 재정립을 시도했다. 전통 유대인이 아닌 외부인에게도 당의 문호를 개방했고, 유럽 기독교정당을 모델 삼아 당의 규모를 확장시키려 했다.[24] 그러나 이러한 열정은 마프달당이 그동안 유지해 왔던 종교적 정체성을 약화시키는 결과를 초래했다.

메나헴 베긴은 1977년 적대관계에 있는 이집트의 사타트 대통령을 예루살렘에 초청하고 이어 1982년에 시나이 반도에서의 이스라엘이 철수함으로써 이스라엘과 이집트 간의 평화조역을 추진하였다. 마프달은 이러한 베긴의 정책을 지지했다. 그러자 하난 포라트 등 당내 일부 우익 세력은 당의 온건 노선에 반발하며 1981년 탈당하여 트히야당으로 들어갔다. 스파라디와 아쉬케나지 간의 인종갈등이 격화되면서 당내에서 충분한 대우를 받지 못한다고 느낀 아하론 아브쩨이라는 1981년 선거 바로 전날 탈당하여, 타미당을[25] 세웠다. 1983년에는 마프달당에서 또다시 우익 세력들이 탈당하여 마짜드당을 만들었다. 1984년에 마짜드는 포알레이-아구닷-이스라엘에 합류해 모라샤당을 만들었다. 모라샤는 1986년에 해체되었고, 당원 대부분이 마프달당으로 돌아와 당의 우익화를 강력히 추진하였다. 이러한 분열과 통합의 혼란 속에서도 당의 주요 관심사는 여전히 점령지 처리 방안에 관한 것이었다. 계속된 분열은 마프달당의 쇠퇴를 초래하였고, 마침내 1981년 선거에서 의석 수가 12석에서 6석으로 줄어드는 대 몰락을 맞이했다. 포라트의 파벌이 당을 떠나고 스파라디 당원들이 당을 떠나 타미당을 세우면서, 1984년 선거에서 마프달당은 4석이라는 역사상 최악의 의석 수를 기록했다.

점령지를 놓고 벌어진 마프달당의 내부 갈등과 이념적인 변화로 당내 세력이 양분되고, 종교당으로서의 정체성이 퇴색하자 마프달당은 회복할 수 없는 쇠퇴의 길로 접어들었다.

---

[23] Bradley, C. Paul, *Parliamentary Elections in Israel*: Three Case Studies, Tompson & Rutter, 1985. p. 54-55.

[24] Bradley, C. Paul, *Parliamentary Elections in Israel*, 1985. pp. 90-91.

[25] Elazar, Daniel J. Sandler, Shumuel (ed.) *Israel's Odd Couple*, 1990, pp. 68-69.

3) 1988년 선거에서 종교정당들의 대 약진

1977년부터 1992년 선거까지는 종교정당들에 있어 대 혼란의 시기로 요약할 수 있다. 그러나 1988년 치러진 선거에서 종교 정당들은 혼란의 어려움을 딛고 종교진영 의석을 총 13석에서 18석으로 늘리는 괄목할 만한 성공을 거두었다. 당시 선거에 팽팽하게 대두된 종교계의 상황이 성공 요인으로 꼽히고 있다.

1988년 선거에서는 아쉬케나지 진영과 스파라디 진영 간의 팽팽한 힘겨루기가 있었다. 그간 아쉬케나지 주도였던 이스라엘 사회에 스파라디의 샤스당이 출현하면서 양측 간 대결이 본격화되었다. 또한 마프달당과 마프달을 떠나 설립된 메이메드당 간의 대결, 아구닷-이스라엘당과 아구닷-이스라엘을 떠나 설립된 샤스당과 데겔-하토라당의 대결로 종교진영은 그 어느 때보다도 표심을 잡기에 뜨거웠다. 이러한 종교진영 내의 선거 경쟁은 유권자들을 더욱 규합시키고 영역을 넓히는 계기를 만들어 다수의 유권자가 종교계에 표를 던지게 만들었다. 종교 진영의 신랄한 논쟁이 소속 정당의 힘을 약화시키지 않고 오히려 결속력을 이끌어 낸 것이다.[26]

(3) 제3시기, 1996년 선거 이후

1) 종교정당 2세대들

1996년과 1999년 선거에서 종교정당은 이스라엘의 정치사에 있어서 가장 큰 업적을 남겼다. 이전에 16석이었던 의석이 1996년 선거에서 23석으로, 1999년에는 다시 27석으로 성장을 거듭했다. 종교정당들 중에서 괄목할 만한 성장을 일궈낸 정당은 샤스당이었는데, 1996년에는 6석에서 10석으로, 1999년에는 17석으로 정치적인 대 성공을 거두었다. 마프달당은 1996년에 6석에서 9석으로 성장하는 듯 했으나 1999년 선거에서 의석이 5석으로 다시 감소

---

26 Elazar, Daniel J. and Sandler, Shmuel (ed.), *Who's the Boss in Israel, 1992*. pp. 110-121.

31 종교당이 연합정부 참여 합의 서명식에서 수상 이츠하크 샤미르가 종교부장관 아브네르 샤키와 악수하고 있다. 1990년 6월 8일.

하였다. 아구닷-이스라엘당과 데겔-하토라당이 연합한 야하둣-하토라당은 1996년 선거에서 기존 의석 수인 4석을 유지하였고, 1999년에는 5석을 얻어 한 석을 추가했다.

1996년 이후 가장 눈에 띄는 것은 샤스당의 대 약진이다. 이스라엘 국회 120석 중에 17석을 얻은 샤스당은 군소 정당에서 일약 거대 정당의 반열에 올라섰으며, 선거 직후 샤스당의 정신적인 지도자 오바댜 요세프는 이스라엘 정관계 주요 인사들의 방문을 받으며 거대 정당 지도자로서의 인기를 실감했다. 1984년 창당해 4석으로 시작한 샤스당은 지지세력을 꾸준히 넓혀 이스라엘 정치무대에서 핵심정당으로 자리를 잡았다. 샤스는 연합정부 구성하는 협상테이블에서 중추적인 역할을 담당했고, 당 지도자들이 정부에서 중요한 요직을 배정받았다. 샤스당이 대 약진한 배경에는 아쉬케나지 유대인들이 지배하는 이스라엘 사회에서 억눌려 지냈던 스파라디 유대인들의 대대적인 세 규합이 있었다. 샤스당은 종교정당으로서 종교인들의 지지를 이끌어 낼 뿐 아니라, 멸시와 불공평한 대우를 받고 있던 스파라디 출신 세속유대인들의 권익을 대변함으로써 광범위한 지지층을 확보할 수 있었다.[27]

샤스당이 지닌 이미지는 하레디 정통 종교정당이지만 그들이 내세운 정책은 가난한 노동자계급의 스파라디 유대인을 위한 것이었다.[28] 샤스당은 광범위한 사회·교육·복지 시스템을 구축해 종교인은 물론 비 종교인에게까지 지지세력을 넓혔다. 1999년 선거에서 아랍인의 샤스당 지지표가 이전 선거보다 세 배나 많았음은 지지세력 확대의 단적인 예이다. 샤스당은 아랍인의 표심을 잡기 위해 아랍인 거주 지역에 아랍어로 된 포스터를 대량으로 배포하고, 샤스당 소속 내무장관이 아랍마을들을 자주 방문하여 주민들의 애로사항을 청취하는 등 많은 시간과 노력을 투자했다.[29] 샤스당은 아구닷·이스라엘 계통의 반시온주의 정당임에도 1984년 연합정부 참여를 필두로 매 정권에서 정부의 장관직 등 요직을 맡으며 종교계의 이익을 대변할 뿐만 아니라 전국적인 대 정치를 펼쳐나갔다. 1992년 대부분의 종교당들이 연합정부 참여를 반대하며 야당으로 남아 있을 때도 유독 샤스당만은 정부에 참여했었다.

반시온주의 종교정당으로서 이러한 정치운영이 가능한 것은 다른 정당에서 찾아보기 힘든 샤스당만의 다양한 인적 구성에 있다. 정당 활동의 중심세력은 스파라디 정통종교인들로 당시 약 6만 명 정도의 당원이 이 핵심집단에 속해 있었다. 종교적인 전통을 중시하지만 자신을 종교인으로 간주하지는 않는 세력이 그 다음을 차지했고, 마지막으로 강한 스파라디 민족성을 가졌으나 종교와는 거리가 먼 세속 유대인들로 이루어졌다.[30] 결국 종교정당의 이미지를 가지고 시작했지만, 샤스당은 스파라디 민족 출신의 유대인들을 공유하는 민족정당인 셈이었다.

샤스당을 정치적인 성공으로 이끈 것은 당시 젊은 랍비 아리예 데리의 천재적인 정치지도력이었다. 아쉬케나지와 스파라디 간의 민족적인 불평등을 선거 이슈로 끌어들였고, 선거 운동 기간 중 수상후보인 네탄야후를 지지하게 하여 거대 정당의 비호를 받았으며, 선거시에는 샤스당에 표를 던지게 했다.[31] 샤스당은 단순히 종교정당에서 시작하여 약소 민족 스파라디의 이익을 대변하는 정당으로 변모하였다. 1996년과 1999년 선거에서 도입한 수상직접 선거제는 종교정당의 정치적 성공에 일조하였다. 이전에는 정당에 투표해 가장 많은 의원을 확보한 정당의 후보가 수상으로 선출되었으나, 종교정당과 같은 소수정당의 힘을 약화시키려는 목적에서 수상 투표와 정당 투표를 나누어 실시하는 2중 투표제를 실시했었다. 그러나 2중 투표제 실시 후 수상은 수상대로 투표하고, 정당은 종교정당 등 자신이 선호하는 정당에 부담 없이 투표함으로써 당초 목적과 달리 소수정당이 이득을 보는 결과를 낳았다. 1996년 선거에서 가장 성공적이었던 정당은 샤스당, 마프달당, 이스라엘-바알리야당, 그리고 아랍당들이었다. 수상에 당선되었으면서도 정작 자신이 속한 정당의 저조로 연합정부 구성을 위해 여러 정당들에 고개를 숙여야 하는 상황이 빚어졌다. 수상선거에 온 힘을 쏟은 다수당은 의석 수가 줄고, 군소 정당은 의석이 늘어나는 예상치 못한 결과를 초래하게 된 것이다.[32]

2) 마프달당의 1996년의 성공과 1999년의 실패

한편 마프달당은 6석의 의석 수가 1996년 선거에서 9석으로 증가했지만, 1999년 선거에서 다시 5석으로 줄었다. 같은 시기 의석 수가 1996년 선거에서 6석에서 10석으로 그리고 1999년에 10석에서 17석으로 두 배 가까이 성장한 샤스당과 정반대의 결과를 보여 준다. 왜 마프달당은 이전 승리를 지키지 못하고 패했는가?

27 Peled, Yoav, "The Continuing Electoral Success of Shas," in *The Elections in Israel 1999*, (ed.) by Asher Arian and Michal Shamir, 2002. p. 110.

28 Eliezer Don Yehiya, "Religion, Social Cleavages, and Political Behavior", in *Who's the Boss in Israel, Israel at the Polls, 1988-1989*, (ed.) by Daniel J Elazar and Shumuel Sandler, 1992. pp. 110-114.

29 *Jerusalem Post*, May 20, 1999. p. 6.

30 Elazar, Daniel J. and Mollov, M. Ben, *Israel at the Polls 1999*, Frank Cass, 2001. pp. 58-63

31 1996년과 1999년은 수상선거를 위해 한 표, 정당선거를 위해 한 표 이렇게 1인 2투표를 실시했었다. 이러한 이중 투표제도가 샤스당을 성장시킨 원인 중의 하나이다.

32 Elazar, Daniel J. and Sandler, Shmuel, *Israel at the Polls 1996*, Frank Cass, 1998. pp. 89-91.

1996년 마프달당이 6석에서 9석으로 의석 수를 늘리는 데 성공할 수 있었던 배경에는 몇 가지 요인이 있었다. 첫째로 대중들의 주요관심사가 달라진 것을 들 수 있다. 1996년 선거 때 이스라엘의 주 관심은 영토와 보안 등 주로 민감한 문제에 집중되었다. 그러나 마프달당은 종교정당으로서 이스라엘의 영토문제보다는 이스라엘 유대인 정체성 및 종교에 관한 근본적인 문제를 중점적으로 강조하였다. 종교정당으로서의 정체성을 살려 종교진영의 유권자가 신앙과 교육에 관심을 집중하도록 함으로써 종교유대인 및 시온주의 세력의 지지를 이끌어 낼 수 있었던 것이다.[33] 둘째 요인은 당시 샤스당을 제외한 대부분의 종교정당들이 연합정부로부터 배제됨으로써, 정부 밖에서 종교계의 권익 보호를 위해 힘겹게 투쟁하는 종교정당들에 힘을 실어주어야 한다는 동정론이다.[34] 특히 1995년 라빈 수상 암살에 대한 책임을 종교인들에게 돌리며 노골적인 공격이 잇따르자 종교계가 하나로 뭉쳐야 할 필요성을 인지하면서 1996년 선거에서 마프달당에 전폭적인 지지를 보낸 것이다.

그런데 1999년 선거에서 9석이었던 마프달당의 의석 수가 다시 5석으로 줄며, 마프달의 성장이 일시적인 현상으로 그치고 말았다. 마프달당의 실패 원인을 몇 가지로 분석해 볼 필요가 있다. 첫째는 마프달당을 지지했던 이전 유권자들이 샤스당으로 옮겨간 것이고, 둘째는 기대했던 마프달당이 종교교육이나 지역사회 발전에 큰 성과를 보여 주지 못한 것이다. 마프달당에 실망한 종교인 세력들이 그 대안으로 구쉬에무님, 조 아르제누, 도르 샬렘 도레쉬 샬롬, 바아다 라바네이 예사, 암 홉쉬 등과 같은 단체를 선택한 것이다. 이들 단체는 마프달당을 대신해 국민과 정부에 로비활동을 전개했다.[35] 마프달이 실패한 이유를 하나 더 들자면 거대 정당들이 주로 다루는 정착촌문제와 평화협상에 빠진 마프달당은 소규모 정당으로서는 효과를 거둘 수 없었고, 그럼에도 지나친 관심으로 당의 힘을 소모하자 종교문제에 기대를 걸었던 유권자들로부터 외면을 받은 것이다.

마프달당의 위기는 정체성에 대한 지도력의 부재현상으로 이어졌다. 그 한 예가 1999년 2월 극정통보수세력인 야하둣-하토라당과 샤스당이 대법원의 반 종교적인 판결에 대항한 대규모 시위였다. 당시 시위참여를 놓고 마프달당은 딜레마에 빠졌다.[36] 극정통종교인들이 정부에 대항하는 시위에는 별다른 이념적인 문제가 없었지만, 마프달당은 시온주의 정신에 따라 정부를 반대하는 모순을 보일 수가 없었던 것이다. 특히 2005년 가자 정착촌 철거를 놓고 마프달당은 완전히 분해되었다. 종교적인 이념으로는 영토를 이방 팔레스타인에 넘겨줄 수 없었고, 시온주의에 의거하여 철수를 강행하는 정부를 부정할 수 없었기 때문이다. 마프달당은 마침내 우파와 온건파로 갈라졌고, 당수가 온건노선을 택한 마프달당을 탈퇴하는 최악의 사태를 맞았다. 지도력 부재와 이념적인 혼란을 틈타 마프달당 유권자들이 샤스당이나 다른 당으로 옮겨가자 1999년 선거에서 의석 수가 9석에서 5석으로 줄어드는 참패를 당했다. 2003년 선거에서도 거듭 참패하였고 2006년 선거에서는 단일정당으로 선거인 명부에 이름조차 올리지 못했다.

1999년 선거 이후 마프달당의 참패와 샤스당의 성공으로 시온주의 종교정당은 침체되고 반시온주의 종교정당은 활발한 상승세를 보이는 상반된 상황이 전개되었다. 1999년 선거에서 반시온주의 종교정당인 야하둣-하토라당과 샤스당은 총 22석을 획득했고, 시온주의 종교정당 마프달당은 5석을 얻어 이스라엘 종교계의 역할이 바뀌었다. 랍비청의 랍비 비율에도 일대 변화가 일어, 1998년 2월 최고랍비위원회 선거에서 5개의 스파라디 직제 중 샤스당이 4개를 휩쓸었다.[37] 마프달당은 종교정치세력의 대변자로서 역할을 잃으며 자연스럽게 영향력도 상실했다. 마프달당이 주로 차지했던 정부 각료직도 샤스당의 몫이 되었다.

33 | Elazar, Daniel J. and Sandler, Shmuel, *Israel at the Polls 1996*, Frand Cass, 1998. p. 88.
34 | *Jerusalem Post*, May 31, 1996. p. 4.
35 | Cohen, Asher and Susser, Bernard, *Israel and the Politics of Jewish Identity*, Baltimore and London: The Johns Hopkins University Press, 2000. p. 69.
36 | *Jerusalem Post*, February 15, 1999. p. 1.
37 | *Jerusalem Post*, February 18, 1998. p. 4.

4. 이스라엘의 종교와 정치 현실

국가수립부터 1997년 선거까지 종교 정당들은 안정적인 힘의 기반을 유지했고, 마프달당이 종교계의 주도적인 역할을 했다. 종교정당은 연합정부의 도움으로 건국 이전 존재했던 종교법 및 유대교전통을 유지하는 데 성공했었다. 그러나 6일전쟁과 대속죄일전쟁에서 얻은 점령지를 놓고 내부 갈등이 시작됐고 역사상 처음으로 광범위한 이념적 · 구조적 도전에 직면하게 되었다.

제2시기인 1977년부터 1996년 사이에 치러진 선거에서 종교진영은 정국의 소용돌이에 휩싸이면서 매 선거마다 분당과 통폐합을 반복했다. 이것은 종교 세력 간 지각변동을 일으켜 먼저 타미당이 마프달당으로부터 떨어져 나왔고, 1984년에 마짜드마저 떨어져 나오면서 마프달당은 돌이킬 수 없는 타격을 입었다. 아구닷 진영도 예외는 아니어서 당의 분열과 함께 1984년 샤스당이, 1988년에 다시 데겔-하토라당이 세워졌다. 1992년부터 첫 의석을 얻기 위한 정당 득표율이 1%에서 1.5%로, 그리고 다시 2006년에 2%로 상향 조정되면서 첫 의석 확보가 어려운 소규모 종교정당들이 서로 연합하는 현상이 벌어졌다. 1988년에 마짜드당이 다시 마프달당에 통합되었고, 포알레이-아구닷-이스라엘당이 아구닷-이스라엘당과 통합되었으며 1992년에 데겔-하토라당이 아구닷-이스라엘당과 합쳐 야하듯-하토라당으로 이름을 바꾸었다.

1996년부터 현재에 이르는 제3시기에 종교정당은 2세대들의 무대였다. 이 기간 동안 종교세력은 전례 없는 성공을 경험했고, 특히 극정통종교인인 하레디 진영의 성공은 정치계의 관심을 받기에 충분했다. 하레디 진영은 소수 정당에서 시작하여 가장 강한 세력으로 성장했는데, 중심에는 샤스당이 있었다. 반시온주의 하레디 진영이 성공하는 동안 시온주의 마프달당은 쇠퇴하여 정부 내 종교진영 대표격이었던 마프달당의 역할을 샤스당이 이어받게 되었는데, 종교장관 · 내무부장관 · 교육장관 등의 요직을 샤스당이 차지하였다.

이스라엘에서 종교는 무엇인가? 이스라엘 사회에서 자주 등장하는 질문이다. 빠르게 변해가는 현대 사회에서 옛 종교법을 유지시키거나 종교적인 강요는 사회의 가장 큰 갈등 요인으로 자리하고 있다. 특히 1996년과 1999년 종교정당(특히 샤스당)의 역사적인 대승 이후 종교정당의 요구는 세속 유대인들의 강한 불만을 낳고 있다. 선거 직후 종교정당들이 종교적인 주제에 집착하면서 연합정부 구성 협상을 지연시키기도 하고, 힘을 모아 종교법을 강화하면서 세속유대인들의 자유를 침해하는 등 종교정당과 세속유대인들 간 갈등의 기미가 나타나고 있다.[38] 1997년 말에 행해진 한 여론조사에서 종교정당의 요구와 이에 반대하는 세속정당 간의 긴장은 더욱 고조될 것이란 의견이 3분의 2를 넘었다.[39]

실제로 종교계의 정치적 힘이 강해지면서 갈등은 더욱 심해졌다. 예를 들어 안식일에 발전기를 옮기는 문제가 종교계의 거센 반발을 일으켰고, 샤스당의 공금을 활용한 학교제도에 대한 논쟁이 끊이질 않았으며 예시바 학생들의 군 면제, 샤스당 당수 아리예 데리의 비리, 안식일에 쇼핑점 운영 등 많은 주제들이 사회를 들썩이게 했다. 1999년 들어선 수상 에후드 바락 정부는 세속정부를 주장하며 불합리한 종교문제에 대해 개혁적인 정책을 천명했다. 에후드 바락은 광범위한 제도를 마련해서 종교적이지 않은 결혼법을 장려하고 군복무를 하지 않은 종교인의 국가기관 취업을 금지하는 등 개혁정책을 시도했으나, 종교정당의 거센 반발로 개혁정책은 수포로 돌아갔다.[40]

종교진영은 정치적으로 공격적인 성향이 더해갔고 세속유대인들의 종교진영에 대한 적대감이 커지면서, 종교정당의 전횡에 대항하는 세속정당의 대응 수위도 높아졌다. 쉬누이당, 메레쯔당 등 진보 세속주의 정당들은 반 종교적인 기치 아래 세속유대인들의 세를 결집했다. 2003년에 반종교정당의 기치를 내건 쉬누이당은 일약 17석을 차지하며 반종교진영의 목소리를 대변했다. 이스라엘 국회 크네셋에 진출한 각 정당 소속 국회의원을 조사한 바에 따르

---

38 *Jerusalem Post*, June 3, 1996. p. 3.
39 *Jerusalem Post*, October 27, 1997. p. 14.
40 *Jerusalem Post*, August 21, 2000. p. 1.

면 친종교정당과 반종교정당 소속 의원들이 3분의 1 이상을 차지해, 국회 내에서 종교와 관련된 정치적인 논쟁이 얼마나 격렬한지 미루어 짐작할 수 있다. [41]

과거에 종교정당은 자신들이 지켜오던 종교법과 종교적인 삶을 지키는 수호자의 역할을 하였다. 그러나 현재 이스라엘의 종교정당은 종교법과 삶의 규범을 자신과 같은 종교인들뿐 아니라 세속적인 유대인들에게도 적용하려 하고 있다.

[41] Cohen, Asher and Susser, Bernard, *Israel and the Politics of Jewish Identity*, Baltimore and London: The Johns Hopkins University Press, 2000. pp. 71-72.

4장 선거제도
The Electoral System

1. 이스라엘 비례대표제

이스라엘 국회인 크네셋 의원 선거는 4년마다 열리며 전국적인 비례대표제를 통해 120명이 선출된다. 유권자는 일반적으로 유명 후보자가 있는 정당이나 자신이 선호하는 후보가 속한 정당에 투표한다. 선거에 참여한 정당은 득표율에 따라 국회의원직이 할당된다. 첫 한 석을 얻으려면 득표율 상한선인 2%를 넘어야 한다. 즉, 전체 투표자의 2%에 해당하는 표를 얻어야 의석 1석을 확보할 수 있다.[1] 최초 1석을 위한 최소 득표율은 13대 국회인 1992년까지 1%였던 것을 1.5%로 상향 조정했으며, 16대 국회인 2003년에는 다시 2%로 조정했다. 비례대표제에 따라 어느 한 정당이 총 투표수의 3분의 1을 얻었다면, 전체 국회의석 120석의 3분의 1에 해당하는 40석이 할당된다. 40명이 할당된 정당은 국회의원 후보 명부 중에서 40번째 순위의 후보까지 국회의원에 당선시킨다. 정당명부를 작성하기 위해 각 정당은 선거 전에 자체 전당대회를 거쳐 국회의원 후보 순위를 정한다. 일부 종교정당은 당의 지도부에서 후보 순위를 일방적으로 정하기도 한다.

선거 전에 각 정당은 당이 정한 내규에 따라 국회의원 후보 명단과 후보 순위를 정하고 선거관리위원회에 후보자 명부를 제출한다. 제출된 명부는 법적 효력을 가지며 후보 순위를 임의로 바꾸거나 후보자 이름을 빼거나 새로 넣을 수 없다. 국회 임기 중에 국회의원이 사퇴하거나 질병 또는 사망 등으로 공

---

[1] www.knesset.gov.il/elections17/eng/about/ElectoralSystem_eng.htm, The Electoral System in Isreal.

석이 생기면 바로 다음 순위의 후보자에게 자동으로 국회의원직이 승계된다. 일례로, 1992년 하리쿠드당 소속의 국방부 장관 모쉐 아렌스가 사임했을 때 33순위 후보자가 의원직을 넘겨받았다. 국회의원 선거는 4년마다 실시되지만, 국회나 수상이 조기 선거를 결정할 수 있고 특별한 경우에 한해 선거 시기를 늦추기도 해 4년 임기가 늘어날 수도 있다.

이스라엘의 국회의원 비례대표제도는 건국 이전 세계시온주의기구와 팔레스타인이 설립한 유대인공동체 이슈브에 뿌리를 두고 있다. 초기 시온주의자들은 세계의 모든 유대인을 대표해야 한다는 신념으로 유대인이 거주하는 모든 국가와 지역을 대표하는 비례대표제를 만들었다. 영국의 식민통치 아래 팔레스타인 땅에 존재했던 사상과 영향력 있는 인물 중심의 정당들은 그대로 유지되었다. 초대수상 벤구리온은 선거제도를 개혁하려고 했으나 기득권을 가진 이스라엘 정치인들의 반대로 기존 제도를 그대로 유지하였다. 그 결과 건국 이전의 자치주의 단체들이 건국 이후에도 존속할 수 있게 되었고, 이민으로 인한 급속한 인구 증가에 힘입어 정치 관련 단체와 조직들이 정당으로 전환되었다. 앞서 언급했던 것처럼 이스라엘 국회는 '크네셋'으로 불린다. 1946년 이스라엘 정치체제와 법률제도를 정비할 당시 대의원회가 '크네셋'이라고 불렸는데, 이 명칭이 그대로 국회를 지칭하게 된 것이다.

2. 이스라엘의 선거법

이스라엘의 선거제도는 1958년 크네셋 기본법과 1969년 크네셋 선거법 등 두 개의 법에 바탕을 두고 있다. 기본법으로 정한 이스라엘 선거법은 "크네셋의 의원은 보통·전국적·직접·평등·비밀·비례대표제 선거로 선출된다"고 밝히고 있다.

'보통'(General)은 투표권이 있는 사람들은 차별이 없다는 것을 의미한다. 투표권은 18세 이상의 모든 이스라엘 국민에게 주어지며, 21세 이상이면 선거에 출마할 수 있다. 대통령이나 감사관, 판사, 정부 및 공공기관의 고위 공직자는 위치에 따라 선거일 100일 또는 6개월 전에 직위에서 사임해야 출마할 수 있다. 건국 초기 이슈브 공동체의 종교집단에서는 여성들의 참정권을 제한하자는 주장이 있었다. 여성에게 참정권을 부여하자 일부 집단은 선거를 거부하기도 하였다. 종교계는 남자의 투표만을 인정했으며 투표를 하지 않는 여성의 몫을 남자가 대신 취할 수 있도록 남자의 한 표를 두 표로 인정하기도 했었다.

'전국적인' 이라는 표현은 투표와 개표가 전국적으로 동시에 실시된다는 것을 의미한다. '직접' 이라는 것은 유권자 자신이 직접 투표한다는 것을 뜻하며, 대리자를 통한 권한 위임(시각장애인이나 노쇠한 사람은 제외)은 불가능하다. 그러나 선거일에 국방의 의무를 수행하는 군인이거나, 외교관 등 공무 집행상 해외에 있을 수밖에 없는 자와 그의 가족들(1996년에 3,638명), 이스라엘의 선박이나 항공 분야에서 일하는 자, 교도소에 수감된 자에게는 특별한 조치가 마련된다. 병원에 입원한 사람은 투표소에 가지 않고도 허용된 다른 사람을 통해 자신의 투표권을 행사할 수 있다. 1996년에 이들 유권자는 국회의원 1석을 차지할 수 있는 3만여 명에 달했다.

'평등' (Equal)은 유권자 한 사람당 한 표씩 투표권을 행사할 수 있음을 말한다. '비밀' (Secret)은 투표할 때 압력이나 부담을 갖지 않도록 누구에게 투표했는지를 밝히지 않는 것을 의미한다. '비례대표제' 란 선거에서 얻은 득표율에 따라 정당은 의석을 차지할 수 있다는 것으로, 최초 1석은 최소 2.0%를 얻어야 가능하다.[2]

한편, 1992년에 통과된 선거법에 따라 선거관리본부에 등록된 정당만 선거에 참가할 수 있으며, 등록은 독립 정당의 이름이나 두 개 이상의 정당이 연합하여 하나의 이름으로 할 수 있다. 예를 들어, 제15대 선거에서 하아보다당,

---

[2] 첫 한 석을 얻을 수 있는 최소 투표율은 1992년까지 1%였으나 법 개정을 통해 1996년 선거부터 1.5%로 적용되었고, 2003년 재개정을 통해 2.0%로 상향조정되어 2006년 선거에 적용되었다.

게쉐르당, 메이메드당 등 세 개의 정당은 연합해 '이스라엘 에하드'(One Israel)라는 이름으로 등록해 선거에 나섰다. 정당에 등록되지 않은 인물도 정당명부 후보에 포함될 수 있다. 제15대 선거에서 아랍연합명부에는 정당에 등록된 경쟁관계의 민주아랍 정당 인물과 정당에 등록되지 않은 이슬라믹운동단체의 인물이 함께 있었다. 그러나 이스라엘의 존재가치와 유대인 국가, 민주주의 등에 반하는 행동을 직간접적으로 하는 자, 인종차별주의자, 이스라엘과 적대관계에 있는 무력단체나 이스라엘에 대항하는 테러단체를 지원한 자 등은 국회의원 후보로 등록할 수 없다.[3]

3. 선거와 투표

이스라엘은 서구 민주주의 국가 중에서 투표율이 가장 높은 나라 중에 하나이다. 그만큼 국민들은 선거에 관심이 많으며 정치참여도가 높다. 다음의 표는 이스라엘 역대 선거에서 나타난 유권자 수와 투표율이다.[4] 2000년대에 치른 세 번의 선거를[5] 제외하고 대부분의 선거에서 투표율은 78% 이상으로 높다.

기본법에 따라 4년마다 실시되는 이스라엘 선거는 유대력으로 헤쉬바달(11월경) 셋째 주 목요일에 실시된다. 만일 그 전년에 히브리 월력으로 윤년(19년 주기로 7번씩 생김)이 있으면 선거는 헤쉬브달 첫째 주 목요일에 시행된다. 그러나 선거는 4년에 한 번씩 제대로 치러지지도 않았으며 11월에 실시된 경우도 드물었다. 이스라엘 정치가 얼마나 역동적인지를 알 수 있는 사례

---

3 www.knesset.gov.il/description/eng/eng_mimshal_beh.htm#4. 크네셋 홈페이지 The Electoral System in Israel.
4 www.knesset.gov.il/elections17/eng/about/PercentVotes_eng.htm. 크네셋 홈페이지 Voting Percentage in Past Elections.
5 2001, 2003, 2006년 선거는 역대 선거 중 가장 낮은 투표율을 보였는데, 이는 2000년부터 촉발된 제2차 인티파다 유혈충돌 등 혼란스런 정치상황으로 인해 국민들의 정치참여율이 낮았기 때문이다.

크네셋 선거	년도	유권자 수	투표율
1	1949	506,567	86.9
2	1951	924,885	75.1
3	1955	1,057,795	82.8
4	1959	1,218,483	81.6
5	1961	1,271,285	83.0
6	1965	1,499,709	83.0
7	1969	1,748,710	81.7
8	1973	2,037,478	78.6
9	1977	2,236,293	79.2
10	1981	2,490,014	78.5
11	1984	2,654,613	78.8
12	1988	2,894,267	79.7
13	1992	3,409,015	77.4
14	1996	3,933,250	79.3
15	1999	4,285,428	78.7
수상 선출을 위한 특별선거	2001	4,504,769	62.3
16	2003	4,720,074	68.9
17	2006	5,014,622	63.5

8 크네셋 선거의 투표율

이다. 세 번의 선거만 11월에 실시되었고, 대부분은 조기에 실시되거나 연기 되었다. 1973년에는 10월에 대속죄일전쟁(욤키푸)이 일어나는 바람에 11월 선거가 연기되어 두 달 후인 이듬해 1월에 실시되었고, 1951년(제2대), 1961년 (제5대), 1977년(제9대), 1981년(제10대), 1984년(제11대), 1992년(제13대), 1996년(제14대), 1999년(제15대), 2006년(제17대) 국회의원 선거는 조기에 실 시되었다. 제2대 국회의원 선거(1951년)는 30개월 만에, 제5대 선거(1961년) 는 21개월 만에 실시되었다. 이외에 1977년(제9대), 1984년(제10대), 1992년 (제13대), 2006년(제17대) 선거는 연립정부 위기 등의 이유로 4년을 못 채우고 조기에 실시되었다. 반대로 제3회, 제5회, 제7회, 제11회 국회의원 선거는 4년 의 임기를 넘겨 실시되었다. 선거시기는 각 선호정당의 선거결과에 영향을

미치는 민감한 사항으로 선거 시기조율은 정치적인 협상이 되곤 한다. 여름 휴가를 즐기는 부유한 당원이 많은 노동당은 여름철 선거를 피해 겨울철을 선호하였고, 서민계층의 하리쿠드당은 여름철 선거를 선호하였다.

선거법은 한 나라의 정치 문화의 소산으로 정치 성향과 지배세력의 이익을 대변한다. 이스라엘에서도 국민의 이목을 집중시키는 중요한 사안이 생길 때마다 국민투표 얘기가 나온다. 그러나 최근까지 이스라엘에서 국민투표가 실시된 적은 한 번도 없었다. 초대 수상 다비드 벤구리온은 1955년에 선거제도를 바꾸고자 국민투표제도를 제안했다. 1958년 베긴은 10만여 시민들에게 투표를 허락하는 법안을 제안했다. 1994년 국회에서 국방장관 모르드카이 구르는 라빈 수상을 대신해 시리아와 평화협정을 체결할 목적으로 이스라엘군을 골란고원에서 철수하자는 안을 국민투표에 부치겠다고 약속했다. 1996년 선거운동 중 수상 시몬 페레스는 팔레스타인과 평화협정을 매듭짓기 위해 국민투표를 실시하겠다고 약속했었으나 당선되지 않아 실행에 옮길 수 없었다.

2005년 8월 가자지구에서 이스라엘 정착촌을 철수시키는 것에 대해 우익측에서는 국민투표를 집요하게 요구했으나 이 또한 무산되었다.

4. 이스라엘 정당의 정당명부제도

선거에 참여하는 정당의 이름은 두세 개의 히브리어 알파벳 기호로 표시한다. 예를 들어 하아보다당(노동당)은 히브리어 알파벳인 '알레프, 멤, 테트'의 אמת로, 하리쿠드당은 '멤, 헤트, 라메드'의 מחל로 표시한다. 신생 정당은 하나님의 이름을 상징하는 히브리어 다섯 번째 '헤이'를 제외한 모든 철자를 조합하여 이름을 지을 수 있다. 중앙선거관리위원회에서 종교정당 대표들은 정당을 상징하는 알파벳조합이 신성을 훼손할 만한 요소가 있는지 여부를 검토한다. 2006년 3월 28일에 실시된 이스라엘 선거에서 각 정당이 사용한 상징기호는 다음장의 〈표 9〉와 같다.

히브리어 철자 선택과 관련해 사소한 경쟁이 있기는 하지만 가장 중요한 것은 각 정당의 국회의원 후보자명부 작성이다. 높은 순위에 이름을 올리려는 후보들과 정당 내의 여러 상황을 고려해야 하는 지도부 사이에서 순위경쟁은 늘 갈등의 씨앗이 된다. 당은 세력 확장을 위해 신진 인물이 등용되는가 하면 당에서 정당한 대우를 받지 못한 인물이 탈당하기도 한다. 정당이 정한 원칙과 규칙에 따라 후보자 명부가 작성되면 이를 중앙선거위원회에 제출해 승인을 받는다.

각 당은 크네셋 의원 후보자 명단을 국회 정원인 최고 120명까지 작성될 수 있다. 각 당은 일반적으로 후보자 집단을 4군으로 나눈다.[6]

---

6 Peretz, Don, Doron, Gideon, *The Government and Politics of Israel*, Westview Press, 1997. p. 122.

정당	정당기호	비고	정당	정당기호	비고
알레-야록 Ale Yarok	קנ	환경단체	레브-라올림 Lev LaOlim	פז	"Gold"
아랍 정당 Arab National Party	קם	아랍	리이더 Leeder	ף	
아티드-에하드 Atid Ekhad	זה		하리쿠드 Likud	מחל	
발라드 Balad	ד		메레츠 야하드 Meretz-Yachad	מרצ	Party name
브리트-올람 Brit Olam	ה		National Union 마프달 Mafdal	עב	"Good" (using Niqqud)
길 Gil	זך	"Pure"	찌요니-하다쉬 New Zionism	צח	
그린파티 Green Party	רק	"Only"	Organization for Democratic Action	ק	
하다쉬 Hadash	ו		오즈 라아니임 Oz LaAniyim	פב	
하레브 HaLev	פץ		샤스 Shas	שס	Party name
헤루트 Herut-The National Movement	נץ	"Hawk"	쉬누이 Shinui	שי	
헤츠 Hetz	חץ	Party name	타프니트 Tafnit	פ	
하짓-예후디-레우미 Jewish National Front	ב		쪼메트 Tzomet	בץ	
Justice for All	קז		타알 United Arab List-Ta'al	עם	"People" / "Nation"
카디마 Kadima	פ	"Yes"	야하둣-하토라 United Torah Judaism	ג	
하아보다 Labour	אמת	"Truth"	이스라엘-베이테누 Yisrasl Beiteinu	ל	L for Lieberman

9 각 정당의 상징기호(2006년 3월 선거 당시)

① 안전한 1군: 지난 선거에서 어느 한 정당이 10석을 차지했다면, 다음 선거 후보자 명단에서 1~10순위에 있는 후보자가 당선 가능성이 높다고 볼 수 있다.

② 불확실한 2군: 당선자가 이전 선거에 비해 줄거나 늘 경우에 대비하여 마련된 8-13순위의 후보자들이며, 11-13순위의 후보자도 경우에 따라 당선될 수도 있다.

③ 불가능한 3군: 1군과 2군을 제외한 순위에 있어 의석확보가 불가능한 후보군이다. 그러나 이스라엘 선거에서 예측은 불가능하다. 1992년 쪼메트당은 2명에서 8명으로 당선되었고, 1999년 샤스당은 6명에서 17명으로, 시누이는 2003년 선거에서 17명으로, 기말림당은 2006년 선거에서 신생후보로는 전혀 예측하지 못한 7석을 얻어 70세 전후의 의원들이 대거 국회에 입성했다.

④ 상징적인 4군: 대통령이나 당 지도자, 위원이 될 생각이 없는 지도자나 여성들이 여기에 속한다. 120순위의 후보자는 가장 존경을 받는 지위에 있지만, 정치력과 영향력은 없다.

선거관리위원회에 제출할 정당명부는 당의 내규에 따라 작성된다. 일반적으로 거대 정당은 전당대회에서 당원들의 투표로써 결정하는 민주적인 방식을 취하는 반면, 종교정당이나 소규모 정당은 보통 당 지도부에서 정한다. 정당명부를 작성할 때 종교당이 세속유대인을 내세우거나 유대민족주의 정당이 아랍인을 내세우는 일은 거의 없다. 물론 아랍당이 유대인을 내세우는 일도 극히 드물다. 그러나 거대 정당은 폭넓은 지지자를 확보하기 위해 다양한 계층과 인물을 안정권 안에 넣기도 한다. 하아보다당이나 하리쿠드당과 같은 거대 정당들은 넓은 층의 표심을 잡기 위해 극빈층, 극부유층, 극단적 민주주의자, 다양한 인종집단, 청년과 노인 등의 인물을 안정권에 넣기도 한다. 하아보다당은 농업 종사자들과 아랍 지역의 표심도 잡으려 노력하였고, 하리쿠드당은 1977년 선거에서 승리한 후 대중적인 이미지를 위해 모로코계 유대인

다비드 레비를 건설주택부장관에, 이란 태생 모쉐 카짜브를 복지부장관에 임
명하였다.

비례대표제 제도하에서 이스라엘 주요 정당들의 크네셋 후보자 결정방식
은 다음과 같다.

(1) 하리쿠드당-헤루트당

하리쿠드-헤루트 연합당은 1992년 이전까지 하리쿠드당과 헤루트당이 개
별적으로 국회의원 후보자 순위를 정하는 방법이 있었다. 1965년 가할당이
헤루트당과 연합한 후 1977년까지 메나헴 베긴이 헤루트당의 정당명부를 작
성했고, 1977년에 당원들이 후보자 7명을 하나의 단위로 선택하는 '일곱' 방
식을 채택했다. 헤루트당이 하리쿠드당에 통합되면서 각 블록은 정치적 영향
력을 고려해 후보자 명단을 작성했다.

이 방식의 첫 단계로 하리쿠드당 대표를 지명한다. 메나헴 베긴, 1984년 이
후 이츠하크 샤미르, 아리엘 샤론, 다비드 레비가 당 대표로 지명되었다. 1992
년에 샤론이 샤미르-아렌스 당파에 합류하자 열세를 느낀 레비당 지지자들은
당의 활동에 소극적인 모습을 보이거나 당에서 떨어져나갔다. 결국 하리쿠드
당의 내분으로 말미암아 경쟁 대상인 노동당은 승리의 행운을 경험했다.

두 번째 단계에서는 당원 투표로 21명의 후보자를 선출한다. 21명을 선출하
기 위해 먼저 득표수가 많은 선두 그룹 35명의 후보자를 선정해 3회에 걸쳐 유
세를 한다. 후보자들은 유세를 통해 자신들의 정치적 영향력과 자신이 어느
'일곱' 그룹에 속할 것인지를 당원들에게 호소한다. 당원들은 후보자들의 당
내 정치적 영향력을 고려하여 투표하는데, 이때 후보자들의 순위가 결정된다.

하리쿠드당의 '일곱' 방식은, 소수의 당내 지도자들이 후보자와 후보자의
순위까지 정하는 노동당의 정당명부 작성 방법보다 훨씬 혁신적이며 민주적
인 방식이었다. 그러나 투표로 모든 후보를 결정하는 하리쿠드당의 '일곱'
방식은 후보자들을 골고루 배정하지 못하는 한계가 있었다. 일례로, 1988년

후보자 선출 결과 여성, 두르즈 소수민족 등 전통적으로 각 그룹을 고루 배정했던 후보자들이 제외되었으며, 1992년에는 당원의 35%을 차지하는 레비당 지지자들이 떨어져 나갔다. 신진 인물인 벤야민 네탄야후는 수상 직선제 법안을 지지한 하리쿠드당의 유일한 거물급 정치인이었다. 1992년 선거 후 네탄야후는 반대를 무릅쓰고 하리쿠드당 예비선거제도를 관철시켰고, 1993년 초 실시된 하리쿠드당 예비선거에서 당 대표로 선출되어 야당 대표가 되었다. 하리쿠드당은 1996년 선거 때 노동당의 프라이머리제도를 변형한 방식을 채택했다.

(2) 하아보다당(노동당)

마파이당의 주도로 태어난 노동당은 소수의 당내 엘리트 지도자들이 국회의원 후보순위를 정하는 방식을 고수해 왔다. 이 소수 위원회는 당내 모든 그룹이 당선권 후보자 명단에 들어가도록 구성했으며, 당선된 후보자들은 지도부의 의견을 전폭적으로 따라야 했다. 1977년, 선거 역사 처음으로 노동당이 패배하자 이러한 지명방식에 대해 문제가 제기됐다. 노동당은 1988년 민주화 바람을 타고 헤루트당의 후보순위 지명방식인 '일곱'을 변형해 '열'이란 제도를 도입했다. 이 방법의 첫 단계로 당원 1,269명이 당대표를 선출했는데, 압도적인 표차로 시몬 페레스가 선출되었다. 페레스는 당내 최대 라이벌인 라빈과 전직 대통령인 이츠하크 나본을 당 최고위원에 지명했다. 아울러 당 대변인, 사무총장, 전국노동조합장 등과 당내 다른 계파들에게 자리를 약속하면서 당 지명 과정이 시작되기도 전에 국회의원 42석 중 4분의 1이 결정되었다.

두 번째 단계에서는 전당대회를 통해 33명의 후보자를 결정하는데, 11개의 지역에서 한 명씩, 큰 지역의 3곳(텔아비브, 예루살렘, 하이파)에서 각각 두 명씩 선출했고, 키부츠 운동을 포함한 농업 관련 그룹에서 6명을 선택했다. 여성, 청년, 도시빈민지역과 아랍인 등에서는 총 10명이 선출되었다. 노동당은 다양한 집단의 규합을 위해 대표성이 있는 후보자들을 고루 지명하였다. 노동당의 이러한 지명 방식은 특정집단의 인물을 보장해 주지 않는 하리쿠드당에 비해 포용력이 큰 방법이었다.

세 번째 단계에서는 50명으로 구성된 대표자와, 지역구 후보자 중에서 안전하게 당선권에 들 것으로 예상되는 30명의 국회의원 후보를 선출했다. 4차에 걸친 경선을 통해 10명씩 여러 그룹으로 선출하는데, 이는 헤루트당에서 사용한 방법과 유사하다. 노동당은 1992년 예비선거제도를 도입하였다.

헤루트당이 '일곱'(쉐바) 방식을 선택해 1977년과 1988년의 선거에서 성공을 거두자, 소수 정당들도 그들의 지명 절차에 변화를 꾀했다. 1988년과 1992년 노동당이 채택한 후보지명 방식 또한 같은 성향의 소수 정당들에게 영향을 미쳤다. 마프달, 마팜, 라츠, 쉬누이, 쪼메트, 트히야 등 소수 정당들은 헤루트당과 같은 제도를 받아들였다. 종교당이나 아랍당 같은 소수 정당들은 단일 지도자나 위원회가 일방적으로 후보를 지명하고 있다.

(3) 거대 정당의 선거 이점

인구에 비해 많은 정당들이 경쟁하는데도 이스라엘 정치가 안정적인 이유
는 쉽게 넘을 수 없는 두 거대 정당들의 기득권 때문이다. 이스라엘의 거대 정
당들은 법 개정을 주도함으로써 소수 정당들의 기반을 약화시킨다. 이들은
첫 의석을 얻을 수 있는 득표율을 높게 지정해 놓거나 정당재정법을 통해 유
리한 고지를 점하고, 선거 유세 등 홍보 매체를 자신들에게 불리하지 않게 제
한한다. 소수 정당들은 거대 정당들이 주도하는 이러한 법개정에 대해 손을
쓸 수 없는 형편이다.

이스라엘의 거대 정당들은 난립하는 소수정당들을 줄이려고 첫 의석 확보
를 위한 득표율을 계속해서 높여 나가고 있다. 1992년 첫 의석을 얻기 위한 득
표율이 1%였던 것을 1992년부터 1.5%로 상향 조정했다. 이는 1-2석을 갖고
국회에 입성하는 극소수 정당들을 저지하고 거대 정당에 표를 몰아주기 위한

방안이었다. 그러나 별 효과가 없자 2006년 선거부터는 1.5%을 다시 2%로 올렸다. 그런데도 1석 이상을 얻어 국회에 진출하는 정당의 숫자는 크게 달라지지 않았다. 또한 1992년에는 수상직접선거제도를 도입해 1996년부터 실시했으나 수상이 속한 정당은 약화되고 군소 정당들이 강화되자 2001년 이후 이 제도를 폐지하고 선거에서 승리한 제1정당의 후보를 수상으로 당선시키는 원래의 제도로 돌아갔다.[7]

이스라엘의 정당은 정당재정법에 따라 규모가 클수록 국가로부터 많은 자금을 지원받는다. 규모가 클수록 의석을 확보하는 데 비용이 덜 들기 때문이다. 따라서 신생정당이 선거에 참여할 수 있는 문턱은 매우 높다. 신생 정당은 국회의원 1석을 확보하는 데 기존 정당보다 더 많은 비용이 들 뿐 아니라 거대 정당에 비해 높은 대가를 지불해야 한다. 때문에 신생정당에 뛰어난 지도자가 있어도 선거 유세에 필요한 자금 부족과 기득권의 부재로 국회 입성이 좌절될 수 있다. 또한 선거법에 따라 정치 유세는 선거 30일 전부터 가능한데, 선거 30일 전에 유세활동을 금지하는 것은 대중에게 신생정당이 알려지는 기회를 차단하는 것이다. 더욱이 신생정당은 텔레비전 10분 유세와 라디오 25분 유세가 허락되지만, 기존 정당은 할당된 시간 외에 국회의원 수에 비례하여 6분씩 추가되는 만큼 거대 정당일수록 유리한 위치에 있는 것이다. 이러한 제도적인 뒷받침 덕분에 거대 정당은 공약을 반복하여 전달할 수 있어 지지자를 끌어들이기가 수월하고, 소규모 정당의 공약이 단기적으로는 효과가 있을지라도 거대 정당은 그 공약을 답습해 얼마든지 자신들의 공약으로 만들 수 있는 것이다. 선거에 필요한 홍보 비용 또한 거대 정당은 정부에서 지원을 받지만 소규모 정당은 스스로 자금을 마련해야 한다.

[7] www.knesset.gov.il/elections01/eindex.html. 2001년 이스라엘 수상선거 국회 홈페이지.

(4) 두 번 만에 끝난 수상 직선제

수상 직선제 선거제도는 1992년 봄에 채택되었다. 당시 샤미르 수상은 라빈당의 인기가 두려워 수상 직선제를 거절했지만, 노동당의 선거제도 공약과 여론의 요구로 1996년으로 연기하였다. 수상 직선제는 수상이 연합정부를 구성할 때 연립정부에 참여한 소수 정당들이 정부를 좌지우지하지 않도록 하는 방안이었다.

직선제가 처음 실시된 1996년 수상 선거에서 수상과 의회의 임기는 4년으로 규정했고, 2개의 표를 행사(한 표는 수상에 다른 한 표는 정당에 투표)할 수 있도록 하였다. 이전에는 일반 대중이 국회의원을 선출해 국회가 구성되면 국회에서 수상을 선출했던 터라, 유권자 한 명이 두 표를 행사하는 이중선거제도(dual system)는 이스라엘의 선거에 일대 혁신이었다. 1차 투표에서 수상이 결정되지 못하면 2주 후에 가장 많은 표를 얻은 2명의 수상 후보를 놓고 2차 투표를 통해 수상을 선출한다. 국회의원은 1차 투표에서 나타난 정당별 득표율에 따라 당선이 결정된다. 이 새로운 선거제도는 대통령제와 의회제도에서 실시되는 두 가지 비슷한 방법을 혼합한 형태로서 아주 독특한 선거제도라 할 수 있다.

(5) 첫 의석을 위한 득표율

정당이 첫 국회의원을 당선시킬 수 있는 득표율은 여러 차례의 법 개정을 통해 이스라엘 정치의 한 면을 보여 주었다. 제13대(1988년) 크네셋 국회의원 선거 때까지 첫 의석을 위한 득표율은 1%였다. 그러나 인구 수에 비해 20-30여 개에 달하는 정당들이 선거에 참여해 많게는 15개 정당들이 국회에 입성했다. 아무리 큰 정당일지라도 국회 정원 120석 중 61석을 넘지는 못했다. 따라서 선거가 끝날 때마다 승리한 정당은 크고 작은 정당들과 연합해 정부를 꾸려야 했고, 연합정부에 참여한 소규모 정당들은 그 대가로 여러 가지 협상을 요구해 와 정부는 늘 이리저리 끌려다녔다. 이에 소규모 정당들을 없애고 거대 정당에게 표를 실어주기 위해 첫 의석을 위한 득표율을 높인 것이다. 그러나 1992년 개정된 선거법에 따라 최초 1석을 위한 득표율이 1%에서 1.5%로 상향 조정되었는데도 국회에 입성한 소규모 정당의 수는 별 차이가 없었다. 그리하여 2003년 개원한 16대 국회에서 다시 상향 조정, 2006년 선거부터 첫 의석 득표율을 2%로 적용하였다.[8]

1988년 제13대 선거 때까지 국회의원 의석은 120석으로, 유권자가 120만 명이라면 1만 표마다 한 명의 의원이 탄생하는 셈이다. 그러나 첫 석을 얻을 수 있는 득표율을 1%에서 1.5%로 올렸을 때 첫 1석을 얻을 수 있는 표는 1만 표가 아니라 1만 5,000표이다. 2.0%를 적용한 2006년 17대 선거부터는 첫 1석을 위해서 2만 표를 얻어야 한다. 이 경우 첫 의석을 얻자마자 2석을 확보하게 되는데, 이로써 1명의 의석만 가지고도 국회에 입성하는 극소수 정당의 난립을 막을 수 있게 되었다.

한 석 이상을 얻어 국회에 진출한 정당 수가 1951년, 1981년, 1988년에 15개로 최대치를 기록했고, 1973년과 선거법 개정 적용 때인 1992년에는 최소치인 10개의 정당이 진출했다. 1996년에는 11개의 정당들이 진출해 2석을 차지한 당을 제외하고는 대부분의 정당이 4석 이상을 차지했다. 그러나 첫 득표율을 높여 소수 정당 수를 줄이려는 시도는 결국 큰 효과를 보지 못한 셈이다.

(6) 잉여표 처리법

첫 의석 또는 마지막 한 석을 얻는 데 실패하여 남은 표를 잉여표라고 한다. 선거 때마다 잉여표가 발생하는 까닭에 비례대표제로 배분한 의석은 120석에 미치지 못한다. 잉여표를 정당에 분배하여 처리하는 법을 잉여표 처리법

---

8 1988년 13대 국회까지는 최초 1명의 국회의원을 당선시키는 득표율은 1%였다. 그러나 극소수의 정당수를 줄이기 위해 1992년부터 1.5%로 상향 조정했다. 이때 극소수 정당끼리 연합해 당을 구성하는 경향이 나타났다. 그러나 16대 국회(2003~2006)에서 득표율을 1.5%에서 2%로 다시 상향 조정했다.

정당	득표수	의석	잉여표	잉여표순	바더르오퍼 계산	바더르오퍼 인덱스	바더르오퍼 배당
A	667,000	66	7,000	+1	667,000/67	9955	+1
B	415,000	41	5,000	0	415,000/42	9880	+1
C	118,000	11	8,000	+1	118,000/12	9833	0
계	1,200,000	118					

유권자=1,200,000　의석=120　배정표=10,000

10 바더르-오퍼제도 적용의 예

이라고 하는데, 이 또한 중요한 선거법 중 하나이다. 1961년부터 1969년까지 주인 없이 남아 있던 잉여표는 가장 큰 정당에게 돌아갔으나, 1949년과 1973년 이후에는 유럽에서 널리 쓰인 '디혼드트'(d' Hondt)제도를 적용해 처리했다. 디혼드트제도는 이스라엘에서 '바더르-오퍼'(Bader-Ofer)라고 불리며 가할당과 노동당이 개정한 선거법이다.[9]

잉여표 처리 제도를 이해하기 위해 위의 표를 보자. 이것은 잉여표순과 바더르오퍼 제도를 적용했을 때 잔여의석이 돌아가는 정당이 달라지는 경우를 보기로 든 것이다. 표에서 A, B, C 정당에 각각 7,000, 5,000, 8,000표가 남았다고 할 때, 잉여표가 많은 순으로 적용하면 잔여의석 2석은 8,000표와 7,000표를 얻은 C당과 A당에게 돌아가야 한다. 그러나 바더르-오퍼제도를 적용하면 66만 7,000표를 얻은 A정당과 41만 5,000표를 얻은 B정당에 1석씩이 추가로 배당된다.

1973년 선거 때는 바더르-오퍼제도를 적용하여 잔여의석 3개가 하아보다당과 하리쿠드당에 돌아갔고, 1977년에는 잔여의석 7개가 하리쿠드당에 3석, 하아보다당에 2석, DMC당에 2석이 돌아갔다. 1996년에는 추가 의석 6개는

9 Arian, Asher and Shamir, Michal (eds), *The Elections in Israel 1992*, SUNY, 1995. pp. 304-7.

최고 다수당인 하리쿠드당에 2석, 하아보다당에 1석, 나머지는 소규모 정당들에게 배정됐다. 잉여석은 주로 한 석도 얻지 못해 국회 입성에 실패한 극소수 정당의 몫이었다.

바더르-오퍼제도가 중요한 것은 다음의 경우에서 알 수 있다. 만약 바더르-오퍼 제도가 1969년에 적용되었다면 1%를 넘지 못한 작은 정당들(메르카즈 홉쉬 0.5%, 하올람하제 0.5%, 맘라흐티 0.25%)의 표가 거대 정당에 배분되는 덕분에 노동당과 가할당이 각각 2석과 1석을 더 확보하게 되어 노동연합은 61석을 확보함으로써 절대 다수당이 되었을 것이다. 반면 오퍼-바더르법이 1977년에 없었다면, 노동당과 하리쿠드당은 2석씩을, DMC당은 1석을 잃게 되어[10] 연합정부 구성도 달라졌을 것이다. 즉, 겨우 턱걸이로 연합정부를 구성한 하리쿠드당은 최소한 2석 이상을 가진 어느 한 당을 추가로 끌어들여야 했으며 그 대가 또한 컸을 것이다.

1996년 선거에 구체적으로 적용하여 계산해 보면 더욱 재미있다. 당시 최초 한 석을 얻을 수 있는 1.5% 이상의 표를 얻은 정당들의 표는 총 297만 3,580표였다. 이것을 120으로 나누면 1석당 2만 4,779표인데, 각 정당이 얻은 득표 수를 이 할당 표수(24,779)로 나누면 120석 중 114석만이 각 정당에 배분된다. 정원 120석을 채우려면 6석이 모자라는 것이다. 따라서 각 정당들은 모자라는 6석을 다시 분배하기 위해 '잉여표' 처리에 합의를 한다.

연합당인 하아보다당과 메레츠당의 내부 결정과정부터 보자. 당시 노동당은 81만 8,741표를 얻어 33석을 차지하고 잉여표 1,034표가 생겼으며, 메레츠당은 22만 6,275표를 얻어 9석을 차지하고 잉여표 3,264표가 생겼다. 그러나 노동당과 메레츠당이 연합해 하나의 정당으로 다시 계산할 경우, 120석 중 1석당 할당 득표수는 2만 4,779표에서 2만 4,302표로 낮아지고, 이 두 당을 합

---

[10] 당시 정당별 의석은 노동당 30석, 하리쿠드당 40석, 슐롬찌욘당 2석, 아구닷-이스라엘당 4석, 파지당 2석, 마프달당 12석, 하다쉬당 6석, 독립자유당(Independent Liberals)당 2석, 라츠(Rats)당 2석, DMC 14석, 평화와발전(Peace and Development-Arab)당 3석, 프라토-샤론(Flatto-Sharon)당 1석, 아랍당 (Arab list) 1석이었다.

친 총 득표수와 의석은 104만 5,016표와 43석 그리고 잉여표는 4,298표가 된다. 즉, 노동당과 메레츠당은 연합을 통해 1석씩을 추가로 얻고(노동당 33석→34석, 메레츠당 9석→10석) 4,298표가 잉여표로 되었다. 노동당의 경우 할당 수는 득표수 81만 8,741을 34석으로 나누어 2만 4,080이 되고, 메레츠당은 22만 6,275표를 10석으로 나누어 할당 수는 2만 2,627이 되어, 남은 한 석은 할당 수치가 높은 노동당에게로 돌아갔다.

잔여 6석 중 한 석은 하아보다당에 돌아갔고, 나머지 잔여 의석 5석은 하리쿠드당, 샤스당, 하아보다당, 야하듯-하토라당, 제3의당(Third Way)에 1석씩 돌아갔다. 바더르-오퍼(디혼드트)제도는 극소수 정당들이 얻은 표를 모아 많은 표를 획득한 정당에게 돌아가게끔 하는 이스라엘 비례대표제도의 한 특징이라 할 수 있다.

5. 이스라엘 역대 국회의원 선거: 1949(제1대)-2006년(제17대)

1949년 제1대 선거에서 2006년 선거에 이르기까지 각 선거에서 보이는 특징과 참여정당의 득표 현황을 알아보자. 눈여겨볼 것은 국회 임기 말에 새로운 정당이 등장하는가 하면 기존 정당이 없어지고, 의석 수에 변화가 일어났다는 것이다. 국회 임기 내에 탈당과 분당, 연합과 통합으로 의석 수와 정당 이름 등에 변화가 생긴 것이다. 예를 들어, 선거 직후 의석 수는 탈당과 분당으로 줄어든 경우도 있고, 통합과 연합으로 늘어난 경우가 있다. 두 당이 한 당으로 선거에 참여했다가 임기 중에 분당하면서 의석이 없어지고 동시에 원래의 정당을 찾으면서 선거 초에 없던 정당이 나타나 의석이 생기는 경우도 있다. 특히, 1970년대와 80년대에 집중적으로 정치권에는 큰 변화가 일어났다. 크네셋 선거도 중요하지만 국회 임기 내에 일어난 큰 변화는 이스라엘 정치사를 이해하는 데 중요한 자료가 된다.

1949년 12월 26일, 크네셋 개원 모습. 예루살렘. 1949년 12월 26일.

(1) 제1대 크네셋 선거

1948년 5월 14일 이스라엘의 독립이 선포됨에 따라 1949년 1월 25일에 헌법제정을 위한 제헌의회 선거가 실시됐다. 1949년 2월 16일 회의에서 제헌의회는 과도기적 법안을 통과시키면서 자신들의 모임을 제1대 크네셋으로 명명했다. 당시 제헌의회는 건국 이스라엘의 헌법을 준비하지 못했기 때문에 의회의 기능을 수행하기 위해 2월 14일 투표를 통해 의회의 이름을 '크네셋'으로 명명했다.

제1대 크네셋 회기 중에는 두 번의 정부가 세워졌다. 제1대 정부는 1949년 3월 8일에 초대 수상 다비드 벤구리온에 의해 세워졌다. 벤구리온이 이끄는 마파이당은 다른 4개의 정당과 연합해 정부를 구성하고 12명의 장관을 두었다. 제1대 정부에 연합한 정당은 마파이, 하깃다팃메우하넷, 에돗하미즈라히,

정당	선거에서 얻은 의석	국회임기 말 의석
마파이 Mapai	46	46
마팜 Mapam[1]	19	20
하짓 다딧 메우하뎃(종교연합전선) United Religious Front	16	16
헤루트 Herut[2]	14	12
하찌요님-하클랄리임(일반시오니스트) General Zionists	7	7
프로그레시빗 Progressive Party	5	5
에돗 하미즈라히 Sephardim and Oriental Communities	4	4
마키 Maki[1]	4	3
데모크라팃 나짜렛 Democratic List of Nazareth	2	2
하라하밈 Fighters' List	1	1
하히트아하둣-하찌요닛 WIZO	1	1
히트아하둣-올레이-테만 Yemenite Association	1	1
히브루-커뮤니스트 (Hebrew Communists)[1]	0	0
아리 자보틴스키 (Ari Jabotinsky)[2]	0	1
힐렐 쿡 (Hillel Kook)[2]	0	1

1 엘리에저 프래밍거는 마키당을 떠나 마팜당에 들어가기로 결정하기 전에 히브루 커뮤니스트당을 세웠다.
2 아리 자보틴스키와 힐렐 쿡은 헤루트당에서 분리해 나왔으나, 독립정당으로 인정되지 않았다.

11 제1대 크네셋 선거 의석 현황

나짜렛데모크라팃, 프로그레시빗이었다. 그리고 마파이당의 요세프 스프린 작이 국회의장에 임명되었다. 초기 이스라엘 정부는 1950년 벤구리온 수상이 사임하면서 불안정해지기 시작하였다. 벤구리온의 사임은 종교정당들과 정 부와의 갈등에서 비롯되었다. 새로운 이민자들에게 종교적인 교육을 강화해 야 한다는 종교계의 입장과 마파이당에서 직접 교육시켜야 한다는 입장이 팽 팽히 맞선 가운데 양측은 당원 확보라는 궁극적인 목표를 위해 경쟁했다.

벤구리온은 정부를 해산한 후 1950년 11월 1일에 같은 정당들과 연합해 제 2대 정부를 구성했다. 처음에는 10월 17일에 정부를 구성하려 했으나 국회에 서 거절함에 따라 프로그레시빗당을 추가로 연합정부에 끌어들인 후 11월

1일에 국회의 승인을 받아냈다. 제2대 정부에 참여한 정당은 마파이당, 하짓 다팃메우하뎃당, 데돗하미즈라히당, 나짜렛데모크라팃당, 프로그레시빗당 이다. 제1대 크네셋 선거에 참여한 정당의 의석은 〈표11〉과 같다.

(2) 제2대 크네셋 선거

제2대 크네셋 선거는 1951년 7월 30일에 실시되었으나, 정계는 안정을 찾 지 못했다. 국회 회기 동안 제3대, 4대, 5대, 6대 모두 4차례에 걸쳐 정부가 들 어섰고, 벤구리온에 이어 모쉐 샤레트까지 두 명의 수상이 교체되었다. 제2대 크네셋 선거에서 승리한 마파이당의 다비드 벤구리온은 1951년 10월 8일에 제3대 정부를 세웠다. 제3대 연합정부에 마파이당과 연합한 정당들은 미즈라 히, 포알레이 하미즈라히, 아구닷-이스라엘, 포알레이-아구닷-이스라엘, 이스 라엘리아라빗, 하데모크라팃 쉘 하아라빔 하이스라엘림, 프로그레시빗, 하클 라웃 우피투아흐 등이며, 15명의 장관이 임명되었다. 아구닷-이스라엘과 포 알레이-아구닷-이스라엘은 여성 징병제를 놓고 갈등을 빚어 1952년 9월 23일 에 연합정부를 떠나면서 3대 정부 국회의석은 60석이 되었고, 종교교육 관련 한 종교정당과의 분쟁으로 1952년 12월 19일에 내각이 사퇴했다. 3대 정부 기 간 중 엘리에저 카플란과 다비드-쯔비 핀카스 두 장관이 사망했다.

제4대 정부는 1952년 12월 24일에 다비드 벤구리온에 의해 세워졌다. 벤구 리온은 정부 구성시 이전 연합정당 중 극정통종교정당인 아구닷-이스라엘과 포알레이-아구닷-이스라엘을 제외시켰고 대신 하찌요님-하클랄리임과 프로 그레시빗을 영입했다. 제4대 정부는 벤구리온 수상이 네게브사막의 스데 보 케르에 키부츠를 세우기 위해 1953년 12월 6일 사임하면서 해체되었다.

제5대 정부는 1954년 1월 26일 벤구리온의 후임 모쉐 샤레트에 의해 세워 졌다. 이전 정부에 참여했던 정당들이 연합했다. 1954년 가을 일명 나본사건[11]

---

[11] 본 책의 2장 이스라엘의 정치정당제도의 '마파이당' (p.80) 참조.

정당	선거에서 얻은 의석	국회임기 말 의석
마파이 Mapai[1]	45	47
하찌요님-하클랄리임 General Zionists[2]	20	22
마팜 Mapam[1]	15	7
하포엘-하미즈라히 Mizrahi Workers	8	8
헤루트 Herut	8	8
마키 Maki[1]	5	7
하미플라가-하프로그레시빗 Progressive Party	4	4
하레쉬마-하데모크라팃-하아라빔-하이스라엘림 Democratic List for Israel Arabs	3	3
아구닷-이스라엘 Agudat Israel	3	3
스파라딤 베에돗 미즈라히 Sephardim and Oriental Communities[2]	2	0
포알레이 아구닷-이스라엘 Agudat Israel Workers	2	2
미즈라힘 Mizrakhi	2	2
키드마-바아보다 Progress and Work	1	1
Yemenite Association	1	1
하클라웃-우피투아흐 Agriculture and Development	1	1
Non-qualifiers	-	-
'이후드-아보다' - '포알레이-찌욘' Labour Unity - Zion Workers[3]	0	4

1 로스탐 바스투니, 아브라함 버만, 그리고 모쉐 스네가 마팜당을 떠나 좌파 분파를 세웠다. 바스투니는 후에 마팜당으로 돌아왔고, 버만과 스네는 마키당에 합류했다. 하나 람단과 다비드 리브쉬츠는 마파당에 합류하기 전, 마팜당을 떠나 노동연합의 독립분파를 세웠다.
2 스파라딤 베에돗 미즈라히는 하찌요님-하클랄리임과 합쳤다.
3 마팜당에서 떨어져 나왔으나 국회는 정당으로 인정하지 않았다.

12 제2대 크네셋 선거 의석 현황

으로 핀하스 나본이 사임하자 벤구리온은 1년 만인 1955년 2월 복귀해 그의 자리를 대신했다.

하찌요님-하클랄리임당이 협조를 거부하자 샤레트는 1955년 6월 29일에 수

36 1951년 새로 구성된 제3대 정부의 첫 각료회의 모습. (오른쪽부터) 버그, 핀하스, 레빈, 샤피라, 에쉬콜, 샤레프, 벤구리온, 나프탈리, 카플란, 조세프, 디나버그, 골다 메이르, 쉬트리트. 1951년 10월 11일.

상직에서 사임했다. 사임 직후 샤레트는 찌요님-하클랄리임당과 프로그레시 빗당을 연합정부 파트너에서 배제하고 제6대 정부를 세웠다. 연합파트너는 마파이, 미즈라히, 포알레이 하미즈라히, 데모크라틱 레 이스라엘림 베아라 빔당, 키드마 바아보다, 하클라웃 우피투아흐 등이다. 6대 정부는 1955년 7월 선거 이후 11월 3일까지 3개월을 더 지속했다. 제2대 크네셋 선거에 참여한 정당은 〈표 12〉와 같다.

(3) 제3대 크네셋 선거

제3대 크네셋 선거는 1955년 7월 26일에 실시되었다. 제3대 크네셋은 제2 대 크네셋과 달리 이스라엘 역사에서 가장 안정된 국회였다. 국회 회기 동안 단 두 번의 정부가 세워졌고, 정당이 분열이나 통합 없이 지속되어 회기를 마친 유일한 국회였다. 제1대와 2대 크네셋 국회의장을 지냈던 요세프 스프린

정당	선거에서 얻은 의석	국회임기 말 의석
마파이 Mapai	40	40
헤루트 Herut	15	15
하찌요님-하클랄리임 General Zionists	13	13
마프달 National Religious Party [1]	11	11
아흐돗-하아보다 Labour Unity	10	10
마팜 Mapam	9	9
하짓토라닛다팃 Religious Torah Front [2]	6	6
마키 Maki	6	6
프로그레시빗 Progressive Party	5	5
데모크라틱 하이스라엘리 아라빔 Democratic List for Israeli Arabs	2	2
키드마 바아보다 Progress and Work	2	2
하클라웃 우피투아흐 Agriculture and Development	1	1

1 원래 미즈라히와 포알레이하미즈라히의 연합전선으로 하짓다팃메우하뎃이라는 이름으로 선거에 참여했고, 국회 기간에 포알레이하미즈라히-미즈라히로 바꾸었다가 다시 마프달당으로 이름을 바꾸었다. 미즈라히 + 포알레이하미즈라히의 = 하짓다팃메우하뎃 = 미즈라히 + 포알레이하미즈라히 = 마프달당.
2 하짓하토라닛다팃당은 아구닷-이스라엘-포알레이-아구닷-이스라엘로 이름을 바꾸었고, 다음 선거 전에 다시 원래 이름으로 바꾸었다.

13 제3대 크네셋 선거 의석 현황

작이 1959년 1월 28일 사망할 때까지 의장직을 수행했다. 이후드 하아보다당의 나홈 니르가 크네셋 의장직을 이어받았다.

선거 후 4개월이 지난 11월 3일에야 다비드 벤구리온이 제7대 정부 구성을 마쳤다. 1957년 12월 17일에 이후드 하아보다당의 장관이 이스라엘군 총장 모세 다이얀의 서독일 방문 사실을 언론에 흘리고 퇴임을 요구했다. 벤구리온은 이 장관을 비밀누설죄로 법원에 고소하고 12월 31일 사임하면서 정부를 해산하였다. 벤구리온은 한 주 뒤인 1958년 1월 7일에 이전 연합정부의 파트너를 그대로 유지하며 제8대 정부를 구성했다.

1955년 8월 15일, 다비드 벤구리온이 제3대 크네셋 개원식에서 연설하고 있다. 1955년 8월 15일.

1958년 7월 1일 마프달당 소속 장관 전원이 사임했다. 며칠 후에 이후드 하아보다당과 마팜당도 서독일에 무기를 판매하는 것에 반대 표를 던지며 정부에서 사퇴하자, 7월 5일 벤구리온이 수상직에서 사임하면서 정부는 해산되었다. 벤구리온이 새로운 정부를 구성할 수 없음을 이츠하크 벤쯔비 대통령에게 보고하자 새로운 선거가 공고되었다. 제3대 크네셋 선거에 참여한 정당은 〈표 13〉과 같다.

(4) 제4대 크네셋 선거

제4대 크네셋 선거는 제8대 정부 해산 후 1959년 11월 3일에 실시되어 벤구리온 주도하에 12월 17일 제9대 정부가 들어섰으며, 이전 정부에 참여했던 정당들이 그대로 참여했다. 9대 정부에는 마파이, 마프달, 마팜, 이후드아보다, 프로그레시빗, 하클라웃 우피투아흐 같은 기존에 참여했던 정당들이 주를 이

정당	선거에서 얻은 의석	국회임기 말 의석
마파이 Mapai	47	47
헤루트 Herut	17	17
마프달 National Religious Party	12	12
마꽘 Mapam	9	9
하찌요님-하클랄리임 General Zionists[1]	8	0
아흐둣-하아보다 Labour Unity	7	7
하짓-토라닛-다팃 Religious Torah Front[2]	6	6
프로그레시빗 Progressive Party[1]	6	0
마키 Maki	3	3
키드마 우피투아흐 Progress and Development	2	2
쉬투프 베아하바 Cooperation and Brotherhood	2	2
하클라웃 우피투아흐 Agriculture and Development	1	1
리베랄 Liberal Party[1]	0	14
아구닷-이스라엘 Agudat Israel[2]	0	4
포알레이-아구닷-이스라엘 Agudat Israel Workers[2]	0	2

1 하찌요님-하클랄리임당과 프로그레시빗당은 연합해 리베랄당을 형성했다.
2 하짓-토라닛-다팃당은 원래의 아구닷-이스라엘과 포알레이-아구닷-이스라엘당으로 분리되었다.

14 제4대 크네셋 선거 의석 현황

루었고, 이스라엘-아랍 정당인 키드마 우피투아흐와 쉬투프 베아하바당이 새롭게 참여했다. 9대 정부는 나본 사건[12]과 관련해 7일 위원회의 조사결과가 발표되면서 헤룻당과 하찌요님 하클랄리임당의 불신임 발의에 의해 1961년 1월 31일 벤구리온 수상이 사임하면서 붕괴되었다. 2월 벤구리온이 새로운 정부를 구성할 수 없음을 이츠하크 벤쯔비 대통령에게 보고하자 국회 해산 후 새로운 선거가 공고되었다.

[12] 본 책 2장 이스라엘의 정치정당제도의 '마파이당'(p.80) 부분 참조.

38 제5대 크네셋 개원 모습. 1961년 9월 4일.

(5) 제5대 크네셋 선거

제5대 크네셋 선거는 1961년 8월 15일에 실시되었다. 제5대 크네셋 선거에서 승리한 마파이당의 주도로 11월 2일에 제10대 정부가 들어섰다. 비록 수상은 다비드 벤구리온이 되었지만, 정부구성은 재무장관 레비 에쉬콜이 주도했다. 9월 5일에 벤구리온이 대통령 이츠하크 벤쯔비에게 정부구성을 할 수 없다고 통보하자, 대통령은 레비 에쉬콜에게 정부구성을 의뢰했고, 에쉬콜은 수상 벤구리온과 함께 하겠다고 답변했다. 제10대 정부는 거대한 연합정부가 되었고 거기에는 마파이, 마프달, 이후드 아보다, 포알레이-아구닷-이스라엘, 쉬투프 베아하바, 키드마 우피투아흐 등의 정당이 참여했으며 13명의 장관이 임명되었다. 국회의장으로는 파이당의 카디쉬 루즈가 임명되었다. 제10대 정부는 벤구리온이 지지세력 부족으로 1963년 6월 16일 사임하면서 정부가 해

정당	선거에서 얻은 의석	국회임기 말 의석
마파이 Mapai [1]	42	34
헤루트 Herut [2]	17	0
리베랄 Liberal Party [2]	17	0
마프달 National Religious Party	12	12
마팜 Mapam	9	9
이후드 아보다 Labour Unity	8	8
마키 Maki [3]	5	3
아구닷-이스라엘 Agudat Israel	4	4
포알레이-아구닷-이스라엘 Agudat Israel Workers	2	2
쉬투프 베아하바 Cooperation and Brotherhood	2	2
키드마 우피투아흐 Progress and Development	2	2
가할 Gahal [2]	0	27
라피 Rafi [1]	0	8
리베랄림-아쯔마이임 Independent Liberals [2]	0	7
라카 Rakah [3]	0	2

1 라피당은 마파이당으로부터 떨어져 나왔다.
2 헤루트당과 리베랄당은 가할당으로 통합했고, 통합에 반대한 리베랄당의 몇몇 의원은 리베랄림-아쯔마이임 (Independent Liberals)을 설립했다.
3 라카당은 마키당에서 나와 세워졌다.

15 제5대 크네셋 선거 의석 현황

산되었다. 벤구리온은 마파이당을 떠나 몇몇 동료와 함께 라피당을 세웠다.

다비드 벤구리온이 떠난 직후 마파이당을 장악한 레비 에쉬콜의 주도로 6월 26일에 제11대 정부가 세워졌다. 이전 정부에 참여했던 정당들이 모두 새 정부에 참여했고 1명의 장관이 더 늘었다. 그러나 1964년 벤구리온이 대법원에 나본 사건의 조사를 의뢰하자 1964년 12월 12일에 정부가 해산되었다. 수상 레비 에쉬콜은 정부 해산 직후인 12월 22일에 제12대 정부를 세웠으며, 연합정부 참여 정당과 장관은 모두 이전 정부 때와 같았다.

39 대통령 잘만 샤자르가 제6대 크네셋 개원식에서 연설하고 있다. 사진은 국회 각료 테이블. 1965년 11월 22일.

제5대 크네셋에서 가장 의미 있는 일은 우익 진영의 대 연합으로 헤룻당과 리베랄당이 하나의 선거 블록인 가할당을 설립해 이스라엘 정치에서 마파이 당의 주도권에 위협을 가한 것이다. 후에 하리쿠드당이 된 가할블럭은 결국 1977년에 마파이당을 누르고 승리해 건국 이후 첫 정권교체가 이루어졌다. 제5대 크네셋 선거에 참여한 정당은 〈표 15〉와 같다.

(6) 제6대 크네셋 선거

제6대 크네셋 선거는 1965년 11월 1일에 실시되었다. 제6대 크네셋은 레비 에쉬콜이 1966년 1월 12일에 제13대 정부를 구성하면서 시작되었다. 연합정 부에는 마프달, 마팜, 리베랄림-아쯔마이임, 포알레이-아구닷-이스라엘, 키드 마 우피투아흐, 쉬투프 베아보다 같은 정당들이 참여했으며 18명의 장관을 두었고 마아라흐의 카디쉬 루즈가 국회의장을 계속 맡았다. 1966년 6월 말 예

정당	선거에서 얻은 의석	국회임기 말 의석
마아라흐 Alignment [1]	45	63
가할 Gahal [2]	26	22
마프달 National Religious Party	11	11
라피 Rafi [1]	10	0
마팜 Mapam [1]	8	0
리베랄림-아쯔마이임 Independent Liberals 1	5	4
아구닷-이스라엘 Agudat Israel	4	4
라카 Rakah	3	3
포알레이-아구닷-이스라엘 Agudat Israel Workers	2	2
키드마 우피투아흐 Progress and Development [2]	2	1
쉬투프 베아하바 Cooperation and Brotherhood [2]	2	1
하올람하제-코아흐 하다쉬 This World-New Power	1	1
마키 Maki	1	1
하메르카즈 하홉쉬 Free Centre [2]	0	4
두르즈 Druze Party [2]	0	1
예후딤-아라빕 아하바 Jewish-Arab Brotherhood [2]	0	1
다비드 벤구리온 David Ben Gurion [1]	0	1
쉬투프 우피투아흐 Cooperation and Development [2]	0	0

1 라피당의 벤구리온이 동의하지 않았음에도 라피당과 마팜당이 마아라흐당에 연합했다. 벤구리온은 마아라흐당에 가지 않고 독립의원으로 남았다. 이츠하크 하라리가 리베랄림-아쯔마이임당을 떠나 마아라흐당에 들어갔다.
2 메르카즈 홉쉬가 가할당에서 떨어져 나왔다.
3 키드마 우피투아흐당과 쉬투프 베아하바당이 통합해 쉬투프 우피투아흐당을 형성했다가 다시 원래의 두 정당인 두르즈당과 예후디-아라비 아하바당으로 나뉘어졌다.

16 제6대 크네셋 선거 의석 현황

루살렘 기밧트람에 새 국회의사당 건물이 들어섰다. 1967년 6월 5일 6일전쟁 발발시 가할당과 라피당은 연합정부에 참여해 단일연합정부를 구성했으며, 장관도 21명으로 늘어났다. 13대 정부는 1969년 2월 26일 에쉬콜 수상이 사망하면서 막을 내렸다.

수상 골다 메이르가 제7대 크네셋 첫 회기에서 선언문을 낭독하고 있다. 1969년 11월 17일.

마아라흐당의 골다 메이르가 1969년 3월 17일에 제14대 정부를 구성했다. 연합정부에 마프달, 가할, 리베랄림-아쯔마이임, 키드마 우피투아흐, 쉬투프 베아보다 등의 정당들이 참여했다. 제6대 크네셋 회기 말 마팜당과 라피당이 마아라흐당이 통합하면서 이들은 국회 과반이 넘는 63석의 최대 규모를 자랑하며 여당이 되었다. 1969년 제7대 크네셋 선거에서도 56석으로 최다 의석을 차지했지만, 정당 간 통합이 없어 과반을 넘지 못했다.

(7) 제7대 크네셋 선거

제7대 크네셋 선거는 1969년 10월 28일에 실시, 마아라흐당이 최다 의석으로 승리했다. 이는 6일전쟁에서 승리한 인기가 그대로 반영된 결과이다. 제7대 크네셋 선거에서 승리한 골다 메이르는 역시 여야와 좌우를 아우르는 제15대 정부를 구성했다. 가할당을 포함해 마프달, 리베랄림-아쯔마이임, 키드

정당	Seats at start of session	Seats at end of session
마아라흐 Alignment [1]	56	57
카할 Gahal	26	26
마프달 National Religious Party [2]	12	11
아구닷-이스라엘 Agudat Israel	4	4
리베랄림-아쯔마이임 Independent Liberals	4	4
맘라흐티 National List [1]	4	3
라카 Rakah	3	3
키드마 우피투아흐 Progress and Development	2	2
포알레이-아구닷-이스라엘 Agudat Israel Workers	2	2
키드마 베아하바 Cooperation and Brotherhood	2	2
올람쉴리쉬-코아흐-하다쉬 This World-New Power [3]	2	0
메르카즈-홉쉬 Free Centre	2	2
마키 Maki	1	1
합계	**120**	**120**
메리 Meri [3]	0	1
아브네르 하이 샤키 Avner Hai Shaki [2]	0	1
샬롬 코헨 Shalom Cohen [3]	0	1

1 메이르 아비조하르가 맘라흐티당에서 탈당해 마아라흐당으로 갔다.
2 아브네르 하이 샤키가 마프달당을 떠나 독립의원으로 남았다.
3 올람하제-코아흐하다쉬가 해체되어 우리 아비네리는 메리를 세웠고, 샬롬 코헨은 독립의원으로 남았다.

17 제7대 크네셋 선거 의석 현황

마 우피투아흐, 쉬투프 베아하바 정당들이 참여했으며, 24명의 장관을 임명했다. 그러나 1970년 8월 6일 정부가 로저플랜을 받아들이는 것에 반대해 가할당이 연합정부를 떠났다. 제7대 국회는 하나의 신당이 만들어지고 네 명의 의원이 정당을 바꾸기는 했지만 가장 안정적인 국회 회기 중의 하나였다. 제7대 크네셋 선거에 참여한 정당은 〈표 17〉과 같다.

41 골다 메이르 수상의 사임 이후 새정부를 구성한 이츠하크 라빈이 각료를 구성한 후 샤자르 대통령을 방문하고 있다. 대통령 집무실, 1974년 6월 3일.

(8) 제8대 크네셋 선거

제8대 크네셋 선거는 1973년 12월 31일에 실시되었다. 제8대 크네셋에서 승리한 마아라흐당의 골다 메이르 수상이 1974년 3월 10일에 제16대 정부를 구성했다. 그러나 아그라낫위원회가 조사한 73년 욤키푸르(대속죄일) 전쟁에 대한 내부 평가 보고서가 발표되면서 1974년 4월 11일에 골다 메이르 수상이 사임했다. 마아라흐당의 이츠하크 라빈이 1974년 6월 3일에 제17대 정부를 구성했다.

초기 연합정부에 라츠, 리베랄림-아쯔마이임, 키드마 우피투아흐, 베두윔 베 크파림이 참여했고, 1974년 10월 30일에 마프달당이 연합정부에 들어가면서 11월 6일 라츠당은 연합정부에서 나오게 된다. 17대 정부는 공군기지가 안식일을 훼손하는 것에 대해 아구닷-이스라엘당이 제기한 정부 불신임 투표에 마프달당 소속 장관들이 불참함으로써 1976년 12월 22일에 물러났다. 제8대

정당	선거에서 얻은 의석	국회임기 말 의석
마아라흐 Alignment [1456]	51	49
하리쿠드 Likud [2]	39	40
마프달 National Religious Party	10	10
하짓-토라닛-다팃 Religious Torah Front [3]	5	0
리베랄림-아쯔마이임 Independent Liberals [2]	4	3
라카 Rakah	4	4
라츠 Ratz [1]	3	2
프로그레시빗 우피투아흐 Progress and Development [4]	2	0
모케드 Moked	1	1
레쉬마 아라빗 레베두임베크파라임 Arab List for Bedouins and Villagers [4]	1	0
레쉬마 아라빗 메우하뎃 United Arab List [4]	0	3
아구닷-이스라엘 Agudat Israel [3]	0	3
포알레이-아구닷-이스라엘 Agudat Israel Workers [3]	0	2
Independent Socialist Faction [1]	0	2
모르데카이 벤포라트 Mordechai Ben-Porat [5]	0	1
Ya' ad-Civil Rights Movement [1]	0	0
마팜 Mapam [6]	0	0

1 아리예 엘리아브가 마아라흐당을 떠나 라츠당과 연합해 야아드-Ya'ad – Civil Rights Movement당을 만들었다. 이 신
 당은 에리아브와 마르시아 프레드만이 당을 떠나 Independent Socialist Faction을 만들었고, 슐라밋 알로니와 보아즈
 모아브는 라츠당으로 돌아갔다.
2 힐렐 세이델이 리베랄림-아쯔마이임당을 떠나 하리쿠드당에 들어갔다.
3 하짓토라닛다팃당이 깨지고 원래의 아구닷-이스라엘과 포알레이-아구닷-이스라엘당으로 나뉘어졌다.
4 키드마 우피투아흐와 레쉬마 아라빗 레베두임베크파라임가 (레쉬마 아라빗 메우하드당을 형성하기 위해 떨어져 나오
 기 전에) 마아라흐당으로 통합되었다.
5 모데르카이 벤-포라트가 마아라흐당에서 떨어져 나와 단일 의원으로 남았다.
6 마팜당은 마아라흐당에서 떨어져 나왔다가 다시 들어갔다.

18 제8대 크네셋 선거 의석 현황

크네셋 선거에 참여한 정당은 〈표 18〉과 같다.

42 하리쿠드당 메나헴 베긴이 마아라흐당의 모쉐 다이얀이 제출한 각서를 보고 있다. 1977년 6월 20일.

(9) 제9대 크네셋 선거

1977년 5월 17일에 실시된 제9대 크네셋 선거에서 이스라엘 역사상 처음으로 우파 하리쿠드당이 승리하여, 하리쿠드당의 메나헴 베긴 수상이 1977년 6월 20일에 제18대 정부를 구성했다. 정부에 슐롬찌욘, 마프달, 아구닷-이스라엘, DMC 등이 참여했고, 19명의 장관을 두었다. 19명의 장관에는 반대 당 마아라흐의 모쉐 다이얀이 있었는데, 다이얀이 경쟁당 하리쿠드 정부에 들어가자 마아라흐당은 모세 다이얀을 출당시켰고, 다이얀은 자신의 텔렘당을 세웠다.

다쉬당이 와해되자 소속 의원들이 야당으로 갔으나 베긴 수상의 여당은 큰 피해가 없었다. 그러나 베긴 수상이 캠프데이비드에서 이스라엘의 시나이반도 철수를 포함한 이스라엘-이집트 평화협정을 맺자, 국회가 찬반 양 진영으로 갈려 격론을 벌이는 과정에서 많은 의원들이 베긴의 하리쿠드당을 떠났

정당	선거에서 얻은 의석	국회임기 말 의석
하리쿠드 Likud [1 3 4 8 10]	43	40
마아라흐 Alignment [6 7]	32	33
다쉬 DMC [2]	15	0
마프달 National Religious Party	12	12
하다쉬 Hadash	5	5
아구닷-이스라엘 Agudat Israel	4	4
Development and Peace	1	1
슐롬찌욘 Shlomtzion [1]	2	0
쉘리 Left Camp of Israel [9]	2	1
레쉬마-아라빗-메우헤데트 United Arab List	1	1
포알레이-아구닷-이스라엘 Agudat Israel Workers	1	1
라츠 Ratz	1	1
리베랄림 아쯔마웃 Independent Liberals	1	1
쉬누이 Shinui [2 6 10]	0	5
텔렘 Telem [7 8]	0	4
트히야 Tehiya [4]	0	2
이후드 Unity Party [9]	0	2
아하바 Akhva [5 7]	0	1
One Israel [1]	0	1
야하드 Ya' ad 2	0	1
요세프타미르 Yosef Tamir [10]	0	1
이갈 야딘 Yigael Yadin [5]	0	1
벤야민 하레비 Binyamin Halevy [5]	0	1
슈므엘 타미르 Shmuel Tamir [5]	0	1
Democratic Movement [2 5]	0	0
Rafi-National List [3 7]	0	0

1 슐롬찌욘당은 하리쿠드당에 통합되었다. 그러나 슐롬찌욘당의 이츠하크 이츠하키는 떨어져 나와 One Israel을 세웠다.
2 다쉬당이 해체되었을 때 15석 중 7석은 쉬누이를, 다른 7석은 Democratic Movement를 각각 세웠고, 아싸프 야구리는 야아드를 세웠다.
3 세 명의 하리쿠드당 의원이 떨어져 나와 라피당 세웠다. 1명은 후에 하리쿠드당으로 복귀했다.
4 2명의 하리쿠드당 의원이 탈당해 트히야당을 세웠다.
5 The Democratic Movement는 다시 해체되어 7명 중 3명의 의원은 아하바당을 세웠고, 이갈 야딘, 벤야민 하레비, 모르데카이 엘그라블리 그리고 슈무엘 타미르는 독립의원이 되었다.
6 제이단 아타쉬와 다비드 고롬브는 쉬누이를 탈당해 마아라흐당으로 갔다.
7 모쉐 다이얀은 마아라흐당을 떠나 라피당으로 갔다.

19 제9대 크네셋 선거 의석 현황

다. 국회 찬반 투표에서 후에 수상이 된 아리엘 샤론과 이츠하크 샤미르 등이 반대 의사를 표하며 투표에 기권한 것이 오히려 협정 통과에 도움이 되었다.

크네셋 회기 중 아랍연합정당의 함마드 아부 라비아 의원이 라이벌 자부르 모에드와 의원직을 돌아가며 하기로 한 약속을 어기자 자부르의 아들들이 함마드 의원을 살해한 사건이 발생했으나, 자부르 모에드는 당초 약속대로 아부 라비아의 국회의원직을 계승했다. 제9대 선거에 참여한 정당은 〈표 19〉와 같다.

(10) 제10대 크네셋 선거

제10대 크네셋 선거는 1981년 6월 30일에 실시되었다. 개표 최후까지 시몬 페레스의 마아라흐당이 승리할 것으로 예상했으나, 1석 차이로 메나헴 베긴의 하리쿠드당이 승리했다. 제10대 크네셋 선거에서 승리한 하리쿠드당의 메나헴 베긴 수상이 1981년 8월 5일 하리쿠드, 마프달, 아구닷-이스라엘, 타미, 텔렘 정당들이 참여한 가운데 제19대 정부를 출범시켰다.

출범 직후인 8월 26일에 트히야당이 가세하면서 장관직이 하나 더 늘어 18명이 되었다. 이 정부는 골란고원 합병안 국회 통과와 아리엘 샤론의 국방장관 사임을 불러온 레바논 전쟁과 싸브라와 샤틸라 대학살[13]의 진상규명을 주

---

[13] 1982년 레바논 전쟁 당시 발생한 대학살로 이스라엘 국방장관 아리엘 샤론의 비호아래 레바논 마로니트 기독교 무장군이 팔레스타인 난민촌에서 800-3,500여 명의 팔레스타인 민간인을 살해했다. 배후로 밝혀진 아리엘 샤론이 국방장관에서 사임했다.

정당	선거에서 얻은 의석	국회임기 말 의석
하리쿠드 Likud [1]	48	46
마아라흐 Alignment [14]	47	49
마프달 National Religious Party [25]	6	5
아구닷-이스라엘 Agudat Israel	4	4
하다쉬 Hadash	4	4
타미 Tami	3	3
트히야 Tehiya	3	3
텔렘 Telem [3]	2	0
쉬누이 Shinui	2	2
라츠 Ratz [4]	1	1
Non-qualifiers	-	-
합계		
라피 Rafi-National List [3]	0	1
Movement for the Renewal of Social Zionism [3]	0	1
하임 두르크만 Haim Druckman [2]	0	1
게쉐르 Gesher-Zionist Religious Centre [5]	0	0

1 하리쿠드당에서 2명의 의원이 탈당해 마아라흐당으로 갔다.
2 하임 드루크만이 마프달당을 떠나 독립의원으로 남았다.
3 텔렘당이 해체되어 2명의 의원이 각각 오메츠와 the Movement for the Renewal of Social Zionism로 갔다.
4 라츠당이 마아라흐당과 연합했으나 다시 떨어져 나왔다.
5 마프달당 의원 2명이 당을 떠나 게쉐르를 설립했다 2주 후에 마프달당으로 복귀했다.

20 제10대 크네셋 선거 의석 현황

요 정책 수행 과제로 삼았다. 국회 회기 동안 이스라엘은 고 인플레이션과 은행의 부도 등 몇 차례의 경제위기를 맞이했다. 한편 종교정당들은 안식일에 엘알항공의 운항을 중단시키는 법안을 통과시켰다.

이츠하크 샤미르는 건강을 이유로 사임한 메나헴 베긴을 대신해 1983년 10월 10일에 제20대 정부를 구성했다. 샤미르 정부에는 이전 정부에 참여했던

43 새로 구성된 정부 각료들이 이츠하크 나본 대통령을 예방하고 있다. 1981년 8월 6일.

정당들이 대부분 참여했고 20여 명의 장관을 임명했다. 제10대 크네셋 선거에 참여한 정당은 〈표 20〉과 같다.

(11) 제11대 크네셋 선거

제11대 크네셋 선거는 1984년 7월 23일에 실시되어 마아라흐와 하리쿠드 양대 정당이 연합정부를 구성하고 수상을 2년씩 나누어 맡기로 했다. 마아라흐당의 시몬 페레스가 1984년 9월 13일에 구성한 제21대 정부는 마아라흐와 하리쿠드 양대 정당 외에 마프달, 아구닷-이스라엘, 샤스, 모라샤, 쉬누이, 그리고 오메츠 정당들이 참여해 97명의 국회의원을 확보함으로써, 6일전쟁 당시 111명의 의원이 참여했던 제6대 국회 다음으로 큰 규모였다.

수상을 2년씩 돌아가며 하기로 한 합의에 따라 1986년 페레스가 사임하고, 이츠하크 샤미르가 수상이 되어 1986년 10월 20일에 제22대 정부를 구성했

정당	선거에서 얻은 의석	국회임기 말 의석
마아라흐 Alignment [1,2]	44	38
하리쿠드 Likud [4]	41	43
트히야 Tehiya [5]	5	4
마프달 National Religious Party [6]	4	5
하다쉬 Hadash [8]	4	5
샤스 Shas [7]	4	3
쉬누이 Shinui [1,3]	3	3
라츠 Ratz [1,3]	3	5
야하드 Yachad [2]	3	0
레쉬마-하미트카데멧-레샬롬 Progressive List for Peace	2	2
아구닷-이스라엘 Agudat Israel	2	1
모라샤 Morasha [6]	2	1
타미 Tami [4]	1	0
카흐 Kach	1	1
오메츠 Ometz [4]	1	0
Non-qualifiers	-	-
합계		
마팜 Mapam [1,8]	0	5
쪼메트 Tzomet [5]	0	1
데모크라팃-아라빗 Arab Democratic Party [1]	0	1
시몬 벤-슐로모 Shimon Ben-Shlomo [7]	0	1

1 마팜당과 데모크라팃 아라빗당이 마아라흐당에서 떨어져 나왔고, 뒤이어 2명의 의원이 각각 라츠당과 쉬누이당으로 옮겼다.
2 야하드당이 마아라흐당에 통합되었다.
3 모르데카이 비르숍스키가 쉬누이당에서 나와 라츠당으로 갔다.
4 오메츠당과 타미당이 하리쿠드당에 통합되었다.
5 쪼메트당이 트히야당에서 떨어져 나왔다.
6 하임 드루크만이 모라샤에서 탈당해 마프달당으로 갔다.
7 시몬 벤-슐로모가 샤스당에서 나와 독립의원으로 남았다.
8 모하메드 왓타드가 마팜당에서 탈당해 하다쉬당으로 갔다.

21 제11대 크네셋 선거 의석 현황

시몬 페레스(오른쪽)와 이츠하크 샤미르가 연합정부 구성 합의에 서명한 후 악수하고 있다. 예루살렘 크네셋, 1984년 9월 13일.

다. 연합정부의 일원이었던 쉬누이당은 1987년 3월 26일에 연합정부에서 탈퇴했다. 제11대 크네셋에 두 개의 문제 있는 정당이 참여했는데 카흐와 미트카드밋 레샬롬이다. 카흐당은 극우파 카흐가 세운 정당으로 아랍계 이스라엘인들의 추방을 주장했다. 인종을 차별하고 이스라엘을 부정하는 정당과 인물의 선거참여를 금지하는 법안이 통과되면서 카흐당과 친 팔레스타인 정당인 FLFP가 선거에 참여할 수 없었다. 친 팔레스타인 정당이라는 이유 때문에 FLFP가 선거에 참여할 수 없게 되자 이스라엘은 유대인 국가라는 논란이 일면서, 결국 이스라엘 대법원이 PFLP의 선거 참여 결정을 내렸고 PFLP는 다음 선거에서 1석을 얻었다. 제11대 크네셋 선거에 참여한 정당은 〈표 21〉과 같다.

45 수상 이츠하크 샤미르와 부수상 겸 외무부장관 시몬 페레스가 크네셋 회기 기간 동안에 함께 앉아 있다. 1988년 3월 29일.

(12) 제12대 크네셋 선거

제12대 크네셋 선거는 1988년 11월 1일에 실시되었다. 선거에서 승리한 하리쿠드당의 이츠하크 샤미르가 1988년 12월 22일에 제23대 정부를 세웠다. 하리쿠드당 외에 마아라흐, 마프달, 샤스, 아구닷-이스라엘, 데겔-하토라 등의 정당들이 연합정부에 참여했고, 모두 25명의 장관이 임명되었다.

1990년에 시몬 페레스가 마아라흐당 주도 연합정부를 구성하려다 충분한 지지를 얻지 못해 실패하고, 결국 샤미르가 1990년 6월 11일에 제24대 정부를 세웠다. 그러나 샤미르가 마드리드회의[14]에 참여한 것이 발단이 되어, 1991년 말과 1992년 초에 연합정부에 참여했던 트히야, 쪼메트, 몰레데트 등의 정당

---

[14] 1991년 10월 30일에 열린 평화회의로 미국과 러시아의 지원아래 스페인 정부가 주관했다. 마드리드회의는 이스라엘과 아랍국가들이 평화회의를 시작하게 한 시도였다.

정당	선거에서 얻은 의석	국회임기 말 의석
하리쿠드 Likud [1 6 7]	40	38
마아라흐 Alignment [6 7]	39	38
샤스 Shas [2]	6	5
아구닷-이스라엘 Agudat Israel [3]	5	4
라츠 Ratz [4]	4	0
마프달 National Religious Party	5	5
하다쉬 Hadash [5]	4	3
트히야 Tehiya	3	3
마팜 Mapam [4]	3	0
쪼메트 Tzomet	2	2
몰레뎃 Moledet	2	2
쉬누이 Shinui [4 6]	1	0
데겔-하토라 Degel HaTorah	2	2
프로그레시빗 레샬롬 Progressive List for Peace	1	1
데모크라팃 아라빗 Arab Democratic Party	1	1
Non-qualifiers	-	-
합계	**120**	**120**
메레츠 Meretz [4]	0	10
리베랄-하다쉬 New Liberal Party [1]	0	3
모리아 Moriah [2]	0	1
블랙 펜더 Black Panthers [5]	0	1
게울랏 이스라엘 Geulat Israel [3]	0	1
이후드 레샬롬 베올림 Unity for Peace and Immigration [7]	0	0

1 5명의 의원이 하리쿠드당을 떠나 Party for the Advancement of the Zionist Idea를 세웠다. 후에 2명이 복귀했고, 당은 리베랄 하다쉬당으로 남았다. 1명의 의원이 마아라흐당을 떠나 하리쿠드당으로 옮겼다.
2 1명의 의원이 샤스당을 떠나 모리아를 세웠다.
3 아구닷-이스라엘당에서 1명의 의원이 떠나 게울랏이스라엘을 세웠다.
4 라츠, 마팜, 쉬누이가 메레츠를 세웠다.
5 하다쉬당에서 1명의 의원이 나와 블랙 펜더를 세웠다.
6 쉬누이당에서 1명의 의원이 나와 라츠당으로 갔고 마아라흐당에서 1명의 의원이 쉬누이당으로 갔다.
7 마아라흐당에서 떨어져 나와 이후드 레샬롬 베올림을 세웠다가 하리쿠드당에 통합되었다.

22 제12대 크네셋 선거 의석 현황

46 이스라엘 수상 이츠하크 라빈이 대한민국 공식방문시 공항에 도착해 의장대 사열을 받고 있다. 1994년 12월 13일.

이 연합정부에서 탈퇴했다. 제12대 크네셋 회기 동안 극정통종교정당들이 빠르게 성장하며, 마아라흐당과 하리쿠드당 사이에서 연합정부구성의 캐스팅보드를 쥐게 되었다. 제12대 크네셋 선거에 참여한 정당은 〈표 22〉와 같다.

(13) 제13대 크네셋 선거

제13대 크네셋 선거는 1992년 6월 23일에 실시되어, 이츠하크 라빈이 이끄는 좌파의 노동당이 승리했다. 라빈의 승리는 하리쿠드당에서 떨어져 나온 소수 정당들이 최소 한 표도 얻지 못하는 부진으로 우파를 약화시킨 반사이익 때문이었다. 제13대 크네셋 선거에서 승리한 이츠하크 라빈은 1992년 7월 13일에 제25대 정부를 구성했다. 연합정부에 참여한 정당은 메레츠와 샤스이며 모두 17명의 장관을 임명하였다. 하다쉬와 데모크라틱 아라빗 정당이 연합정부에 합류하지는 않았지만 정부를 지지했다. 샤스당은 1993년 9월에 연

정당	선거에서 얻은 의석	국회임기 말 의석
아보다 Labour [1]	44	41
하리쿠드 Likud [2]	32	29
메레츠 Meretz	12	12
쪼메트 Tzomet [3]	8	5
마프달 National Religious Party	6	6
샤스 Shas [4]	6	5
야하둣-하토라 United Torah Judaism [5]	4	0
하다쉬 Hadash	3	3
몰레뎃 Moledet [6]	3	1
데모크라팃 아라비 Arab Democratic Party	2	2
Non-qualifiers	0	0
합계	**120**	**120**
아구닷-이스라엘 Agudat Israel [5]	0	2
데겔-하토라 Degel HaTorah [5]	0	2
데렉 하쉴리쉬 The Third Way [1]	0	2
게쉐르 Gesher [2]	0	2
아티드 Atid [3]	0	2
이후드 Yiud [3]	0	1
야민 이스라엘 Yamin Israel [6]	0	1
요세프 아즈란 Yosef Azran [4]	0	1
에프라임 구르 Efraim Gur [2]	0	1
나바 아라드 Nava Arad [1]	0	1
요세프 바가드 Yosef Bagad [6]	0	1

1 데렉 쉴리쉬와 나바 아라드가 하아보다당에서 나와 세워졌다.
2 게쉐르와 에프라임 구르가 하리쿠드당에서 나와 세워졌다.
3 이후드가 쪼메트에서 떨어져 나왔고, 아티드가 이후드에서 떨어져 나왔다.
4 요세프 아즈란이 샤스당을 떠나 독립의원으로 남았다.
5 야하둣-하토라가 해체되어 아구닷-이스라엘과 데겔-하토라로 나뉘었다.
6 야민 이스라엘과 요세프 바가드가 몰레뎃에서 떨어져 나왔다.

23 제13대 크네셋 선거 의석 현황

1996년 선거에서 수상에 당선된 벤야민 네탄야후가 손을 들어 지지자들에 답례하고 있다. 오른쪽부터 네탄야후, 다비드레비, 이츠하크 모르데카이. 1996년 5월 29일.

합정부를 떠났고, 1995년 1월에 이후드가 들어왔다. 라빈 정부는 평화정착에 온 힘을 기울여 1993년 PLO의 야세르 아라파트와 오슬로협정[15]을 맺었고, 1994년 요르단과 평화협조약을 체결했다.

라빈 수상의 저격 이후 수상이 된 시몬 페레스는 1995년 11월 22일에 새 정부를 구성하고, 정국 안정을 위해 1996년 조기선거를 실시했다. 제13대 크네셋 선거에 참여한 정당은 〈표 23〉과 같다.

---

[15] 노르웨이의 오슬로에서 이스라엘과 팔레스타인이 일대일로 만나 합의한 최초의 협정으로 팔레스타인은 이스라엘의 존재를 인정했고, 이스라엘은 미래의 팔레스타인 국가 독립에 합의했다.

정당	선거에서 얻은 의석	국회임기 말 의석
하아보다 Labour [1 2]	34	29
하리쿠드-게쉐르-쪼메트 Likud-Gesher-Tzomet [2 3]	32	19
샤스 Shas	10	10
마프달 National Religious Party [4]	9	7
메레츠 Meretz [5]	9	7
이스라엘-바알리야 Israel BaAliya [6]	7	5
하다쉬-발라드 Hadash-Balad [7]	5	3
야하둣-하토라 United Torah Judaism [8]	4	3
데렉-쉴리쉬 The Third Way [9]	4	3
라암 United Arab List	4	4
몰레뎃 Moledet [10]	2	3
Non-qualifiers	0	0
합계	**120**	**120**
메르카즈 Centre Party [2 11]	0	5
헤룻 Herut-The National Movement [3]	0	3
게쉐르 Gesher [3]	0	3
암에하드 One Nation [1]	0	3
쪼메트 Tzomet [3 10]	0	2
트쿠마 Tkuma [4]	0	2
알리야 Aliyah [6]	0	2
쉬누이 Shinui [5 11]	0	2
발라드 Balad [7]	0	2
데겔-하토라 Degel HaTorah [8]	0	1
다비드 주커 David Zucker [5]	0	1
엠마누엘 지스만 Emanuel Zisman [9]	0	1
메호라 Mekhora [10]	0	0
쯔이림 The Youth [11]	0	0

1 암에하드가 하아보다당에서 떨어져 나왔다.
2 하아보다에서 2명의 의원, 하리쿠드에서 4명의 의원이 나와 메르카즈를 만들었다. 후에 1명의 의원이 메르카즈에서 나와 쉬누이에 들어갔다.
3 게쉐르, 헤룻, 그리고 쪼메트가 하리쿠드당에서 나와 하리쿠드-게쉐르-쪼메트로 연합했다.
4 트쿠마가 마프달당에서 나와 세워졌다.
5 쉬누이와 다비드 주커가 메르쯔에서 나와 세워졌다.
6 알리야가 이스라엘-바알리야에서 나와 세워졌다.

7 빌라드가 하다쉬와의 연합을 떠났다.
8 데겔-하토라가 야하돗-하토라에서 떨어져 나왔다.
9 엠마누엘 지스만이 데렉하쉴리쉬를 떠나 독립의원으로 남았다.
10 모쉐 펠레드가 쪼메트에서 나와 메호라를 세웠다.
11 엘리에저 샌드버그가 메르카즈에서 나와 쉬누이에 연합하기 전에 The Youth를 세웠다.

24 제14대 크네셋 선거 의석 현황

(14) 제14대 크네셋 선거

제14대 크네셋 선거는 첫 수상 직접선거와 함께 1996년 5월 29일에 실시되었다. 제14대 크네셋에서 노동당이 승리했지만, 하리쿠드당의 벤야민 네탄야후가 수상에 당선되어 1996년 6월 18일에 제27대 정부를 구성했다. 네탄야후는 하리쿠드-게쉐르-쪼메트와 함께 샤스, 마프달, 이스라엘-바알리야, 야하돗-하토라 그리고 데렉 쉴리쉬 등의 정당과 연합했고 18명의 장관을 임명했다. 게쉐르가 1998년 하리쿠드당에서 독립하면서 연합정부를 떠났다. 제27대 정부는 1999년 국가예산안 통과에 어려움을 겪자 조기선거를 결정하였다. 제14대 크네셋 선거에 참여한 정당은 〈표 24〉와 같다.

정당	선거에서 얻은 의석	국회임기 말 의석
이스라엘에하드 One Israel [1]	26	0
하리쿠드 Likud [2]	19	21
샤스 Shas	17	17
메레츠 Meretz	10	10
이스라엘바알리야 Israel BaAliya [3]	6	4
쉬누이 Shinui	6	6
메르카즈 Centre Party [2]	6	3
마프달 National Religious Party	5	5
야하듯-하토라 United Torah Judaism	5	5
라암 United Arab List [4]	5	2
이후드-레우미 National Union [5]	4	0
하다시 Hadash	3	3
이스라엘-베이테누 Yisrael Beiteinu [5]	4	0
발라드 Balad [6]	2	1
암에하드 One Nation	2	2
Non-qualifiers	-	-
합계	**120**	**120**
아보다-메이메드 Labour-Meimad [1 2]	0	25
'이후드-레우미'-'이스라엘-베이테누' National Union-Yisrael Beiteinu [5]	0	7
게쉐르 Gesher [1]	0	2
Democratic Choice [3]	0	2
Arab National Party [4]	0	2
헤룻 Herut-The National Movement [5]	0	1
이후드-레우미 National Unity-National Progressive Alliance [4]	0	1
타알 Ta'al [6]	0	1
레브 Lev [2]	0	0
New Way [2]	0	0

1 이스라엘에하드가 분열되어 아보다-메이메드 게쉐르에 들어갔다.
2 메르카즈당 의원 5명이 당을 떠나 3명은 테렘 하다쉬를 세웠고, 2명은 레비를 세웠다가 하리쿠드당에 통합되었다. 데렘하다쉬를 세웠던 3명 중 2명은 국회의원직을 사퇴했고 남은 1명은 아보다-메이메드에 들어갔다. 사퇴로 공석이 된 의원직을 메르카즈 후보가 이어받았다.
3 2명의 의원이 이스라엘바알리야를 떠나 the Democratic Choice를 세웠다.

4 3명의 의원이 라암을 떠났다. 이중 2명은 the Arab National Party를 세웠고, 1명은 National Unity를 세웠다.
5 이후드-레우미가 이스라엘-베이테누에 연합하자 헤루트당이 떨어져 나왔다.
6 타알이 발라드당에서 떨어져 나왔다.

25 제15대 크네셋 선거 의석 현황

(15) 제15대 크네셋 선거

제15대 크네셋 선거가 1999년 5월 17일에 실시되었고, 선거에서 승리한 하아보다당의 에후드 바락이 1999년 7월 6일에 제28대 정부를 세웠다. 연합정부에는 이스라엘 에하드, 샤스, 메레츠, 이스라엘-바알리야, 메르카즈, 마프달 그리고 야하둣-하토라가 참여했고 16명의 장관을 임명했다. 안식일을 훼손한 정부에 대한 항의로 야하둣-하토라당이 1999년 9월에 연합정부를 떠났다. 아랍계 이스라엘인들이 봉기하면서 알악사 인티파다에 직면한 에후드 바락이 사임하면서 2000년 12월 10일에 정부를 해산하였다.

수상 재선거에서 아리엘 샤론은 바락을 누르고 수상에 당선되었다. 아리엘 샤론은 2001년 3월 7일에 제29대 정부를 세웠다. 샤론은 하리쿠드, 아보다-메이메드, 샤스, 메르카즈, 마프달, 야하둣-하토라, 이스라엘-바알리야, '이후드-레우미' - '이스라엘-베이테누' 등 좌파와 우파를 아우르는 연합정부를 세웠다. 샤론은 26명의 장관을 임명했고, 후에 29명으로 장관 수를 늘렸다. 제15대 크네셋 선거에 참여한 정당은 〈표 25〉와 같다.

정당	선거에서 얻은 의석	국회임기 말 의석
하리쿠드 Likud [1 2 3]	38	27
아보다-메이메드 Labour-Meimad [3]	19	21
쉬누이 Shinui [4]	15	2
샤스 Shas	11	11
이후드-레우미 National Union [4 5]	7	4
메레쯔-야하드와 데모크라틱-베히르 Meretz-Yachad and the Democratic Choice	6	6
마프달 National Religious Party [6]	6	4
야하듯-하토라 United Torah Judaism [7]	5	0
하다쉬-타알 Hadash-Ta'al [8]	3	2
암-에하드 One Nation [3]	3	0
발라드 Balad	3	3
이스라엘바알리야 Israel BaAliya [1]	2	0
라암 United Arab List	2	2
Non-qualifiers	0	0
합계	**120**	**120**
카디마 Kadima [2]	0	14
Secular Faction [4 9]	0	9
이스라엘-베이테누 Yisrael Beiteinu [5]	0	4
아구닷-이스라엘 Agudat Israel [7]	0	3
데겔-하토라 Degel HaTorah [7]	0	2
National Home [9]	0	2
Renewed Religious National Zionist Party [6]	0	2
타알 Ta'al [8]	0	1
짜라쉬 Tzalash [4]	0	1
노이 Noy [3]	0	0
The Immigrants [4]	0	0

1 이스라엘바알리야가 하리쿠드당에 통합되었다.
2 카디마가 하리쿠드당에서 떨어져 나왔다.
3 노이가 암에하드에서 떨어져 나와 하리쿠드당에 들어갔다. 암에하드는 아보다에 통합되었다.
4 The Secular Faction, 짤라쉬, The Immigrants가 쉬누이에서 떨어져 나왔다. The Immigrants는 이후드-레우미당에
  통합되었다.
5 이스라엘-베이테누가 이후드-레우미당을 떠났다.
6 The Renewed Religious National Zionist Party가 마프달당에서 떨어져 나왔다.

26 제16대 크네셋 선거 의석 현황

(16) 제16대 크네셋 선거

제16대 크네셋 선거가 2003년 1월 28일에 실시되었다. 제16대 크네셋 선거에서 아리엘 샤론이 이끄는 하리쿠드당은 38석을 얻어 승리했고, 아므람 미쯔나의 하아보다당은 19석을 얻는 데 그쳤다. 선거에서 승리한 아리엘 샤론은 2003년 2월 28일에 제30대 정부를 세웠다. 샤론이 가자지구 철수를 강행하면서 이후드-레우미와 마프달이 2004년 6월과 11월에 각각 연합정부를 떠났다. 2005년 1월과 3월에 각각 아보다-메이메드와 아구닷-이스라엘이 연합정부에 참여했다. 아보다-메이메드는 2005년 12월에 샤론이 하리쿠드당을 떠나카디마당을 세우면서 연합정부와 결별했고, 하리쿠드당도 2006년 1월에 연합정부를 떠났다. 샤론이 뇌출혈로 쓰러지자 에후드 올메르트가 수상 권한대행을 수행했다. 제16대 크네셋 선거에 참여한 정당은 〈표 26〉과 같다.

정당	선거에서 얻은 의석	선거 전 의석변동
카디마 Kadima [1]	29	new
하아보다-메이메드 Labour-Meimad [2]	19	-2
샤스 Shas	12	+1
하리쿠드 Likud [3]	12	-15
이스라엘-베이테누 Yisrael Beiteinu [4]	11	+8
이후드-레우미-마프달 National Union-National Religious Party [5]	9	-1
길 Gil	7	new
야하돗-하토라 United Torah Judaism	6	+1
메레츠-야하드 Meretz-Yachad	5	-1
라암-타알 United Arab List-Ta'al	4	+2
하다쉬 Hadash	3	0
발라드 Balad	3	0
야록 Green Party	0	0
알레-야록 Ale Yarok	0	0
Jewish National Front	0	0
타프닛 Tafnit	0	0
헤츠 Hetz [6]	0	new
쉬누이 Shinui [7]	0	-15
다른 정당들	0	0
합계	**120**	

1 2005년 14명의 의원이 카디마당을 세웠다. 14명 중 13명이 하리쿠드당에서 나왔다.
2 2004년 임에하드(3석)가 하아보다(19)에 통합되었다.
3 2003년 이스라엘바알리야(2석)가 하리쿠드당(38석)에 통합되었다. 2005년 13명의 의원이 하리쿠드당을 떠나 카디마당에 들어갔다.
4 2003년 이스라엘-베이테누(3석)가 이후드-레우미(7석)에서 떨어져 나왔다.
5 선거 전 이스라엘-베이테누가 이후드-레우미를 떠나자 마프달(6석)이 이후드-레우미(4석)에 연합했다.
6 선거 전 9명의 의원이 쉬누이를 떠나 헤츠에 연합했다.
7 선거 전 9명의 의원이 쉬누이를 떠나 헤츠로 가자, 2명의 의원이 원래의 분파에 복귀했다.

27 제17대 크네셋 선거 의석 현황

(17) 제17대 크네셋 선거

제17대 크네셋 선거는 2006년 3월 28일에 실시되어, 샤론의 후광을 입은 에후드 올메르트의 카디마당이 승리했다. 그러나 카디마당 29석, 하아보다당 20석 등 거대 정당이 역사상 가장 적은 의석 수를 얻고도 승리한 선거였다. 올메르트는 2006년 4월 6일 대통령으로부터 정부구성 명령을 받고 제31대 정부를 세웠다. 연합정부에는 카디마, 하아보다, 샤스 그리고 길나임당이 참여했다. 연합정부에 참여한 하아보다당의 아미르 페레츠는 재무장관을 요구했으나 국방장관에 임명되었다. 2006년 10월 레바논 전쟁 후 연합정부가 흔들리면서 올메르트는 우익 이스라엘-베이테누당을 연합정부에 끌어들였다. 제17대 크네셋 선거에 참여한 정당은 〈표 27〉과 같다.

5장 **국회, 법원, 정부**

The Knesset, The Judiciary, The Government

1. 이스라엘 정부의 초석

이스라엘은 1949년에 열린 첫 국회에서 과도기법을 제정하면서 국가의 초석이 마련됐다. 첫 국회는 종전의 헌법의회가 국회기능으로 전환된 기구로 대통령과 국회 그리고 내각의 권위와 상호관계에 대한 법률을 통과시켰다.

원래 이스라엘의 독립선언문에는 국민이 선출한 의회가 헌법을 제정한다고 명시되어 있지만, 헌법의 목적과 내용에 관한 첨예한 이념대립으로 말미암아 헌법은 바로 제정되지 못했다. 국회의 헌법 · 입법 · 사법 위원회는 과도기법을 여러 차례 수정하면서 헌법을 구성해 나갔다. 이스라엘 헌법은 1970년대가 되어서야 대통령, 내각, 국회, 영토 등에 관한 네 개의 기본법 형식으로 채택되었고, 1990년대에 기본법 몇 개가 더 추가되었다. 이번 장은 이스라엘 정부의 초석이 되는 과도기법, 귀환법과 국회, 대법원, 대통령, 수상에 대해 다룬다.

2. 과도기법과 귀환법

1948년 5월 14일에 이스라엘은 독립을 선포했고, 동시에 영국은 팔레스타인 위임통치의 막을 내렸다. 그리고 같은 달 19일에 이스라엘 지방의회는 그간 존재해 왔던 모든 법률과 법원의 기능이 건국 이스라엘에 유효함을 명시했다. 이듬해인 1949년 1월에 치러진 국민의회 선거 전까지 약 8개월 동안 지방정부가 이스라엘을 통치했다. 그 해 2월에 출범한 국민의회는 기한 내에 헌

48 초대 대통령 하임 와이즈만이 첫 헌법의회를 개원하고 있다. 예루살렘 유대인관청, 1949년 2월 14일.

법 제정에 실패하자 대신 과도기법으로 정부의 주요 기능과 권한을 확정했다. 건국 초기의 과도기법에는 수상이나 장관 또는 대통령의 제제를 받을 수 있는 긴급조례 조항이 설정되어 있었다. 즉, 국가의 안보나 국민의 안전을 위한 긴박한 상황이라고 판단될 때 긴급조례를 실행할 수 있게 한 것이다. 그러나 이 긴급조례는 최소 3개월간 국가 명의의 어떠한 법도 일시 중지시킬 수 있었다. 이러한 국가의 긴급사태 선포 조례는 1990년대 중반까지 존재했으며, 심지어 세금을 올리는 데 이용되는 등 정부의 다양한 목적을 달성하기 위해 이 조례가 남용되기도 했다. 과도기법은 본래의 의도와 달리 집행되거나 기존 관습법의 취지에서 벗어나는 등 매우 불완전한 법이었다.

건국 이후 가장 먼저 제정된 기본법은 1950년 7월 5일에 제정된 귀환법이다.[1] 이 법은 세계 곳곳에 거주하는 모든 유대인은 이스라엘로 귀환할 수 있음을 승인한 법이다. 그러나 귀환법이 채택되었을 당시 법조문에 명시된 "모든 유대인"이라는 문구는 많은 문제를 안고 있었다. 유대인이지만 이스라엘

49 다비드 벤구리온이 독립선언서를 낭독하고 있다. 텔아비브 박물관, 1948년 5월 14일.

사회에 적합하지 않은 자들을 받아들이면 치안에 문제가 생길 수 있기 때문이었다. 이에 의회는 1954년 8월 23일 "전과기록이 있는 자의 이스라엘 시민권 허가 금지"라는 문구를 삽입하며 귀환법을 개정하였다. 따라서 유대인에 반하는 행동을 한 자나 이스라엘 사회의 안전과 안보를 해칠 수 있는 자는 적용 대상에서 제외되었다.

또한 유대교는 유대인의 독자적인 종교인 만큼 유대인이 기독교나 무슬림으로 개종할 경우 개종자들에게도 이스라엘 시민권을 부여할 수 있는가의 문제가 있었다. 예를 들어, 이방인 어머니와 유대인 아버지 사이에서 태어난 자녀나 유대인과 결혼한 비유대인 배우자에게 시민권을 부여할 수 있는지, 이디오피아나 인도에서 온 이민자들도 유대인으로 인정할 것인지 등이었다. 종

---

[1] www.knesset.gov.il/laws/special/eng/return.htm. 이스라엘 크네셋 홈페이지: The Law of Return 5710 (1950)

교적으로 유대인으로 인정받으려면 유대인 어머니의 직계 자손이거나 정통파 유대교로 개종할 의지가 있어야 한다. 따라서 정통파 유대교 교리로는 이들을 유대인으로 인정할 수 없지만, 민주국가의 이념을 채택한 만큼 이스라엘은 종교와 상관없이 이들을 받아들여야 하는 문제에 봉착할 수밖에 없었다.

이스라엘은 유대 종교국가가 아닌데도 이스라엘 시민권 허가 업무는 내무부에 속한 종교랍비들이 처리하고 있어[2] 기득권을 갖고 있는 정통파 유대인들과 개혁이나 보수 또는 기타 해외 유대인 간에 첨예한 대립과 갈등이 있어왔다. 그러나 이를 해소할 방안이 시급히 마련되어야 하는데도 국내 종교인들의 정치의 압력으로 양측의 갈등은 늘 제자리 걸음을 하고 있었다. 1970년 3월, 이스라엘 대법원은 귀환법 개정을 명령함에 따라 귀환법은 다른 종교로 개종한 유대인을 제외한 유대인의 자손이나 손자 또는 유대인 배우자에게 이스라엘 시민권이 부여된다고 수정되었다.[3] 수정된 법에서는 랍비에 의해 유대교로 개종하면 법적인 유대인으로 인정받도록 유대인 자격이 바뀌어 유대교 종교법에 적합하지 않은 비유대인도 개종을 통해 시민권을 취득할 수 있게 된 것이다. 그러나 이스라엘의 정통 유대교 랍비가 아닌 미국이나 유럽의 개혁이나 보수 유대교 랍비들에 의해서 개종된 유대인들은 이스라엘에서 인정되지 않는다. 이들은 이스라엘에서 다시 정통 유대교랍비들에 의해 개종절차를 밟아야 한다. 그러나 "누가 유대인임을 규정하는가" 그리고 "그 권한을 누구에게 위임 받았는가"라는 논쟁이 일어났다. 이스라엘 법에서는 이러한 규정이 가능하지만, 디아스포라 유대인 세계에서는 받아들일 수 없는 법규이기 때문이다. 결국 "누가 유대인인가"라는 논제는 건국 이후 지금까지 대법원과 국가 정치권의 뜨거운 논쟁거리가 되어 오고 있다.

3. 이스라엘 크네셋

이스라엘 기본법은 이스라엘 국회를 '크네셋' (Knesset)이라고 명명했다.[4]

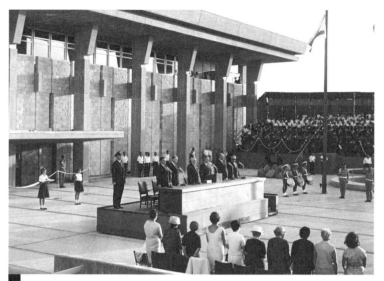

예루살렘 새 국회 건물인 크네셋 개관식. 1966년 8월 30일.

크네셋이라는 명칭은 제2성전시대, 즉 주전 536년부터 주후 70년까지 존재한
70명으로 구성된 유대인 대의회를 말한다. 제1회 크네셋 의회는 1949년에 예
루살렘에서 열렸으나, 당시 요르단 통치하의 동예루살렘과 이스라엘의 서예
루살렘에 접해 있어 안전을 이유로 장소를 텔아비브의 한 극장으로 옮겼다.
1949년에 이스라엘 정부가 예루살렘으로 옮겨오자 크네셋 국회도 예루살렘
의 한 은행건물로 옮겨 왔고, 1966년 현재의 새 국회의사당 건물이 마련되
었다.

이스라엘 크네셋은 국가 최고의 권력기관으로 정식 절차를 밟아 제정된 법

---

2   Hazan, Naomi, The Knesset, *Israel Affair*, Vol. 11, no.2, 2005. pp. 392-416.

3   1962년 폴란드 출신 브라더 다니엘은 유대인으로 나서 유대인 부모 밑에서 자랐지만 유대교에서 기독
     교로 개종했다는 이유로 시민권이 주어지지 않았다. 대법원까지 가는 오랜 법적 공방 끝에 유대인으로
     의 인정이 아닌, 시민권이 주어지기는 했지만 개종자에 엄격한 잣대가 적용된 첫 사례였다.

4   이스라엘 크네셋 홈페이지: Basic Law The Knesset-1958: www.knesset.gov.il/laws/special/
     eng/basic2_eng.htm.

률은 행정부나 사법부에 의해서도 수정될 수 없고, 크네셋을 통과한 법안은 누구도 거부권을 행사할 수 없다. 이스라엘 기본법과 크네셋법이 부여한 크네셋의 권한 및 기능은 다음과 같다. ① 법률을 제정하고 ② 대통령을 선출하고 ③ 정부에 대한 신임투표를 실시할 수 있고 ④ 감사원 감사관을 임명하고 ⑤ 세금징수 및 예산안을 심의하고 ⑥ 의원의 면책특권 박탈 및 대통령 탄핵을 주도할 수 있다.

국회의원 후보는 만 21세 이상의 이스라엘 국민으로, 각 정당의 정식절차를 밟아 정당별 후보명단에 오르며 투표를 통해 선출된다. 이스라엘 유권자들은 지지하는 정당 또는 지지후보가 속한 정당에 투표를 하며, 국회의원은 해당 정당이 선거에서 얻은 득표율에 따라 당이 정한 후보 순위대로 당선된다. 당선된 국회의원은 선서를 하고 대변인과 보좌관을 임명한다. 정당의 규모가 작을수록 국회의원 개개인의 영향력이 커지기도 한다. 가령 국회의원 수가 한두 명에 불과한 작은 정당의 의원은 당을 대표한다기 보다는 의원의 개인의 정치 성향이 정당과 일치된다. 그러나 의원 수가 많은 규모가 큰 정당의 국회의원들은 자신이 배정받은 당의 직무에 충실해야 한다. 따라서 상대적으로 소규모 정당 출신인 국회의원들의 발언권이 큰 규모 정당의 의원보다 더 자유롭고 영향력도 크며, 이 때문에 대규모 정당 출신 국회의원들보다 전국적으로 알려질 가능성도 크다.

공직자에게는 크네셋 후보에 제한이 있으며, 현직 군 장성, 판사, 대통령, 최고랍비, 감사원장 등이 출마하려면 선거일 기준 100일 이전에 사퇴해야 한다. 이외에 공무원은 각 정당의 후보 명부에 기재된 선거일까지 공무원 자격이 정지되며, 당선 이후 휴직 또는 사퇴해야 한다.

(1) 입법과정

이스라엘 크네셋의 주요 역할은 입법 기능이다.[5] 대부분의 법은 정부가 제안을 하고 크네셋의 논의와 동의 과정을 거쳐 제정된다. 국회의원직을 겸하고 있는 정부 각료 대부분은 법안 통과를 위해 여러 의원들에게 법안의 취지와 목적을 알리고 설득한다. 때로는 의원 개인이 법안을 제출하기도 한다. 여당 국회의원은 정부가 제시한 법안을 별 거부 없이 받아들인다. 여당이나 정부의 법안에 반대가 있을 경우 소속 당 지도자들은 해당 의원을 다음 선거의 후보자 명단에서 배제하는 방법으로 보복할 수 있다. 심지어 후보순위 지명을 소규모 위원회가 아닌 당 전당대회에서 하더라도 정당의 방침을 따르지 않는 후보들을 배제하기 위해 그들에게 압력을 가한다. 그러나 1992년 이후 여러 정당이 민주적인 방식을 도입한 결과 크네셋 의원들은 당내 지도부의 눈치를 보지 않아도 된다. 당에서 제시한 법안에 거리낌 없이 반대의견을 표명할 수 있는 자유가 보장된 것이다.

크네셋의 공식적인 입법절차 과정은 다음과 같다. ① 해당 장관이 법안을 법무부에 제출하고 법무부는 절차를 밟아 국회에 제출한다. 국회에 제출된 법안은 최초 48시간 동안 대기 상태에 있으면서 여러 해당 위원들에게 알려진다. ② 이 법안을 처음 심사할 때, 해당 장관은 국회의원들에게 제출한 법안의 목적과 내용 및 효력 등을 설명한다. ③ 이 과정에서 국회의원의 동의를 받지 못한 법안은 다시 해당부처에 보내지고, 심사를 통과한 법안은 해당 위원회로 보내진다. ④ 담당 위원회에서는 1차로 통과된 법안을 다시 한 번 상세히 논의한 후 수정안을 만든다. ⑤ 법안이 위원회를 통과하면 국회 본회의에 부쳐지고 국회의원들의 심사를 거친다. ⑥ 크네셋은 세 번에 걸친 독회 및 심사를 거쳐 투표에 부친다.[6] 크네셋 투표에서 통과된 법안은 수상이나 대통령, 또는 관련부처 장관의 서명을 거쳐 하나의 법률로서 제정된다. 제정된 법률은 공식 매체에 실려 공포된다.[7]

5 이스라엘 크네셋 홈페이지: Powers and Functions of the Knesset www.knesset.gov.il/description/eng_mimshal0.htm.
6 첫 독회 때 장관은 법안을 설명하고 설득한다. 두 번째 독회는 해당 위원회에서 이루어진다. 세 번째 독회는 다시 의원총회에 회부되어 법원에 관한 전체투표를 실시한다.
7 이스라엘 크네셋 홈페이지: Knesset Rules of Procedure: www.knesset.gov.il/rules/eng/contents.htm.

51 크네셋 회의 장면. 새로 구성된 이츠하크 샤미르 정부의 정부안 표결 모습이다. 1986년 10월 20일.

1970년대까지 크네셋은 70-100건의 법안을 통과시켰다. 그러나 이들 법률 대부분은 오스만터키와 영국의 위임통치 때 제정된 것을 이스라엘 상황에 맞게 개정한 것들이었다. 팔레스타인에 존재하는 전통적인 법들은 그 근원이 다양하다. 전통적인 무슬림법은 꾸란에서 유래했고, 프랑스법은 19세기 오스만터키가 받아들인 것이며, 개인 신상에 관한 것은 여러 비 무슬림 국가에서 받아들인 것이다. 또한 강제법규는 영국의 관습법에 기반해 있었다. 이처럼 법률적 기반이 다양한 이유는 팔레스타인을 점령한 아랍 무슬림법이 자연스럽게 스며들었고, 1917년 영국이 점령하기까지 약 400년 동안 터키의 지배에서 크고 작은 영향을 받았으며, 1921년부터 1948년 독립하기 전까지는 영국의 식민지 통치하에 있었기 때문이다.

1992년에 출범한 제13대 크네셋에서 처음 2년 동안 제정된 개인이나 법인에 관한 법안은 12대 크네셋보다 몇 배나 많았다. 이처럼 일상 생활의 사소한 부분에까지 국회의원 개인들의 입법활동이 전에 없이 활발했던 것은 1992년 노동당과 1993년 하리쿠드당이 도입한 예비선거 덕분으로, 국회의원이 재선 출되려면 언론에 자신들을 적극적으로 노출시키거나 입법활동에서 성과를 내야 하기 때문이다. 당시 입법화한 법안들은 국민에게 요긴한 것들도 있었지만, 선거를 의식해 국회의원 개인의 이름을 알리려는 광고 성격의 법안도 있었다.

이스라엘 국회 크네셋에는 9개의 상임위원회와 2개의 특별위원회가 있다.[8] 각 위원회는 ① 국회 및 의사절차 ② 헌법 및 법률 ③ 재정 ④ 경제 ⑤ 외교 및 안보 ⑥ 교육과 문화 ⑦ 노동 ⑧ 국내문제 ⑨ 공공서비스 등에 대한 법률 제정을 담당하며, 각 상임위원회는 정당별 의석 수에 비례하여 19명의 크네셋 의원으로 구성된다. 이외에 2개의 특별위원회로 중재위원회와 조사위원회가 있다. 일단 크네셋에 법안이 제출되면 개별 상임위원회는 해당 법안의 실효성을 검토하는 한편 관련 공무원, 대사, 군인, 장관(정부 승인 필요) 등을 소환해 의견을 듣기도 한다. 상임위원회는 입법에 관련된 일 외에 정부나 행정기관의 활동을 감시하기도 한다. 각 위원회는 관례적으로 정당의 특성에 따라 배정되는데, 아랍계 의원이나 사회주의 노선의 의원은 외교 및 안보 위원회에서 배제되어 왔다.

크네셋 국회의 본 회의는 일주일에 3일 동안 열리고, 나머지 3일은 위원회 내에서 자체적인 회의를 갖도록 배정되어 왔다. 본 회의는 금요일부터 일요일에는 개회되지 않는데, 이는 이슬람교, 유대교, 기독교의 안식일 때문이다. 상정된 법안과 관련해 국회의원들이 관련 장관에게 질문할 경우 장관은 21일 이내에 답변을 하여야 하며, 장관의 답변에 대해 국회의원은 추가 질문을 할 수 있다. 어떤 사안에 대해 국회의원이 10분 동안 연설을 하면, 다른 의원들은 관심 분야에 대해 발언 또는 토론을 제의할 수 있고, 관련 장관의 답변을 요구할 수 있으며, 위원회에 상정하여 더욱 심도 있는 논의와 조사를 할 수도 있

---

8 9개의 위원회는 다음과 같다. ①외교안보위원회 ②크네셋운영위원회 ③법사위원회 ④교육문화위원회 ⑤경제위원회 ⑥재정위원회 ⑦노동위원회 ⑧내무위원회 ⑨공공복지위원회. 2개의 특별위원회로 중재위원회와 조사위원회가 있다.

다. 국회의원들은 법안에 대한 설명을 요구할 권리도 있다. 법안을 설명하기 전에 국회의원들은 당의 동의를 거치며, 법안의 개요에 대한 설명이 끝나면 국회는 그 법안을 거부할 것인지 혹은 해당 상임위원회로 넘겨 더욱 정밀한 심사를 할 것인지를 표결로써 정한다.

(2) 국회의원의 권리 및 특권

국회의원은 1951년 초대 국회법에 의거, 폭력이나 반역, 평화 위반 등의 범죄를 저지르지 않는 한 구속되지 않는다. 이와 같은 사유로 국회의원을 체포했을 경우 당국은 10일 이내에 이 사실을 국회에 통보해야 한다. 국회의원이 외국에 나갈 때에도 전쟁기간이 아닌 한 허가를 받을 필요가 없으며 국회의원용 전용 여권을 발급받는다.[9]

이러한 국회의원의 권리는 국회의원 과반수가 동의해야만 박탈할 수 있다. 이스라엘 정부 초기에는 사회주의 노선의 의원들이 국회의원의 권리를 이용하여 보안당국의 방해와 간섭에서 벗어나기도 하였다. 국회의원에게는 전용 승용차 제공, 통신비 면제, 우편물 무료 송달, 정부 출판물 무료 구독 등이 제공된다. 이러한 권리와 특혜는 국회의원의 신분을 강화시킨다. 1991년까지는 국회의원이 당을 떠나 새로운 당을 만들거나, 심지어 당에서 출당조치를 당하더라도 4년의 임기가 보장되었다. 당에서 나와 만든 몇몇 파벌당이 정치적 입지를 굳히는 가운데 새로운 독립 정당으로 발전한 경우도 있다.[10]

1991년 이후 국회의원이 소속 정당을 탈퇴하거나 다른 당으로 이전하는 것이 금지되었다. 이 규정이 정식으로 채택되기 전인 1992년 선거에서 당 소속 이전자 두 명이 국회의원에 당선되었다. 한 명은 요씨 싸리드로, 그는 1984년 노동당에서 나와 라츠당으로 이적했고 1993년에 환경부 장관이 되었다. 다른 한 명은 에프라임 규르로, 그는 1990년 노동당에서 하리쿠드당으로 이적하여 건설부 장관이 되었다. 특히 에르파임 규르의 당적 변경은 엄청난 여론의 불만을 불러왔으며, 결국 크네셋은 국회의원의 당 이적 금지 조항을 만들게 되었다. 그러나 이 법안은 폐지되었고 그 결과 자유로운 정치활동이 더욱 보장되었다. 즉 국회의원은 자신이 속한 정당과 이념이나 노선이 달라 서로 충돌할 경우 당을 떠나 자신과 뜻이 맞는 정당에 들어가거나 신당을 창당할 수 있게 되었다. 일례로, 2005년 가자 정착촌 철수를 놓고 좌파와 우파가 충돌할 때 마프달의 당수 에피 이탄이 당을 떠나 이후드-레우미당으로 들어갔고, 샤론 수상은 하리쿠드를 탈당, 하리쿠드와 노동당 등의 의원들과 신당 카디마당을 세웠다.

(3) 이스라엘의 법률제도: 정규법과 기본법

이스라엘 국회 크네셋은 정규법과 기본법을 제정한다. 정규법 통과는 국회의원 다수(과반수에는 미치지 못하나 결정에 필요한 최저한을 넘는 수)의 동의만 있으면 가능하다. 예를 들어, 법안 제정시 3명의 국회의원이 참여하여 그 중 2명의 국회의원이 동의해도 법으로서 채택되는 식이다. 그러나 이 제도는 악용되어 "팔 하나가 없는 장애인은 선거권을 박탈시킨다"라는 법안마저도 통과시킬 수 있는 허점이 있다. 정규법과는 달리 절대 과반수(최소 61명)의 국회의원의 동의를 얻어야만 승인이 되는 기본법이 있다. 기본법은 헌법과 같은 지위를 갖는데, 성문헌법이 존재하지 않는 이스라엘에는 기본법이 있다. 즉, 각각의 기본법을 제정하고 이들 기본법을 하나로 엮어 편찬하면 곧 이스라엘의 헌법이 되는 것이다.[11] 이스라엘에는 건국 이후 지금까지 7개의 기본법이 제정되어 왔다.

---

9   www.knesset.gov.il/description/eng/eng_work_chak1.htm. 이스라엘 크네셋 홈페이지: The Rights and Duties of Members of Knesset.

10 대표적인 예로, 마파이당 창시자였던 벤구리온은 당에서 소외되자 1965년에 라피당을 만들었고, 1969년에 라피당이 노동당에 흡수되자 다시 라피당을 떠나 맘라흐티당을 세웠다.

11 www.knesset.gov.il/description/eng/eng_mimshal_yesod1.htm. 이스라엘 크네셋 홈페이지: The Existing Basic Laws: Full Texts.

1) 기본법: 이스라엘의 영토

1960년 7월에 제정된 이스라엘 영토에 관한 법은 이스라엘 토지 소유권을 이스라엘 국적이 아닌 자에게 양도하거나 매매할 수 없다고 규정하고 있다. 이스라엘 영토의 5%만 사적 소유가 허용된다는 점을 감안한다면, 이 법이 갖는 의미와 범위는 매우 포괄적임을 알 수 있다. 또한 이 법은 토지와 관련된 건물 등도 다루고 있다.

2) 기본법: 국가경제

1970년 7월에 제정된 국가 경제에 관한 법은 조세와 국가예산의 공공지출 등에 관한 법으로 조세의 부과는 자의적이어서는 안 되며, 국가예산 또한 국회의 승인을 거쳐야 한다는 것이 주요 골자다. 특이한 점은 국방부 예산은 금융과 외교안보 상임위원회에만 보고될 뿐 국회에는 공개할 수 없다는 규정이다. 그 이유는 아랍인, 사회주의자, 기타 위원회 소속 의원들은 국가 안보상 위협이 될 수 있다고 간주하기 때문이다.

정부는 추가예산이나 조세를 요청할 수 있다. 국가안보를 위해서나 예상치 않은 재난으로 큰 피해를 입었을 때도 추가예산을 요청할 수 있다. 한 해의 국가예산은 집행과정에서 상당 부분 수정될 수 있는데, 이는 법적으로 보장되어 있다. 1992년 1월에는 이와 관련한 기본법이 두 차례 수정되었다. 첫 번째는 정부가 해당연도 예산계획뿐 아니라 다년간의 예산계획도 수립하도록 한 것이며, 두 번째는 국회의 승인(보통 전년도 예산을 참고로 하여 승인) 없이도 예산을 집행할 수 있게 한 것이다. 이는 정부에 부채를 관리하고 예산 집행 기능의 지속성을 보장해 주는 조치로, 그 대신에 국회는 국가 감사원을 통해 정부의 예산 집행을 감독한다.

3) 기본법: 군사

1976년에 제정된 군사에 관한 기본법은 국가와 군대 간의 관계를 규정한 것이다. 이스라엘 국방부는 국가가 승인한 유일한 무장 병력으로서 국가에 예속되어 있다. 국방부의 최고 책임자는 국방부 장관이며, 국방부 장관은 내각의 동의를 얻어 군 최고책임자인 참모총장을 임명할 수 있다.

4) 기본법: 예루살렘

1980년에 제정된 예루살렘법은 예루살렘이야말로 이스라엘의 진정한 의미의 수도임을 규정한 법이다. 많은 나라들이 자국의 대사관을 텔아비브에 두고 있는 점에서 알 수 있듯이 대부분의 국가들이 예루살렘을 이스라엘의 수도로 인정하지 않는 점이 이 법을 제정하게 한 주요 배경이다. 이 법은 요르단 영토였던 동예루살렘을 서예루살렘과 완전히 통합하여 하나된 예루살렘을 이스라엘의 수도로 밝히고 있다. 이에 따라 대통령, 수상, 각 부처 장관들이 예루살렘에 위치하고 있다.

5) 기본법: 감사원

감사원이 정부 활동을 감시하고 그에 대한 내용을 국회에 보고하는 데 법적 기반을 마련하고자 감사원법이 1988년에 채택되었다. 이스라엘의 감사원은 국가와 공공기관에 대한 불만을 처리하는 민원역할도 겸한다. 감사원을 정치적 보복으로부터 보호하기 위해 국회의원의 3분의 2 이상이 동의하지 않는 한 국회는 감사원장을 사퇴시킬 수 없다.

6) 기본법: 개인의 자유와 존엄

이 법은 개인의 자유와 존엄성을 보호하기 위해 1992년 3월에 채택되었다. 유대교 및 민주주의 국가로서의 이스라엘의 가치를 수호하기 위해 존재하기도 하는 이 법은 그러나 근본적으로 유대교와 민주주의의 가치라는 서로 대립될 수 있는 가치체계가 공존하는 까닭에 상당한 모순을 지니고 있다. 이 기본법은 이스라엘 국민의 생명과 존엄성, 사적 재산, 개인의 자유, 사생활의 권리를 보호하는 데 초점을 맞추고 있다. 이스라엘 사회에서 소수자(아랍계, 비유대인, 여성 등)들은 이 법의 테두리 안에서 인종적, 성적 차별에 대한 구제를 받을 수 있다. 그러나 이 법은 개인의 자유에 명백한 제한을 두고 있으며, 개인의 자유보다는 국가의 명령에 복종해야 하는 군인, 경찰, 교도관 등 국가 안보와 관련된 직종에 근무하는 자에 대해서도 그러하다.

이 법의 최대 약점은 종교법에 대항하는 어떠한 법조항도 용납하지 않는다는 것이다. 1992년 이전에는 특수한 일부 소송 건에 대해 대법원은 자유롭게 해석하고 판결을 내렸을 만큼 세속법과 종교법의 관계가 모호했다. 그러나 이 법에는 국가의 긴급사태가 공표되지 않는 한 수정할 수 없다는 조항이 명시되어 있는 등 종교적 사안에 대해 자유로운 판결을 내릴 수 없게 되어 있다.

7) 기본법: 직업의 자유

1992년 3월에 채택된 이 법은 이스라엘 사람은 누구나 원하는 업종에 종사할 수 있도록 보장한다. 다만, 공공 치안 · 질서 · 위생 · 환경 · 윤리 등을 위반하면 법적인 제약을 받을 수 있다. 한편, 1994년에 정부와 연합정부를 구성하고 있던 몇몇 종교정당들은 유대교에 적합하지 않는 음식물 수입을 금지하는 법안으로 수정할 것을 국회에 요구, 국회는 이 수정안을 승인하였다.

이스라엘의 기본법은 국회의원 120명 중 61명 이상의 동의를 얻어야 할 만큼 개정하기가 매우 어렵다.

4. 이스라엘 대법원

이스라엘 대법원은 이스라엘 사법제도의 최고기관이며 예루살렘에 있다. 대법원에는 보통 12명의 대법원 판사로 구성되지만, 2000년 샤론 정부 이후 14명으로 늘어났다. 대법원 판사는 특별 위원회에서 선출되는데, 2명의 국회의원 대표도 여기에 참여한다.[12] 대법원은 대법원장이 주도하며, 대법원 판사석에는 3명 또는 사안에 따라 그 이상의 판사가 배석한다. 대법원은 고등법원의 역할도 한다.[13] 이스라엘의 법원제도는 영국과 비슷하다. 네 단계 중 최상

이스라엘 대법원. 나치 전범 아돌프 아히크만 재판 모습이다. 예루살렘, 1961년 7월 7일.

위 단계인 대법원은 상고를 담당하면서 고등법원(HCJ)의 역할도 겸한다. 두 번째 단계에 지방법원이 있고, 세 번째 단계는 경범죄를 취급하는 법원이다. 마지막 네 번째 단계에는 종교, 노동, 가정 등을 담당하는 법원들이 있다. 사법제도를 이끄는 법은 기본법이다. 1984년 채택된 기본법은 선출위원회의 추천을 받은 자에 한해 이스라엘 대통령이 9명의 대법관들을 임명할 수 있도록 명시되어 있다. 9명의 대법관에는 대법원장 1명, 대법원 판사 2명, 법사위원회 국회의원 2명, 변호사협회가 추천한 변호사 2명, 각료 장관 1명, 그리고 의장인 법무장관 1명이다.

대법원은 다른 사법기관에서 다루지 않는 모든 문제들을 다루며 심지어 국가의 결정사항 전반에도 개입할 수 있다. 예를 들어, 무고하게 구속된 이들에

---

12 대법원 특별위원회에 2명의 크네셋의원이 참여해 판사의 임명도 국회의 기능으로 본다.
13 www.knesset.gov.il/lexicon/eng/upper_crt_eng.htm. 이스라엘 크네셋 홈페이지: The Supreme Court.

게 시정명령을 내릴 수 있고 하급법원의 판결을 뒤집을 수도 있으며, 종교법원의 적절치 않은 판결도 시정하여 판결할 수 있다. 또한 기존 법의 해석이나 적용에 문제가 있을 경우 입법담당자에게 적절한 해결책을 찾도록 권고할 수도 있다. 법적 선례를 확립할 경우에도 대법원은 국회와 대등한 역할과 기능을 수행한다.

대법원에 대한 이스라엘 국민들의 신뢰도는 아주 높다. 국민의 70%가 자국의 법 제도에 높은 지지도를 보여 주고 있다. 그러나 대법원이 이스라엘의 최상위 사법기관이지만 국민적 신뢰도에서는 국방부, 감사원에 이어 세 번째 기관이다.[14] 특히 종교법에 대항해 세속인의 인권을 옹호하는 대법원은 늘 종교인들의 공격 대상이었으며, 2005년 8월 가자지역 정착촌의 철수를 결정할 때 이스라엘 정부의 입장을 들어주는 바람에 정착민들로부터 가장 믿을 수 없는 기관으로 인식되기도 했다.[15] 그런데도 여전히 이스라엘 대법원은 국민을 보호하고 민주주의를 지켜내는 기관으로 평가 받는다.

대법원은 유대인들과 아랍 국민들을 대신하여 정부의 결정에 대항하여 정책 결정 과정에 개입하기도 했다. 관련법이 부재하거나 현존하는 법 해석에 차이가 있을 경우, 입법 또는 법률 개정 활동에도 적극적인 모습을 보인다. 1980년대 후반부터 1990년 초기까지 대법원이 판결한 내용들을 보면 이스라엘 대법원의 활동범위와 특징을 알 수 있다.

- 군인 각자의 양심에 거슬릴지라도 점령지에서 임무를 수행하는 것은 군인의 절대적 의무이다.
- 아랍인들에 대한 카나의 "카흐당" 국회의원 후보는 명백한 인종차별 주의자이므로 그가 1988년 선거에 참여하는 것은 금지해야 한다.

---

[14] Gad Barzilai, Ephraim Yuchtman-Yaar, and Zeev Segal, The Israeli Supreme Court and the Israeli Public (Tel Aviv: Papyrus, 1994), p. 69.

[15] 《마아리브》, 2006년 3월 20일자 1면과 12면. 이스라엘 정착촌 위원회에서 정착민들을 대상으로 실시한 국가기관별 신임도를 묻는 여론 조사에서 응답자의 75%가 불신임 기관 1위로 대법원을 선택했다고 밝혔고, 그 뒤를 이어 66%는 강제철거를 주도한 이스라엘 경찰을 꼽았다.

- "진보당"은 국법에 어긋나지 않으므로 1988년 선거에 적합하다.
- 팔레스타인 테러리스트들을 석방하기로 한 보안 당국의 결정은 지지해야 한다.
- 민주주의 기본 원칙을 거스르는 정부의 명령은 무효가 되어야 한다.
- 종교위원회에서 여성 랍비들의 활동을 금하는 것은 위법이다.
- 해외에서 (정통유대교 랍비가 아닌) 개혁 또는 보수 유대교 랍비를 통해 유대교로 개종하는 것은 유효한 것으로 인정해야 한다.
- 국방부 장관이 예시바 종교학교 학생들의 군입대를 면제한 결정은 승인해야 한다.
- 정부가 이스라엘에서 테러범들을 법정심리 없이 추방하도록 한 결정은 지지해야 한다.
- 테러범들의 거처를 파괴하거나 시멘트로 덮어버리도록 한 정부의 결정은 합법적이다.
- 걸프전 기간 동안 팔레스타인의 점령지에 방독면을 지급해야 한다.

대법원은 위와 같은 결정으로 항상 국민적 지지를 받지는 않았지만, 법정에 대한 광범위한 신뢰 덕분에 정부의 독단으로부터 국민을 보호해 주는 제일의 기관으로 두터운 신임을 얻게 되었다.

5. 이스라엘 대통령

이스라엘 대통령은 공식적으로 국가의 수반이다. 히브리어 대통령의 호칭인 "나시"는 주전 1세기에서 주후 5세기 사이 유대인의 정치와 종교, 사법 기능의 최고 기구였던 산헤드린의 수장 이름에서 유래한다. 1964년에 제정된 대통령에 관한 기본법은 대통령의 위상과 선거 자격, 권한 등을 규정하고 있다.[16] 이스라엘 대통령은 국가의 수반이지만 명예직에 국한된 상징적인 존재로서 행정부와는 독립적으로 대통령직을 수행한다. 대통령의 권한은 초대 수상 벤구리온과 초대 대통령이었던 하임 와이즈만의 합의에 의해 결정되었다. 이스라엘 대통령은 크네셋에서 비밀투표로 선출되며, 7년의 임기로 1회에 한해 재선이 가능하다. 대통령 후보는 적어도 국회의원 10명의 추천을 받아야 하고 과반수 이상을 득표해야 하며, 처음 2회의 비밀투표에서는 제적의원 과반수(최소 61표 이상)를 얻어야 한다. 대통령은 제적의원 3분의 1 이상의 동의로 사임될 수 있다.[17]

(1) 대통령의 역할과 위치

이스라엘 대통령은 국가의 대표로서 ① 나라 안팎의 각종 공식행사에 참석하고 ② 해외 파견 대사에 임명장을 수여하며 ③ 이스라엘 주재 각국 대사에게 신임장을 수여하고 ④ 크네셋의 추천으로 감사관을 임명하고 ⑤ 새 크네셋을 소집해 개원하며 ⑥ 정부로부터 국무회의 보고를 받고 ⑦ 국회에서 결정된 법안 중 대통령과 관련된 법 이외의 모든 법안에 서명하며 ⑧ 매 선거 후 각 정당대표들의 의견을 수렴하여 한 정당의 의원을 지명해 정부를 구성하도록 결정하며 ⑨ 수상이 국회를 해산하고자 할 때 대통령의 동의가 있어야 하며 ⑩ 대법관과 이스라엘은행 총재를 임명하며 ⑪ 수감자의 형량 경감이나 사면을 지시할 수 있다.

비록 대통령의 역할이 광범위하지만 정치활동과는 직접적인 연관성이 없다. 대통령은 국가의 도덕적이고 상징적인 존재로서 각종 행사에 참관하거나 교육적 기능을 수행하는 역할에 국한된다. 국가 원수로 예우를 받는 대통령은 상징적인 존재로 인해 아주 특별한 경우를 제외하고는 탄핵되지 않는다.

---

16 www.knesset.gov.il/president/eng/presidency_frame_eng.htm. 이스라엘 크네셋 홈페이지: 이스라엘 대통령에 관한 기본법.

17 최근의 사례로, 에제르 와이즈만 대통령은 뇌물수수혐의로 검찰 조사는 받지 않았지만 여론의 거센 비난으로 2000년 7월 13일에 사임했고, 모쉐 카짜브 대통령은 성희롱 스캔들로 인해 임기 15일을 남겨두고 2007년 7월 1일 사임했다. 이 전직 두 대통령은 국회 투표 전에 직접 사임했다.

법적으로는 10명의 크네셋 의원의 발의로 탄핵을 주도할 수 있지만 지금까지 탄핵된 대통령은 없었다. 건강상의 이유로 대통령이 직무를 수행할 수 없을 때는 4분의 3의 동의를 얻어 4개월 한정으로 자격을 상실할 수 있고, 대통령 유고 시에는 30일 이내에 새로운 대통령을 선출해야 한다. 대통령 권한대행은 크네셋 의장이 맡으며, 의장은 이 기간 동안 크네셋 회의를 주재할 수 없다. 이스라엘의 대통령의 업무는 비정치적 성격을 갖지만 대통령의 역할이나 선거와 관련해서는 다분히 정치적이다.

다비드 벤구리온은 이스라엘의 건국 이전 가장 영향력 있는 정치 지도자였다. 벤구리온이 이스라엘 건국 정부의 수상으로 세워지는 것은 당연하게 여겨졌고, 대통령의 직무나 위상에 대한 검토가 이루어지기도 전에 이미 최고 권력자로서 직무를 시작했다. 따라서 후에 정해질 대통령은 수상 이상의 권한과 권력이 주어질 수 없었다. 당시 해외에 머물고 있었던 와이즈만이 초대 대통령으로 임명되기 전까지 대통령 집무실이 마련되지 않았을 뿐 아니라, 그는 대통령의 직무를 수행하기에는 연로했고 건강도 좋지 않았다. 따라서 와이즈만은 대통령의 정해진 역할과 권한대로만 수행해야 하는 상황이었다. 게다가 와이즈만은 마파이당과 히스타드루트 전국노동조합을 장악하고 있던 벤구리온에 비해 아무런 정치적인 기반이 없었다. 와이즈만은 대통령으로서 이스라엘의 모든 사회분야를 대표하고 있었음에도 실제 정치 현장에서는 철저히 배제되어 있었다. 예를 들어, 대통령인 그가 정치적 이슈에 대해 자신의 견해를 표명하면 벤구리온에 즉각 제지를 당했다. 한편, 벤구리온은 알버트 아인슈타인에게 이스라엘 대통령직을 제안했지만 아인슈타인은 이를 거부했다. 와이즈만 이후 마파이당 또는 노동당과 관련 있는 6명의 인물이 연속해서 이스라엘의 대통령이 되었지만 그들로부터 강력한 정치력이나 지도력을 발휘한 경우는 극히 찾아보기 힘들었다.

1953년, 와이즈만의 뒤를 이어 이츠하크 벤 쯔비(1953-1963)가 이스라엘의 2대 대통령으로 추대되었다. 그는 시온주의 지도자이자 학자로서 대통령제에 관한 학술적 논쟁의 장을 마련했다. 그는 종교 및 소수단체에도 관심을 가졌으나 건강이 좋지 않아 직무수행에 한계가 있었다. 3대 대통령으로는 역시 학자 출신의 잘만 샤쟈르(1963-1973)가 추대되었다. 그는 전직 대통령의 관심사를 발전시켜 구약연구회와 디아스포라학회를 설립했다. 4대 대통령에는 젊고 정치적 열정이 많은 에프라임 카찌르(1973-1978)가 추대되었다. 그는 와이즈만 대통령의 업적을 분석하는 연구기관을 이끌고 대통령의 적극적인 역할을 강조했지만 결실을 맺지는 못했다. 5대 대통령에 이츠하크 나본(1978-1984)이 선출되었다. 그는 이스라엘 태생의 첫 대통령이자 대통령에 오른 최초의 스파라디 유대인이었다. 따라서 나본의 대통령 당선은 스파라디 유대인들에게는 최고의 영예였다. 특히 나본이 노동당이 아닌 하리쿠드당의 집권시절에 대통령이 된 것은 놀라운 일이었다. 6대 대통령에는 아일랜드 태생으로서 장군 출신이자 대사를 역임한 하임 헤르조그(1984-1993)가 선출되었다. 그는 최고랍비의 아들이기도 했다. 1993년 7대 대통령에는 에제르 와이즈만이 선출되었다. 그는 공군을 창설하고 1977년 하리쿠드당을 도와 노동당을 누른 장본인이다. 베긴 수상은 와이즈만을 국방부장관에 임명했으며, 그의 처남이자 외교부장관이었던 모쉐 다이얀과 베긴을 설득해 이집트와 평화조약을 맺게 했다. 1980년 와이즈만은 강경론자에서 온건론자로 변모해 하리쿠드당을 탈당하고 야아드당을 설립하였으며, 1984년 선거에서 노동당 편에 섰다. 와이즈만은 역대 대통령 중에서 가장 정치적인 인물이었다. 와이즈만이 정치 스캔들로 인해 스스로 물러나자 모쉐 카짜브가 그 뒤를 이어 8대 대통령이 되었다.[18] 모쉐 카짜브는 성희롱 스캔들로 임기 15일을 앞두고 사임하였으며, 제9대 대통령에 시몬 페레스 전 수상이 선출되었다.

[18] www.knesset.gov.il/president/eng/previous_vote_frame_eng.htm. 이스라엘 대통령 홈페이지: 역대 이스라엘 대통령선거 자료.

53 초대 대통령 하임 와이즈만이 과도기 정부 위원회에 첫선을 보이고 있다. 텔아비브, 1948년 9월 30일.

(2) 이스라엘 역대 대통령

1) 하임 와이즈만(1874-1952)[19]

이스라엘 초대 대통령인 하임 와이즈만은 1874년 러시아 모톨에서 태어났다. 핀스크에서 공부할 당시 그는 과학적인 재능이 뛰어난 학생이었고 시온주의 운동에서도 두각을 나타냈다. 1892년에 독일로 유학을 떠나 독일과 스위스에서 교육을 받았고, 1899년에 화학 분야에서 박사 학위를 받았다. 와이즈만은 1898년에 제2회 시온주의 의회에 참여했으며, 1903년 정당 창립에도 참여했다. 1903년 영국이 아프리카에 유대인 정착촌을 계획한다는 일명 "우간다 플랜"을 제안했을 때 와이즈만은 이를 반대하는 대표단의 청소년 대표

19 http://en.wikipedia.org/wiki/Chaim_Weizmann. Chaim Weizmann (1949). Trial and Error: The Autobiography of Chaim Weizmann. Jewish Publication Society of America. http://www.mfa.gov.il/MFA/Facts+About+Israel/State/Chaim+Weizmann.htm

순서	사진	이름	임기 시작	임기 마감	소속정당
1		하임 와이즈만 Chaim Weizmann	1948년 5월 17일	1952년 11월 9일 [1]	없음
2		이츠하크 벤 쯔비 Yitzhak Ben-Zvi	1952년 12월 8일	1963년 4월 23일 [2]	마파이
3		잘만 샤자르 Zalman Shazar	1963년 5월 21일	1973년 5월 24일	마파이
4		에프라임 카찌르 Ephraim Katzir	1973년 5월 24일	1978년 4월 19일	마아라흐
5		이츠하크 나본 Yitzhak Navon	1978년 4월 19일	1983년 5월 5일	마아라흐
6		하임 헤르조그 Chaim Herzog	1983년 5월 5일	1993년 5월 13일	마아라흐
7		에제르 와이즈만 Ezer Weizman	1993년 5월 13일	2000년 7월 13일 [3]	하아보다
8		모쉐 카짜브 Moshe Katsav	2000년 8월 1일	2007년 7월 1일 [4]	하리쿠드
9		시몬 페레스 Shimon Peres	2007년 7월 15일	재직 중	카디마

1 다비드 벤구리온은 와이즈만을 1948년 5월 14일부터 17일까지 임시정부위원회의 의장으로 임명했다. 와이즈만의 직무는 1949년 2월 17일 크네셋에서 그를 대통령으로 선포하기까지 계속되었다. 1952년 11월 9일 와이즈만이 사망하자 국회의장 요세프 스프린작이 대통령 권한대행을 수행했고, 1952년 12월 8일에 이츠하크 벤쯔비가 제2대 대통령에 임명되었다.
2 1963년 4월 23일, 이츠하크 벤 쯔비가 사망하자 국회의장 카디쉬 루즈가 대통령 권한대행을 수행했고, 1963년 5월 21일에 잘만 샤자르가 3대 대통령에 임명되었다.
3 와이즈만이 사임하자 국회의장 아브라함 버그가 대통령 권한대행을 수행했고, 2000년 8월 1일에 모쉐 카짜브가 제8대 대통령에 임명되었다.
4 2007년 1월 25일 카짜브가 경찰 조사를 위해 직무를 정지당하자 국회의장 달리아 이치크가 대통령 권한대행을 수행했고, 2007년 7월 1일에 시몬 페레스가 제9대 대통령에 임명되었다.

로 참여했다.

1904년, 와이즈만은 30세의 나이에 영국 맨체스터 대학 교수가 되었고, 1907년 처음으로 성지 유대 땅을 방문했지만 거기에 정착하지 않고 1910년에 영국 시민이 되었다. 와이즈만은 1차 세계대전 이후 영국 의회와 연계세력을 기반으로 시온주의 지도자로 부상했다. 와이즈만은 전쟁 중에 과학적 업적으로 전쟁에 기여했고, 1917년에는 전쟁에 기여하며 맺은 탄탄한 인맥과 외교적 노력으로 팔레스타인 땅에서 발포어선언을 이끌어냈다. 같은 해에 와이즈만은 영국의 시온주의연합의 의장이 되었고 발포어선언과 시온주의 운동으로 정치적 지위를 확보하였다. 1919년, 그는 아랍과 시온주의 간의 협력관계를 이끌어냈고 1921년에는 세계시온주의 조직의 총재로 선출되었다. 그러나 그의 반대편에 서 있는 사회주의들에게 패하여 간헐적으로 그 지위를 수행하였다. 와이즈만은 1925년 예루살렘에 히브리대학이 설립되는 데에도 크게 이바지하였다.

와이즈만은 1937년 팔레스타인의 르호봇에 정착했다. 1942년 와이즈만이 영국 런던에 체류하고 있을 때 미국 루즈벨트 대통령은 와이즈만에게 미국으로 건너와 2차 세계대전의 해법을 찾는 데 도움을 줄 것을 요청했다. 루즈벨트 대통령의 요청을 받아들여 공항으로 가던 중 그는 아들이 공군 작전 중에 사망했다는 소식을 듣게 되었다. 영국과 긴밀한 관계에 있던 터라 그의 친영국정책은 1946년 시온주의회에서 비판을 받기도 했다. 그는 1947년 뉴욕으로 자리를 옮겨 트루먼 대통령의 지원을 받아내기 위해 노력했다. 와이즈만은 1948년 이스라엘의 대통령에 당선되었으며 1952년 사망할 때까지 대통령직을 수행하였다.

2) 이츠하크 벤 쯔비(1884-1963)[20]

제2대 대통령인 벤 쯔비는 1884년 우크라이나에서 출생했다. 벤 쯔비는 1904년 팔레스타인 땅에 정착했으나 곧 키예브로 유학을 떠났다. 1905년의 대학살에서 벤 쯔비는 유대인 방어운동에 적극 가담하였고 1907년 이민자 신

54 제2대 대통령 벤 쯔비가 새 각료 인사청문회를 마친 후 크네셋을 나서고 있다. 예루살렘, 1955년 11월 2일.

분으로 다시 팔레스타인 땅으로 돌아와 사회주의 운동에 동참했다. 그는 1912년부터 1914년까지 벤구리온과 함께 콘스탄티노플에서 법학을 공부하였으나 1차대전의 발발로 학업을 중도에 그만두었다. 벤 쯔비는 벤구리온과 함께 체포되어 미국으로 추방되었고, 뉴욕에서 포알레이-찌욘 팔레스타인 위원회에서 헌신적으로 활동했다. 벤 쯔비와 벤구리온은 1917년에 『이스라엘 땅의 어제와 오늘』이란 책을 이디쉬어로 발간했다. 이 책은 이스라엘 지역의 지리, 정치, 역사 농업, 상업 등을 다룬 것으로 4,000여 권이 출판되어 널리 배포되었으며, 미국 유대인과 이스라엘 지역의 관계를 강화하는 데 공헌했다.

1918년에 이스라엘 돌아온 벤 쯔비는 결혼 후 아흐둣-하아보다당 설립에 동참했고 히스타드루트 집행위원회 간부로도 활동했다. 이슈브의 전국 위원회가 열렸을 때 벤 쯔비는 관리직에 임명되었고 1931년 전국위원회 의장이 되었다가 1945년 회장에 선출되었다. 벤 쯔비는 이스라엘이 독립한 후 국회의원은 되었지만 장관직까지는 오르지 못했다. 1952년 와이즈만 대통령이 사망하자 이스라엘 제2대 대통령에 선출되었고, 1963년 죽기 전까지 한 번 더 대통령직을 수행하였다. 유대인의 민족적 문제들을 광범위하게 다룬 그는 역사가이자 지식인으로 추앙을 받았다.

3) 잘만 샤자르(1889-1974)[21]

이스라엘의 제3대 대통령인 잘만 샤자르는 1889년 러시아에서 태어났다. 1912년에 2세대 이민자로 팔레스타인 땅에 이주하였으나 1차 세계대전 전까지 유럽에서 유학하여 역사가로 활동하였다. 1923년에 13차 시온주의 회의에서 시온주의 집행부 위원으로 선출되었다. 같은 해 그는 비엔나 유대인교육대학의 교수 초빙에 응하여 팔레스타인으로 이민하기까지 2년간 이 대학에서 재직했다. 그는 1924년에 팔레스타인 땅에 정착하면서 노동운동과 시온주의운동에 온 힘을 쏟는다. 히스타드루트 전국노동조합의 집행위원으로 활동하면서 1944년부터 1949년까지 히스타드루트 기관지인 《다바르지》의 편집장을 맡는 한편 마파이당과 아흐둣-하아보다당에서도 다양한 활동을 펼쳤다. 잘만 샤자르는 노동운동에 깊이 관여했고, 역사연구를 비롯해 성경과 유대인의 역사, 이디쉬어를 연구하는 등 학자로서도 널리 알려졌다. 잘만 샤자르는 자신의 인생을 유대국가를 건설하는 데 바쳤다. 이스라엘의 독립선언문 작성시 초고 작성자로 참여했으며 초대부터 3대까지 국회의원으로서 활동했다. 건국 후 1949년에는 교육문화부 장관으로 취임하였다. 1951년에는 모스크바 재외공관에서 이스라엘 대표를 지냈으며, 1963년에 74세의 나이로 제3대 대통령에 선출되어 1973년까지 대통령직을 수행했다. 잘만 샤자르는 자신이 기거한 대통령 관저를 유대인의 정신과 문화의 장으로 만들었다.

---

[20] http://en.wikipedia.org/wiki/Yitzhak_Ben-Zvi. Shaul Mayzlish (1985). *The first political assassination in Israel*, 1st Edition (in Hebrew), Tel Aviv: Modan Press. http://www.mfa.gov.il/MFA/Facts+About+Israel/State/Yitzhak+Ben-Zvi.htm

[21] http://en.wikipedia.org/wiki/Zalman_Shazar. http://www.mfa.gov.il/MFA/Facts+About+Israel/State/Zalman+Shazar.htm.

55 제3대 대통령 잘만 샤자르가 새 각료들과 함께 예방한 골다 메이르 수상과 악수를 나누고 있다.
예루살렘, 1969년 3월 17일.

4) 에프라임 카찌르(1916-)[22]

1916년 우크라이나 키예프에서 태어난 에프라임 카찌르는 여섯 살에 부모와 함께 이스라엘에 와서 1941년 히브리대학에서 박사학위를 받았으며,[23] 히브리대학에서 학자로서 학문 활동과 후진 양성에 매진하였다. 1948년 독립전쟁이 극에 달했을 때 초대 대통령 와이즈만의 초청으로 르호봇 와이즈만대학으로 옮겨 생물물리학 분야에서 많은 공을 세웠으며, 이스라엘 국방부 과학부대의 최고 책임자가 되기도 하였다. 1966년부터 1969년까지 레비 에쉬콜 수상의 요청으로 국가 과학연구 분야의 수장으로도 활약했다.

학자 출신인 에프라임 카찌르는 1973년부터 1978년까지 이스라엘의 제4대 대통령을 지냈다. 1973년 대속죄일전쟁 당시 대통령으로 전쟁 부상자와 군가족, 전방부대를 돌며 어려운 시기를 국민과 함께했다. 1977년 이집트 안와르 사다트 대통령이 역사적인 예루살렘 방문을 했을 때 카찌르는 대통령으로서 그를 따뜻하게 맞이했다. 이로써 그는 전쟁의 어려운 시기와 평화의 진전

제4대 대통령 에프라임 카찌르가 부수상인 이갈 야딘과 악수를 나누고 있다. 예루살렘, 1977년 10월 30일.

을 목도하는 극적인 역사의 주인공이 되었다. 대통령에서 물러난 후 과학계로 돌아와 학문활동을 재개했으며, 텔아비브대학에 과학과를 설치하는 데도 주도적으로 활동했다.

5) 이츠하크 나본(1921-)[24]

이츠하크 나본은 이스라엘에서 대대로 살아온 스파라디 유대인으로 1921년 예루살렘에서 태어났다. 나본은 히브리대학에서 히브리어 문학과 이슬람문화를 전공하고, 지방의 한 고등학교에서 교사생활을 했다. 1946년부터 1948년까지 나본은 하가다의 아랍부문을 담당했고, 후에 우루과이와 아르젠

22 http://www.mfa.gov.il/MFA/Facts+About+Israel/State/Ephraim+Katzir.htm.
23 에프라임 카찌르의 큰 형인 아하론 역시 이스라엘의 탁월한 과학자였으나 1972년 테러단체의 공격으로 공항에서 살해되었다.
24 http://en.wikipedia.org/wiki/Yitzhak_Navon., http://www.mfa.gov.il/MFA/Facts+About+Israel/State/Yitzhak+Navon.htm

57 제5대 대통령 이츠하크 나본이 제10대 크네셋 출범식에서 마아라흐당 시몬 페레스를 만나고 있다. 1981년 7월 20일.

티나 이스라엘 대사관 서기관을 지내는 등 외무부에서 근무했다. 1952년부터 1963년까지는 벤구리온의 보좌관을 지내다 1965년 벤구리온이 주도한 라피당 설립에 참여했다. 1965년에 국회의원에 당선된 후 1978년까지 국회에 있었다. 국회에서 외교 및 안보위원회의 의장을 지낸 나본은 제28차 시온주의 기구에서 세계시온주의기구 의장으로 선출되었다. 나본은 의장으로 일을 하며 세계 유대인단체의 지도자들과 가까워지게 되었다. 이츠하크 나본은 1978년에 제5대 대통령으로 선출되어 1983년까지 임기를 지속했다.

나본은 대통령 재임 당시 이집트 대통령 안와르 사다트의 초청을 받아 이집트를 방문한 최초의 대통령이 되었다. 당시 스파라디 유대인으로서는 최고 위직에 오른 인물로, 대통령 은퇴 후 1984년과 1988년에 교육문화부 장관을 지냈다.

그러나 그는 후에 대통령직 이후 다시 정치계에 들어온 것을 후회하며, 누구든지 대통령이 되면 그것으로 정치생활은 마지막으로 해야 한다는 말을 남

58 제6대 대통령 하임 헤르조그가 새 정부를 구성하고 예방한 수상 샤미르를 만나 인사말을 하고 있다. 1990년 4월 27일.

겼다. 정치계를 떠난 후 나본은 네옷케두밈 성서식물원과 루빈아카데미 의장 등을 맡았다.

6) 하임 헤르조그(1918-1997) [25]

이스라엘의 제6대 대통령 하임 헤르조그는 1920년 아일랜드 벨페스트에서 태어났다. 하임 헤르조그의 아버지는 아일랜드 최고랍비 이츠하크 이삭 할레비 헤르조그로, 1937년 이스라엘 땅의 최고랍비였으며, 건국 이스라엘 초대 최고랍비를 지냈다. 하임 헤르조그는 1935년에 가족과 함께 팔레스타인에 들어와 메르카즈 하라브 쿡 예시바에서 공부했고, 1938년에 영국으로 건너가 법학을 공부했다. 그는 런던대와 캠브리지대에서 수학하였으며 1942년에 학업을 마쳤다.

[25] http://www.mfa.gov.il/MFA/Facts%20About%20Israel/State/Yitzhak%20Navon.

2차 세계대전이 발발하자 영국군에서 훈련받고 활동했으며, 노르망디 상륙작전에도 참여했다. 그는 라인강을 건너 나치 독일에 들어간 첫 부대의 일원이었다. 당시 고위장교로서 큰 활약을 한 후 1947년 이스라엘로 건너와 하가나와 이스라엘 군의 정보부 고위직으로 복무했다. 6일전쟁 당시 이스라엘 라디오 뉴스 해설자로 활약하면서 당시 이스라엘인들의 용기와 사기에 큰 영향을 끼쳤다.

헤르조그는 라피당 설립에 참여했으며, 후에 노동당과 연합하며 정치활동을 했다. 1975년 하임 헤르조그는 주 유엔대사 당시 이스라엘의 국제적인 위상을 높이는 데 큰 공을 세우는 등 외교 전방에서도 활약했다. 1983년 이스라엘 제6대 대통령에 당선되었으며, 1988년에는 120명의 의원 중 119명의 절대적인 지지로 재선되어 1993년까지 대통령직을 수행하였다.

7) 에제르 와이즈만(1924-2005)[26]

제7대 대통령인 에제르 와이즈만은 초대 대통령 하임 와이즈만의 조카로 1924년 텔아비브에서 태어났다. 2차 세계대전 때 영국 공군장교로 프랑스와 인도에 배치되었다. 1946년에서 48년까지 건국 이전 지하단체에서 활약하였고, 1948년 건국 이후 이스라엘 공군에서 복무하였다. 1958년부터 1966년까지 8년간 이스라엘 공군 사령관을 지내며 6일전쟁에서 큰 명성을 떨쳤다. 1969년 부참모총장으로 전역 후 연립내각에서 건설교통부 장관이 되었다. 하리쿠드 정권에서 1977년 국방부 장관이 되었으며, 캠프 데이비드에서 열린 이집트와의 협상에서 중요한 역할을 수행했다.

그러나 그는 평화정책의 진전에 불만을 품고 1980년에 내각에서 사퇴하였고, 1984년에 야아드당을 세워 국회에 들어갔다. 1988년 선거 전까지 그는 노동당과 연계하고자 했고, 1984년에서 1990년까지 연립내각에서 활동하다가 1993년 제7대 대통령에 선출되었다. 그에게 쏟아진 많은 비판에도 불구하고 1998년 대통령에 재선되었다가, 뇌물 수수혐의로 많은 의문이 제기되자 2000년 6월 대통령직에서 사퇴했다.

8) 모쉐 카짜브(1945-) [27]

제8대 대통령인 모쉐 카짜브는 1945년 이란 야즈드에서 태어났다. 1951년 가족을 따라 이스라엘로 이민 와서 키리앗 말라키에 정착했다. 1968년 예루살렘 히브리대학에서 경제학과 수학을 공부하면서 가할당 학생운동에 동참해 정치에 눈을 떴다. 1969년 24세의 나이에 키리앗 말라키 시장에 당선되어 이스라엘 최연소 시장이 되었다. 1974년 하리쿠드당에 합류해 1974년 시장에 재선된 후 1981년까지 시장직을 유지했다.

모쉐 카짜브가 하리쿠드당 소속으로 국회의원 재직할 당시 메나헴 베긴 수상은, 두 번에 걸쳐 카짜브를 이란에 보내 이란 내 유대인들의 귀환을 설득했

26 www.knesset.gov.il/president/eng/former_presidents_frame_eng.htm. http://www.mfa.gov.il/MFA/MFAArchive/2000_2009/2000/7/Ezer+Weizman.htm
27 http://www.mfa.gov.il/MFA/MFAArchive/2000_2009/2002/10/Moshe+Katsav.htm. http://en.wikipedia.org/wiki/Moshe_Katsav

60 에후드 바락 수상이 모쉐 카짜브 대통령 당선을 축하하고 있다. 크네셋 투표에서 카짜브가 페레스를 누르고 대통령으로 선출되었다. 2007년 성 스캔들로 카짜브가 대통령직에서 물러나자 시몬 페레스가 후임 대통령으로 선출되었다. 2000년 7월 31일.

다. 모쉐 카짜브는 주택건설부 차관을 지낸 후 하리쿠드당 최고위원 7인에 들어 정치적으로 승승장구했다. 2000년 대통령으로 선출되기까지 하리쿠드당 최고 위원으로 노동복지부와 관광부 장관을 역임했다. 에제르 와이즈만 대통령이 사임하자 하리쿠드당의 후원으로 노동당의 시몬 페레스를 누르고 2000년 8월 1일, 제8대 이스라엘 대통령에 선출되었다. 모쉐 카짜브는 아랍국가 출신 이민자 중 대통령이 최초의 인물이 되었다.

9) 시몬 페레스(1923-) [28]

이스라엘 역대 수상 p.272 부분 참조.

6. 이스라엘 수상과 내각

이스라엘 정치권력 구도의 최상위에 대통령과 수상이 있다. 대통령이 상징적인 위치라면, 수상은 모든 정치적인 결정을 하는 최고의 권력자이다. 수상은 이스라엘 정부의 수반이며 소속 정당의 당수로서 최고의 정치 권력을 행사한다. 직접 선거로 수상을 선출한 1996년과 1999년 그리고 2001년을 제외하고 수상은 매 선거 후 대통령이 지명한다. 즉 매 선거 전에 각 정당은 당 내규에 따라 수상후보를 정하고 선거에서 최다 의석을 차지하면 해당 수상후보는 수상으로 선출된다.

(1) 수상 선출

이스라엘 수상은 이스라엘 국회 크네셋 선거에서 선출한다. 각 정당은 선거 전에 당내 경선을 통해 수상후보를 뽑는다. 모든 당이 수상후보를 낼 수 있지만 통상적으로 좌파와 우파의 거대 정당을 중심으로 세를 모아 대결을 하고, 소수 정당들은 이들 중 한쪽을 지지한다. 선거 후 대통령은 선거에 참여한 각 정당들의 의견을 수렴해 정부를 구성할 수상후보로 한 명의 의원을 지명한다. 통상적으로 가장 많은 득표를 한 다수당의 수상후보에게 정부구성권이 주어진다. 지명 받은 수상후보는 4주 내에 정부구성안을 대통령에게 제출하는데, 이때 여러 정당들과 연합해 국회의원 정원 120명 중 61명 이상의 의석을 확보해야 한다. 4주 내에 정부가 구성되지 않으면, 다시 2주간의 추가 기회를 얻는다. 수상후보가 국회의원 61명 이상을 확보하지 못해 정부구성에 실패하면 보통 두 번째로 의석이 많은 정당의 수상후보에게 정부구성권이 넘어간다. 만일 두 번째 정당의 수상후보도 정부구성에 실패하면 다시 크네셋 선

28 http://en.wikipedia.org/wiki/Simon_Peres. http://www.mfa.gov.il/MFA/Facts+About+Israel/State/Shimon+Peres.htm. http://www.jewishvirtuallibrary.org/jsource/biography /peres.html.

거를 실시해야 한다. 만약 정부구성에 실패한 다수당이 의석 수 면에서 두 번째 정당과 차이가 크지 않다면 양당이 범 연합정부를 구성해 2년씩 돌아가며 수상직을 수행하는데, 1984년 선거에서 이러한 사례를 찾아볼 수 있다.[29]

수상은 내각과의 의견 불일치나 국회로부터 불신임을 당했을 때 사퇴한다. 이때 대통령은 국회의 여러 당 의원들로부터 자문을 구하고 정식절차를 거쳐 수상을 다시 선출하여 내각을 구성하도록 지시한다. 국회는 80명의 의원들이 동의한 특별 투표로 수상을 퇴진시키고, 다시 선거를 실시할 수 있다. 반면 수상은 대통령의 동의를 얻어 국회를 해산시킬 수 있으나, 수상에 의한 국회 해산은 수상 자신의 임기도 끝나는 동반 사퇴를 의미한다. 국회가 과반수 이상의 찬성으로(61표) 수상에 대한 불신임을 행사하거나, 국가 예산안의 인준을 거부함으로써 수상을 퇴진시킬 수 있다. 그러나 이 경우에도 새로 선거를 실시하여 수상과 국회의원을 다시 선출해야 한다. 수상이 의회에서 과반수 이상 확보에 실패하여 수상 본인이 사퇴할 경우 다음 선거에서 수상이 결정되기 전까지 현 수상이 임시내각을 이끈다. 1951년 벤구리온 내각에서 이러한 선례를 남겼는데, 교육 관련 법안이 국회의 동의를 얻지 못해 수상이 사임하자 대통령의 명령으로 다음 수상선거까지 남은 8개월 동안 임시 수상직을 수행했었다.

(2) 이스라엘의 내각

이스라엘 내각의 각료들은 수상과 대등한 위치에서 중요한 사항을 논의하며 정책집행에도 책임을 지지만, 내각 각료들의 구성이나 권한이 기본법 등에 명확히 규정되어 있는 것은 아니다. 1992년에 수정된 기본법에는 내각 각료수가 총리를 포함하여 8명 이상이되, 18명을 초과할 수 없다고 명시되었다.

---

29 Elazar, Daniel J. and Sandler, Shmuel, Israel's Odd Couple: The 1984 Knesset Elections, Wayne State, University Press, 1990. pp. 221-241.

이때까지 내각 각료 수의 명확한 규정이 없어 1949년에는 12명이었던 각료 수가 1969년에는 24명이 되기도 했다. 연합정부 구성 시 참여 정당의 영향력에 따라 장관직을 배분하기 때문에 필요에 따라 장관직 신설과 통폐합이 이루어지고 무임소 장관을 두기도 하는 등 각료의 수는 항상 유동적이었다. 수상은 적어도 각료의 절반을 크네셋 의원 중에서 임명하도록 하는 등 전통적으로 내각은 국회의원을 중심으로 구성된다. 1965년에서 1970년 사이 18명의 각료 중 12명이 국회의원이었고, 1992년에는 한 명을 제외한 모두가 국회의원이었다. 내각의 장관직은 보통 국회 내의 정당 지도자들에게 할당되는 정치적인 임명직이지만, 외교 재무 및 국방 등 주요 요직은 이 분야에 적합한 정당 실세 인물들에게 할당된다. 수상은 각 정당과 협의해 장관직을 수행할 지도자를 지명해 국회 동의와 인준을 거쳐 임명된다.

내각은 주 1회 소집돼 국가의 주요정책과 새로운 입법사항, 그 외 국가의 전반적인 사항들을 논의한다. 내각에서 결정된 사안들이 국회에 제출되면 각료 모두가 책임을 지며 내각의 장관들이 국정의 모든 현안을 운영한다. 내각 보좌 그룹으로 안보 · 외교 · 농업 · 사회복지 등 다양한 위원회가 있으며, 각 위원회 사무국은 각기 주어진 주제에 맞춰 초고를 작성하고 내각의 활동을 언론에 알리는 등 다양한 활동을 한다. 내각의 모든 장관과 의원은 내각의 신임 및 해산에 공동으로 책임을 진다. 1976년 정부가 미국에서 도착하는 전투기 환영식을 금요일 오후에 열기로 결정하자 종교당은 안식일을 모독했다는 이유로 라빈 수상의 퇴진을 요구했고, 이에 따라 1977년 5월 선거까지 국정을 운영하기는 했으나 노동당 정부 각료 대부분이 사임한 사례가 있다.

(3) 이스라엘 역대 수상[30]

이스라엘 수상을 지낸 인물은 2007년 현재 12명이다. 이 중 4명은 연임은 아니지만 두 번에 걸쳐 수상을 역임했다.

1) 다비드 벤구리온(1886-1973)[31]

1886년 폴란드에서 태어난 이스라엘 초대 수상 벤구리온은 어린 시절 그의 아버지가 세운 유대인학교에서 공부했다. 출생 당시 벤구리온의 첫 이름은 데이비드 조세프 그린이었다. 18세에 바르샤바(Wasaw)로 옮겨 시온주의 사회주의 정당인 포알레이-찌온에 합류한 벤구리온은 1906년에 제2세대 이민자 대열에 합류해 팔레스타인에 이주했다. 벤구리온은 농업인, 학교 교사, 그리고 포알레이-찌온 당원으로 활동했으며, 아흐듯 신문의 회원이기도 했다. 1910년 그는 자신의 이름을 다비드 그린에서 벤구리온으로 바꿨고, 오스만터

[30] http://en.wikipedia.org/wiki/Prime_Minister_of_Israel. www.pmo.gov.il/PMOEng/History/FormerPrimeMinister.
[31] John, Robert St., Ben-Gurion: Builder of Israel, London Publishing Co., 1998.
Zweig, Ronald, David Ben-Gurion: Politics and Leadership in Israel, Routledge, 1991.
http://en.wikipedia.org/wiki/David_Ben-Gurion. www.palestineremembered.com/Acre/Famous-Zionist-Quotes/Story638.html. www.jafi.org.il/education/100/people/BIOS/bg.html. www.pmo.gov.il/PMOEng/Government/Memorial/PrimeMinisters/Ben_Gurion.htm.

순서	사진	이름	임기 시작	임기 마감	소속정당
1		다비드 벤구리온 David Ben-Gurion	1948년 5월 14일	1953년 12월 7일	마파이
2		모쉐 샤레트 Moshe Sharett	1953년 12월 7일	1955년 11월 2일	마파이
		다비드 벤구리온 David Ben-Gurion	1955년 11월 2일	1963년 6월 21일	마파이
3		레비 에쉬콜 Levi Eshkol [1]	1963년 6월 21일	1965년 11월 1일	마팜
		레비 에쉬콜 Levi Eshkol [2]	1965년 11월 1일	1969년 2월 26일	마아라흐
3b		이갈 알론 Yigal Allon (권한대행) [2]	1969년 2월 26일	1969년 3월 17일	마아라흐
4		골다 메이르 Golda Meir	1969년 3월 17일	1974년 6월 3일	마아라흐
5		이츠하크 라빈 Yitzhak Rabin	1974년 6월 3일	1977년 4월 22일	마아라흐
5b		시몬 페레스 Shimon Peres (권한대행) [3]	1977년 4월 22일	1977년 6월 21일	마아라흐
6		메나헴 베긴 Menachem Begin	1977년 6월 21일	1983년 10월 10일	하리쿠드
7		이츠하크 라빈 Yitzhak Shamir	1983년 10월 10일	1984년 9월 14일	하리쿠드
8		시몬 페레스 Shimon Peres [4]	1984년 9월 14일	1986년 10월 20일	마아라흐
		이츠하크 샤미르 Yitzhak Shamir [4]	1986년 10월 20일	1992년 7월 13일	하리쿠드
		이츠하크 라빈 Yitzhak Rabin [5]	1992년 7월 13일	1995년 11월 4일	하아보다

순서	사진	이름	임기 시작	임기 마감	소속정당
		시몬 페레스 Shimon Peres [5]	1995년 11월 4일	1996년 6월 18일	아보다
9		벤야민 네탄야후 Benjamin Netanyahu	1996년 6월 18일	1999년 7월 6일	하리쿠드
10		에후드 바락 Ehud Barak	1999년 7월 6일	2001년 3월 7일	아보다
11		아리엘 샤론 Ariel Sharon [6]	2001년 3월 7일	2005년 11월 21일	하리쿠드
		아리엘 샤론 Ariel Sharon [67]	2005년 11월 21일	2006년 1월 4일	카디마
11b		에후드 올메르트 Ehud Olmert (권한대행) [7]	2006년 1월 4일	2006년 4월 14일	카디마
12		에후드 올메르트 Ehud Olmert [7]	2006년 4월 14일	재직 중	카디마

1　1965년 '마파이'는 '이후드 아보다'와 연합해 '마아라흐 아보다'를 형성했다가 후에 '마아라흐'로 이름을 바꾸었다.

2　에쉬콜이 수상 재직 중 사망하자 이갈 알론이 수상 대행으로 직무를 수행한 후 골다 메이르가 수상이 되었다.

3　라빈 수상이 여러 스캔들로 인해 물러나자 시몬 페레스가 1977년 선거까지 비공식적으로 이츠하크 라빈을 대신했다.

4　1984년 선거 이후 하리쿠드와 마아라흐는 수상을 각각 2년씩 번갈아가며 맡는다는 조건으로 연합정부 구성에 합의했다. 마아라흐의 시몬 페레스가 첫 2년을 맡고, 이츠하크 샤미르가 남은 2년을 맡았다. 1988년 선거 후 하리쿠드는 마아라흐 없이 단독 정부를 구성하고 샤미르가 수상이 되었다.

6　2005년 11월 21일, 샤론 수상과 몇몇 장관 그리고 의원이 하리쿠드를 떠나 신당 카디마를 세웠다. 당시 가자철수와 요르단 서안의 최종 지위를 놓고 첨예한 갈등을 빚었다. 샤론은 2006년 선거에서 승리해 수상직을 계속 수행했다.

7　2006년 1월 4일, 샤론 수상이 뇌출혈로 쓰러지자 1월 4일부터 4월 14일까지 에후드 올메르트가 수상 대행을 했고, 이후 에후드 올메르트가 수상이 되었다.

29　이스라엘 역대 수상

62 초대수상 다비드 벤구리온(가운데)이 네게브 사막 스테 보케르 키부츠에서 산책을 하고 있다. 왼쪽이 시몬 페레스. 네게브 스데 보케르, 1969년 3월 1일.

키제국에 자신의 정당을 대표하기 위한 조치로 1911년에서 1914년까지 살로니카에서 터키어를, 콘스탄티노플에서 법학을 공부하였다. 이후 미국으로 건너가 시온주의 사회주의 입지를 위해 활동했고, 1차 세계대전이 발발하자 다시 팔레스타인으로 돌아와 1919년 아흐둣-하아보다를 세웠다. 1920년에는 전국노동조합 히스타드루트를 설립했고, 1921년부터 35년까지 히스타드루트의 의장으로 활동했다. 1930년에 마파이당을 설립해 세계유대인연합회를 대표했고, 1935년부터 1948년 사이 유대인관청 의장을 지냈다.

벤구리온은 유대 땅에 이스라엘 건국을 주도해 1948년 5월 이스라엘 건국을 공표하면서 이스라엘 초대 수상 및 국방부 장관이 되었다. (1948-1953) 1955년 이집트 이스라엘 스파이 사건이 터지자 정치일선에 복귀해 샤레트 정부에서 국방부장관을 지냈다. 1959년과 1961년 선거에서 승리한 벤구리온은 다시 한번 수상과 국방부장관을 지냈다. 1963년 현직에서 은퇴했지만 여전히 왕성한 정치활동을 했다. 벤구리온과 그의 후임 수상 레비 에쉬콜 간의 불화로, 벤구리온은 마파이를 떠나 1965년 라피당을 세워 그 해 선거에서 10석을 차지하며 마파이당에 대항했다. 1968년 라피당이 노동당 출범에 동참하자 벤구리온은 다시 맘라흐티당을 세워 1969년 선거에서 4석을 얻었다. 1970년에 정계를 은퇴한 벤구리온은 네게브의 키부츠 세덱 보케르로 돌아갔고 73년에 사망했다.

2) 모쉐 샤레트(1894-1965)[32]

제2대 수상 모쉐 샤레트는 1894년 우크라이나에서 출생하여 12살이 되던 해인 1906년에 부모와 함께 팔레스타인으로 이주했다. 모쉐 샤레트의 출생 당시 붙여진 이름은 모쉐 쉐르토크였으나 후에 모쉐 샤레트로 이름을 바꾸었다. 샤레트는 1913년 콘스탄티노플에서 법학을 공부했고, 1차 세계대전 중인 1916년에 터키군대에서 활동했다. 군 복무 후 유대공동체를 위한 부동산 구입 기관에서 일했고, 아흐둣-하아보다당과 하가나[33]에서 왕성한 활동을 했다. 1920년에는 런던 경제학교에 유학해 학사학위를 취득했고 유학기간 동안 세계시온주의기구에서 활동했다. 1925년 팔레스타인으로 돌아온 후 31년까지 샤레트는 히스타드루트의 《다바르》지 편집장을 지냈고, 1933년에는 유대기관의 정치부장이 되어 이스라엘 독립 전까지 역할을 담당했다. 그는 이스라엘 건국 당시 외무부 장관을 역임했고, 벤구리온이 1953년 수상직을 사임하자 그의 후임 수상으로 임명되었다. 모쉐 샤레트는 정치적·관료적 성향에 있어 벤구리온보다 다소 온건함을 보였다. 그는 이스라엘 외무부를 창설하는 데 기여했고, 외무부 장관에 있던 1953년 12월부터 55년 말까지 수상직을 겸임했다. 1955년에 벤구리온이 국방부 장관으로 임명되자 그와 정치적 성향과 맞지 않았던 샤레트는 1956년에 나본사건에 휘말려 수상직에서 물러났다. 이후 1960년 세계시온주의기구와 유대기관의 의장으로 재직한 모쉐 샤레트는 1965년 사망했다.

3) 레비 에쉬콜(1895-1969) [34]

제3대 수상 레비 에쉬콜은 1895년 우크라이나에서 출생했다. 16세 때 유대인학교에 입학해서 공부했고, 19세인 1914년에 팔레스타인으로 이주해 농업에 종사하며 정치활동을 했다. 에쉬콜은 갈릴리 키부츠 드가니아를 세운 일원이었다. 1920년에 그는 군사 무기를 확보하고자 유럽으로 건너가 1930년에 이

---

[32] Sheffer, Gabriel, Moshe Sharett: Biography of a Political Moderate, Oxford University Press, 1996. http://en.wikipedia.org/wiki/Moshe_Sharett. www.jafi.org.il/education/100/people/ BIOS/sharett.html. www.pmo.gov.il/PMOEng/Government/Memorial/PrimeMinisters/Moshe _Sharet.htm. www.mfa.gov.il/MFA/Facts%20About%20Israel/State/Moshe%20Sharett.

[33] 하가나는 히브리어로 "Defense"란 의미로 영국 식민지 당시 팔레스타인 땅에서 활동한 유대인 군사조직을 말한다. 유대인 키부츠와 농장을 보호하고 공격적인 아랍인들 대항하기 위해 조직되었다.

[34] Christman, H.M., State Papers of Levi Eshkol, Funk&Wagnalls, 2000. http://en.wikipedia.org/wiki/Levi_Eshkol. www.jewishvirtuallibrary.org/jsource/biography/eshkol.html. www.pmo.gov.il/PMOEng/Government/Memorial/PrimeMinisters/Levi_Eshcol.htm.

슈브 군대의 하가나 사령부 간부가 되었다. 에쉬콜은 1937년에 히스타드루트의 수자원기관인 메코로트를 세웠고 텔아비브 노동조합의 책임자가 되었다.

1940년대에 에쉬콜은 하가나 사령부의 재정을 담당했고, 벤구리온은 그에게 국방부를 맡겼다. 1949년부터 유대기관의 최고책임자가 된 에쉬콜은 1950년대 초반에는 유대인협회 재무담당관 및 농림부 장관을 역임했고, 1952년부터 63년까지 이스라엘 재무부장관을 지내기도 했다. 또한 1950년대에 그는 마파이당 핵심인사로서 자리를 잡고 1961년부터는 벤구리온과 함께 내각을 이끌다가, 벤구리온이 수상직에서 사임하자 1963년에 수상 및 국방부장관직을 맡았다. 에쉬콜의 유화적인 정치 성향은 1965년 선거 전에 마파이당과 아흐둣-하아보다당의 연합을 이끌어냈으며, 1967년 6일전쟁 전날 연합정부를 출범시켜 모세 다이얀에게 국방부장관직을 맡겼다. 6일전쟁에서 이집트·시리아·요르단을 격파하고, 사마리아·유대·골란고원·가자지구·시내반도를 점령했다. 1968년에는 마파이당, 아흐둣-하아보다당, 라피당을 연합하

65 제4대 수상인 골다 메이르가 크네셋에서 정부 정책을 발표하고 있다. 1971년 2월 9일.

여 노동당을 탄생시켰다. 레비 에쉬콜은 1969년 자신의 집무실에서 심장마비로 사망했다.

4) 골다 메이르(1898-1978)[35]

제4대 수상인 골다 메이르(본명, 골다 메보비츠)는 1898년 러시아에서 태어났다. 골다 메이르의 가족은 1906년 미국 밀워키로 이주했다가, 1921년에 3차이민행렬을 따라 팔레스타인으로 이주했다. 골다는 1924년까지 메르하브야키부츠에서 생활했고, 1925년에는 아흐둣-하아보다당 일원이 되었다. 1928년여성노동자협회의 사무국장이 되었고, 1933년 히스타드루트 노동조합의 집

35 Downing, David, Golda Meir: Leading Lives, Heinemann Library, 2003.
Amdur, Richard, Golda Meir: A Leader in Peace and War, Ballantine Books, 1990.
http://en.wikipedia.org/wiki/Golda_Meir. www.pmo.gov.il/PMOEng/Government/Memorial/
PrimeMinisters/Golda.htm.

행위원회 간부가 되었으며, 1940년에는 히스타드루트 기금모금 프로젝트의 책임자로 임명되었다. 1946년 6월 많은 수의 마파이 당원들이 영국에 의해 구금되었을 때, 그녀는 유대인관청의 정치부문을 이끌었다. 골다는 이스라엘 독립 이전 예루살렘의 정치조직에서 활동하며 1947년부터 2년 동안 요르단 국왕 아둘라와 비밀협약을 이끌어내기도 했다. 1948년 독립 직후 첫 러시아 대사를 역임했고, 러시아에서 돌아온 1949년부터 56년까지 노동부 장관 및 사회복지부 장관, 그리고 1956년부터는 샤레트의 뒤를 이어 65년까지 외무부 장관을 지냈다.

나본사건 때 골다는 벤구리온과 의견을 달리하며 대립하였고, 1966년에는 마파이당 총재가 되었다. 골다는 1968년에 정치와 관련된 대부분의 직위에서 사임하였으나, 71세가 되던 1969년에 에쉬콜이 사망하자 다시 정계로 복귀하여 1974년까지 수상직을 수행했다. 수상 재임 당시 미국과의 관계를 강화하는 한편 테러단체와는 타협하지 않고 강력하게 대처하면서 전쟁도 겪었다. 1973년 12월에 마파이당과 노동당의 연합당이 56석이라는 초유의 다수 의석을 획득하며 수상에 재선되었지만, 전쟁의 책임을 지고 1974년 6월에 수상직을 사임했다. 골다 메이르는 1978년 12월에 사망했다.

5) 이츠하크 라빈(1922-1995) [36]

제5대 수상 이츠하크 라빈은 1922년 3월에 예루살렘에서 태어났다. 텔아비브에서 자라난 라빈은 1941년에 카도리 농업고등학교를 졸업했다. 라맛 요하난 키부츠에서 농업 실무를 하던 라빈은 팔마흐[37] 단체에 입단했다. 라빈은 독립전쟁 시 팔마흐 군대를 이끈 핵심 장교였으며, 1953년에 장군이 되어 북

---

[36] Benedikt, Linda: *Yitzhak Rabin: The Battle for Peace*, Haus Pubisher, 2005.
Kurzman, Dan: *Soldier of Peace: The Life of Yitzhak Rabin*, HarperCollins, 1998.
www.pmo.gov.il/PMOEng/Government/Memorial/PrimeMinisters/Rabin.htm.
http://en.wikipedia.org/wiki/Rabin. www.pmo.gov.il/nr/exeres/BF18509C-3BAA-43E0-BD8B-CDB7DA3001EA.htm. www.otn.com/netking. www.yitzchakrabin.com.

[37] 팔마흐는 건국이전 군사조직인 하가나의 정규부대로 영국식민지 당시인 1941년에 독일나치로부터 팔레스타인을 보호하기 위해 창설되었다. 모쉐 다이얀과 이츠하크 라빈이 팔마흐 출신이다.

66 제5대 수상 이츠하크 라빈이 94년 한국 방문 당시 서울대에서 명예박사학위를 받고 있다.
1994년 12월 15일.

부 전선의 사령관을 지냈다. 라빈은 팔마흐 때부터 이스라엘 국방부 군참모 총장까지 약 27년간 군에 몸담았다. 1964년에 참모총장이 되어 6일전쟁에서 이스라엘 군을 지휘하며 전쟁을 승리로 이끌었다. 6일전쟁에서 예루살렘을 통합했고, 유대지역, 사마리아, 가자, 그리고 골란고원과 시나이반도 등 모든 전선에서 승리를 얻었다. 1968년 전역과 동시에 미국 대사로 임명된 라빈은 전쟁 영웅의 이미지를 내세워 미국과 이스라엘 간의 관계를 한층 강화시켰다. 그는 1973년 미국에서 돌아온 후 노동당 소속 국회의원이 되었고 골다 메이르 정부에서 노동장관을 역임했다. 한 달 후 골다 메이르가 수상직을 사임하자, 라빈은 군에서 떨친 명성과 노동운동권과의 연계 세력을 발판으로 시몬 페레스를 누르고 수상에 선출되었다. 제5대 수상이 된 라빈은 이스라엘 역사상 최초의 이스라엘 본토 출신 수상이었으며, 또한 정치경험이 부족한 군 출신 인사였다. 1974년부터 77년까지 정부를 이끈 라빈은 1992년부터 95년까지 한번 더 수상을 역임했다.

이스라엘을 방문한 이집트 사다트 대통령이 예루살렘 킹데이비드 호텔 크네셋에서 베긴 수상과 대화를 나누고 있다. 1977년 11월 19일.

　수상으로서 라빈은 1976년 우간다 공항에 납치된 이스라엘인들을 구하기 위한 엔테베 작전을 주도하여 한 명을 제외한 나머지 인질을 구출하여 이스라엘로 귀환시킴으로써 영웅의 면모를 다시 한번 과시했다. 1977년의 노동당 전당대회에서 그는 페레스에 압승하여 정당의 수장이 되었으나, 1977년 4월 그의 아내가 불법 외화를 사용한 것이 밝혀지면서 당 서열에서 20위로 내려 앉았다. 1984년과 88년 선거 이후 그는 국방부 장관에 임명되었고, 1992년에는 당 서열 1위에 복귀하며 수상으로 재선출되었다. 1993년 9월, 라빈은 오슬로에서 팔레스타인 수반 야세르 아라파트와 팔레스타인 자치정부를 인정하는 협정에 서명함으로써 중동평화를 위한 물고를 텄고, 1994년에는 요르단과도 평화협정을 맺는 등 중동평화에 이바지하였다. 중동에 평화를 정착하고자 하는 라빈의 노력은 국제사회에서 인정을 받았고, 1994년 노벨평화상을 수상하는 계기가 되었다. 이츠하크 라빈은 1995년 11월 5일, 그의 중동평화정착 노력에 불만을 품은 극우 청년에게 암살되는 비운을 맞았다.[38]

6) 메나헴 베긴(1913-1992)[39]

이스라엘 제6대 수상 메나헴 베긴은 1913년 폴란드에서 태어났다. 베긴은 어려서부터 "쇼메르 하짜이르" 운동에 참여했으며, 열세 살이 되던 해까지 청소년 마파이당 회원이었고, 16세가 되자 자보틴스키가 설립한 개혁주의 청년모임인 베타르 운동에 가입했다. 1930년대 베긴은 워소에서 법을 공부했고, 개혁주의 운동의 중심부에 있었다. 1939년에 자보틴스키가 그를 폴란드의 베타르 지도자로 임명했고, 1939년에는 팔레스타인에 불법이주와 유대인을 보호하는 7,000여 명의 훈련된 회원이 있는 조직의 최고 책임자가 되었다. 1940년에는 소련의 스탈린에게 체포되어 시오니스트 운동을 한 죄로 8년의 징역형을 선고 받고 시베리아 노동캠프에 수감되었다가, 1941년 나치 독일이 소련을 침공하자 폴란드인이라는 이유로 풀려났다.

베긴은 폴란드 군대에 입대하였고, 동시에 베타르 지부장으로 임명되어 1942년 팔레스타인에 들어왔다. 1943년 군을 제대한 후 팔레스타인 내 유대인 무장조직인 이르군[40]의 의장이 되어 1948년까지 이르군을 이끌었다. 이르군을 이끌며 유대인에 불리한 정책을 집행하는 영국에 대항해 공격한 혐의로 영국은 1만 파운드의 현상금을 걸고 베긴을 체포하려 했지만 베긴은 영국의 추적을 교묘하게 잘 빠져나갔다. 1948년 이스라엘 건국과 함께 국방부가 창설되면서 이르군은 해산되고 베긴은 이르군 옛 동지들을 모아 정치정당 헤루트당을 세워 의장이 되었다. 1965년에 그는 헤루트당과 자유당의 연합 명부인 가할당(1973년에 하리쿠드당이 됨)의 서열 1위로 올라섰으며, 1967년에서 1970년 사이에는 연합정부에서 장관직을 수행했다.

---

38 당시 암살자인 이갈 아미르는 바일란대 법과대 학생으로 암살 직후 종신형을 선고 받고 복역 중이다. 매년 라빈 서거일에 라빈과 함께 주요 뉴스로 등장하며 그의 석방 문제가 여론에 붙여진다.

39 Eitan Haber, *Menahem Begin: The Legend and the Man*, Delacorte, 1978.
Eric Silver, *Begin: a biography*, Weidenfeld & Nicolson, 1984. www.pmo.gov.il/PMOEng/Government/Memorial/PrimeMinisters/Begin.htm. http://en.wikipedia.org/wiki/Menachem_Begin.

40 이르군은 히브리어로 "National Military Organization"란 의미로 시온주의 군사 단체로, 1931년부터 1948년까지 팔레스타인에서 유대인을 보호하고 나아가 아랍인을 상대로 군사작전을 펼친 군사조직이다.

베긴이 이끄는 하리쿠드당은 1977년과 81년 선거를 승리로 이끌어 8번째 시도 끝에 정권을 잡았다. 베긴은 이스라엘 역사상 최초로 1977년 이집트 대통령 안와르 사다트를 예루살렘에 초청했고, 1979년에 이집트와 평화조약을 이끌어 냈다. 메나헴 베긴은 1979년에 사다트와 함께 노벨평화상을 수상했다. 베긴은 1980년 에제르 와이즈만이 은퇴하자 국방부장관직도 겸직했고, 1981년 공군을 파견해 이라크 핵시설을 성공적으로 폭격했다. 1981년 수상에 재선된 베긴은 갈릴리 평화작전의 일환으로 남부 레바논의 테러집단을 공격했다. 레바논 공격에 대한 비난과 때마침 아내의 죽음으로 충격에 휩싸인 베긴은 1983년에 수상직을 사임하였다. 베긴은 은퇴 후 은둔하며 세상에 모습을 드러내지 않다가 1992년 3월에 사망했다.

7) 이츠하크 샤미르(1915-) [41]

제7대 수상인 이츠하크 샤미르는 1915년 폴란드 루지노이에서 태어났다. 샤미르는 1932년 바르샤바에서 법학공부를 시작했으나, 1935년 팔레스타인으로 이주하면서 학업을 중단했다. 팔레스타인에 온 후 예루살렘 히브리대학에 등록했으나 졸업을 하지는 못했다. 1937년 이르군에 가입해 활동하다 1940년에 레히[42]에 들어갔다. 샤미르는 영국의 유대인 박해 정책에 저항해 영국군 고위 장교를 암살하기 위해 활동하다 1941년 영국군에 체포되어 이스르엘 골짜기 감옥에 투옥되었다. 1943년 탈옥에 성공하여 레히의 지도자로 활동하였으나, 또 한번 영국군에 체포되어 에리트레아로 감옥에 수감되었다. 1947년 다시 탈옥한 샤미르는 프랑스에서 정치적인 망명자 생활을 하다가 팔레스타인에 돌아와 1949년 레히가 해체되기까지 지도자로 활동하였다.

[41] Gale Reference Team, *Biography-Shamir, Yitzhak(1915-)*, Thomson Gale, 2007.(Digital). http://en.wikipedia.org/wiki/Yitzhak_Shamir. www.zionism-israel.com/bio/Itzhak_Shamir_biography.htm. www.pmo.gov.il/PMOEng/History/FormerPrimeMinister/YitzhakShamir.htm.

[42] 히브리어로 "이스라엘의 자유를 위해 싸우는 전사들"이라는 뜻의 유대인 시온주의 무장저항 단체. 레히는 영국 식민지 당시 유대인들의 팔레스타인 이민을 제한하는 영국에 저항하는 무장단체로 당시 영국은 레히를 테러집단으로 규정했다. 옥스퍼더대학 "세계역사백과사전" 2000. Oxford University Press.

68 제7대 수상 이츠하크 샤미르가 군참모총장 단 숌론이 남부 군사훈련을 참관하고 있다. 1989년 5월 4일.

건국 후 샤미르는 1950년대 중반에 이스라엘 정보기관인 모사드에서도 일했고, 1973년에 헤루트당 국회의원을 지내기도 했다. 1977년에 하리쿠드당이 정권을 잡으면서 그는 국회의장에 임명되었고, 1980년에 모쉐 다이얀의 뒤를 이어 외무부장관이 되었다. 1979년에 그는 이집트와의 평화조약에 반대의사를 표명했으나 국회의장이라는 신분 때문에 반대표를 던지는 것은 삼갔다. 1984년 시몬 페레스 정부에서 다시 한번 외무부장관을 역임하였으며, 1983년 메나헴 베긴의 뒤를 이어 제7대 이스라엘 수상이 되었다. 1984년 노동당과 연합정부를 구성하여 수상임기 4년 중 전 2년을 시몬 페레스가, 나머지 2년을 샤미르가 역임했다.

1988년 선거 이후 샤미르는 수상으로 연합내각을 이끌었으며, 1991년 수천 명의 에티오피아 유대인들을 이스라엘로 귀환시키는 솔로몬작전을 명령했다. 같은 해 9월에 마드리드 국제평화회의에 이스라엘 대표로 참석했다. 그러나 1992년 선거에서 노동당의 이츠하크 라빈에게 패배한 후 하리쿠드당 국회

오슬로에서 이스라엘과 팔레스타인 간에 평화협정을 이끌어 낸 공로로 라빈 수상, 팔레스타인 아라파트와 함께 당시 외무장관 시몬 페레스가 노벨평화상을 수상했다. 1994년 12월 10일.

의원으로 1996년까지 활동하고 정치일선에서 물러났다.

8) 시몬 페레스(1923-) [43]

제8대 수상 시몬 페레스는 1923년 폴란드에서 태어나, 1934년에 이스라엘로 이주해 농업학교에서 공부했다. 1943년에 노동청년운동의 의장으로 선출되었고, 1947년에는 유대인 무장단체인 하가나에 들어가 무기구입 책임자가 되었다. 독립전쟁 동안에도 무기구입을 담당하다 1949년 이스라엘 국방부의 무기구입 책임자가 되어 미국에 파견되었다. 1952년 이스라엘로 돌아온 후 국방부 고위직에 임명되었다.

1959년에는 마파이당 소속으로 국회에 진출해, 1965년까지 국방부 차관을 지낸 페레스는 이스라엘 핵 프로그램 설계자 중 한 명으로 1957년 프랑스와 군사 및 정치부문에서 협력을 이끌어내는 데 주도적인 역할을 하였다.[44] 당시 프랑스가 디모나 시설 건설과 원자로를 공급했고, 노르웨이와 영국이 중

수로를 그리고 미국이 고농축 우라늄을 지원했다. 1965년 그는 마파이당을 떠나 벤구리온과 함께 라피당 설립에 참여해 라피당 사무총장을 지냈고, 1968년 노동당 설립에 참여하면서 벤구리온과 결별했다. 그 후 노동당 정부 하에서 1969년부터 77년까지 이민국, 건설교통부, 통신부, 정보부, 국방부의 장관을 지냈다. 노동당 내 영원한 라이벌인 이츠하크 라빈과 1974, 1977, 1992년 선거에서 노동당 당수 자리를 놓고 경쟁했으나 모두 참패했다. 그러나 1977년 4월 라빈이 노동당 서열 1위 자리를 사임하자 페레스가 그 자리를 차지했다.

1984년 선거에서 하리쿠드당과 연합정부를 구성한 후 1984-86년에 시몬 페레스가 먼저 수상을 하고, 남은 2년은 샤미르가 수상직을 페레스는 외무부 장관을 역임했다. 1988년 선거에서도 노동당은 하리쿠드당과 연합정부를 구성해 페레스는 부수상 및 재무장관을 맡았고 하리쿠드당이 임기 내내 수상을 맡았다. 1992년 선거 전 노동당 서열 1위를 놓고 라빈과 벌인 경선에서 패한 페레스는 라빈정부에서 외무부장관직을 맡았다. 외무부장관 페레스는 라빈과 함께 1993년 오슬로에서 팔레스타인 자치정부를 인정하는 협정을 이끌어 내어, 1994년에 이스라엘 수상 이츠하크 라빈, 팔레스타인 야세르 아라파트와 함께 노벨평화상을 수상했다. 1995년 11월 라빈 수상이 암살된 후 잔여 임기 동안 수상이 되었으나, 1996년 선거에서 하리쿠드당 벤야민 네탄야후에게 패해 수상에 재선되지 못했다.

시몬 페레스는 1999년 선거 전 노동당 내 경선에서 에후드 바락에게 패해 수상 에후드 바락 정부에서 외무부장관직을 맡았다. 2000년 에제르 와이즈만이 대통령직을 사임하자 대통령 자리를 놓고 하리쿠드당 모쉐 카짜브와 대결

---

43 Michael Bar-Zohar, *Shimon Peres: The Biography*, Random House, 2007. www.pmo.gov.il/PMOEng/History/FormerPrimeMinister/ShimonPeres.htm.

44 당시 이스라엘과 프랑스가 비밀 협약을 맺었으나 미국이 프랑스에 이스라엘과 핵협력을 중단하라고 외교적인 압력을 행사해 수년 뒤 밀약이 파기됐다. 그러나 이스라엘은 1960년대에 약 200기의 핵폭탄을 제조한 것으로 드러났다. (역사가 미하엘 바르조하르가 2007년 5월에 작업을 마친 시몬 페레스 전기에서 드러났다.)─뉴시스, 2007년 5월 10일자.

했으나 역시 패했다. 2005년 노동당 당권 경쟁에서 예상을 깨고 젊은 아미르 페레츠에 패배한 후 노동당 내 입지가 약해졌다. 그러던 중 2006년 아리엘 샤론에게 제2인자의 자리를 약속 받고 샤론이 설립한 신당 카디마당에 들어갔다. 2005년 이스라엘 일간 하레츠는 건국 후 이스라엘에 가장 공헌한 10명 가운데 한 명으로 시몬 페레스를 선정했다. 2007년 대통령 모쉐 카짜브가 성희롱 스캔들로 대통령에서 물러나자 국회가 시몬 페레스를 제9대 대통령으로 선출함으로써, 수상과 대통령을 역임하며 왕성한 정치활동을 하고 있다. 그의 긴 정치 인생만큼 책도 여러 권 저술했다. 시몬 페레스의 저서로 다음과 같은 책이 있다. 『The Next Step』 (1965), 『David's Sling』 (1970), 『And Now Tomorrow』 (1978), 『From These Men: seven founders of the State of Israel 』 (1979), 『Entebbe Diary 』 (1991), 『 The New Middle East』 (1993), 『Battling for Peace: a memoir』 (1995), 『For the Future of Israel』 (1998), 『The Imaginary Voyage : With Theodor Herzl in Israel』 (1999).

9) 벤야민 네탄야후(1949-)[45]

1949년 텔아비브에서 태어난 벤야민 네탄야후는 최연소이자 직접선거로 선출된 첫 이스라엘 수상이다. 또한 1948년 건국 후 첫 이스라엘 자국 출신의 수상이기도 하다. 네탄야후는 고등학교를 미국에서 마친 후 1967년 군에 입대해 엘리트 코스를 밟았고, 여러 중요한 작전에 참여했다. 1972년 제대한 후 미국 MIT 공대에서 학부와 석사를 마쳤고, 하버드대에서 정치학도 공부했다. 공부를 마친 후 미국 내 주요 컨설팅 회사에서 근무하며 사업을 했다. 1979년에 테러리즘에 관한 국제 회의를 주도했는데, 이는 엔테베 작전 중 사망한 형 요나단을 기념한 것이다. 1982년에는 워싱턴 주재 이스라엘 대사의 요청으로

---

[45] Gale Reference Team, *Biography-Netanyahu, Benjamin(1949-)*, Thomson Gale, 2007.(Digital). http://en.wikipedia.org/wiki/Benjamin_Netanyahu. www.pmo.gov.il/ PMOEng/History/ FormerPrimeMinister/BenjaminNetanyahu.htm. www.zionism-israel.com/bio/Benjamin _Nethanyahu.htm.

대사관에서도 근무를 했는데, 주로 이스라엘과 미국과의 관계를 공고히 하기 위한 전략을 세우는 임무였다. 2년 후 유엔 이스라엘 대사로 임명 받아 4년간 근무했다.

1988년 이스라엘로 온 후 하리쿠드당 소속으로 국회의원이 되었고, 외무부 차관을 역임했다. 1991년 걸프전 때 국제관계에 이스라엘 대표를 맡았고, 1991년 마드리드 국제평화회의에 이스라엘 고위 대표로 참여하여 레바논·시리아·요르단·팔레스타인 대표들과 직접 협상을 벌였다.

1993년 하리쿠드당 당권에 도전해서 수상 후보가 된 후 1996년 노동당의 시몬 페레스를 물리치고 제9대 수상이 되었다. 하리쿠드당에서 줄곧 당내 최고의 인기를 누리며 주요 요직을 맡아 오다, 2005년 아리엘 샤론 수상이 추진하는 가자 정착촌 철수에 반대해 샤론과 결별했다. 2005년 말 아리엘 샤론이 여러 의원들과 동반 탈당하면서 하리쿠드당은 소규모 정당으로 전락했다. 2006년 3월 선거에서 12석을 차지하며 역사이래 최소의 규모를 가진 하리쿠드당의 당수가 되었다. 네탄야후의 저서로 다음과 같은 책이 있다. 『A Durable Peace: Israel and Its Place Among the Nations』 (2000), 『Fighting Terrorism: How Democracies Can Defeat Domestic And International Terrorism』 (1995), 『A Place Among the Nations』 (1993), 『Terrorism: How the West Can Win』 (1986).

10) 에후드 바락(1942-) [46]

이스라엘 제10대 수상인 에후드 바락은 1942년 이스라엘 미쉬마르 하샤론에서 태어났다. 1959년에 군에 입대한 후 36년간 군에 몸담으며 군의 주요 요직을 맡았으며, 이스라엘 군 역사상 훈장과 상을 가장 많이 받은 군인이었다. 1976년 우간다 공항에 납치된 이스라엘 인질을 구출하기 위한 엔테베 작전은 그의 주요 업적 중 하나이다. 군 입대 후 1968년 히브리대학에서 수학과 물리학을, 미국 캘리포니아에서 경제학을 공부했다. 1991년 에후드 바락은 이스라엘 군참모총장이 되었으며, 1994년 요르단과의 평화협정시 협상에 참여하여 당시 요르단 국왕과 절친한 관계를 맺었다. 오슬로 평화협정에 따라 에후드 바락은 팔레스타인과 보안관계를 설정하고, 가자와 여리고에 이스라엘군 재배치 등을 담당하게 될 책임자가 되었다. 이 기간 동안 바락은 시리아와의 회담에서도 중요한 역할을 했다.

이츠하크 라빈 수상은 1995년 군에서 제대한 바락을 내무부장관에 기용했다. 1995년 이츠하크 라빈이 저격 당한 후 시몬 페레스는 바락을 외무부장관에 기용했다. 1996년에 에후드 바락은 노동당 소속 국회의원이 되어 국방외교위원회 위원장이 되었다. 1997년 바락은 노동당 당권을 장악했고, 1999년 선거에서 이스라엘 제10대 수상으로 선출되었다. 바락은 이스라엘 경제를 크게 발전시키는 한편 평화정착을 위한 노력에 전념했다. 바락은 2000년 남부 레바논에서 이스라엘군을 철수시켜 18년간의 점령을 종식시켰다. 또한 미국 클린턴 대통령의 적극적인 관심으로 시리아와 팔레스타인 간의 협상을 주도했다. 그러나 이러한 협상들이 결실을 맺지 못하고 제2차 인티파다가 발발했

71 제10대 수상인 에후드 바락(왼쪽)이 외무장관 다비드 레비와 함께 이집트 알렉산드리아 대통령궁에서 이집트 대통령 무바라크와 외무장관 무사를 만나고 있다. 이집트, 1999년 7월 29일.

다. 어려운 정국을 돌파하고자 실시한 2001년 수상 재선거에서 하리쿠드의 아리엘 샤론에게 패해 수상직에서 중도 하차했다. 이후 6년간의 정치 공백을 깨고 2007년 하아보다당 당수 아미르 페레츠를 누르고 당수로 선출되면서 에후드 올메르트 정부의 국방부장관이 되었다.

11) 아리엘 샤론(1928-) [47]

1928년 크파를 마랄에서 태어난 아리엘 샤론은 1942년에 하가나에 입대했고, 1948년 독립전쟁 당시 알렉산드리로니부대 지휘관을 그리고 후에 낙하산

[46] http://en.wikipedia.org/wiki/Ehud_Barak. http://www.pmo.gov.il/PMOEng/History/FormerPrimeMinister/EhudBarak.htm.

[47] http://en.wikipedia.org/wiki/Ariel_Sharon. http://www.pmo.gov.il/PMOEng/History/FormerPrimeMinister/sharon.htm. http://www.ariel-sharon-life-story.com. http://www.jewishvirtuallibrary.org/jsource/biography/sharon.html. http://www.prominentpeople.co.za/people/61.php.

부대의 지휘관이 되었다. 전쟁 후에는 골라니 부대의 사령관이 되었다. 1953
년 아리엘 샤론은 유대 · 사마리아 · 가자지구 등지에서 증가하는 팔레스타
인 테러에 대항하고자 101부대를 창설하고 지휘관이 되었다. 군에서 여러 직
위를 거치며 다양한 작전을 주도했던 샤론은 1973년 제대를 하고 정치에 입
문했으나, 같은 해에 대속죄일전쟁이 발발하자 군에 복귀하여 143예비군부
대 사령관으로 수에즈 운하를 건넜다. 그러나 수에즈 전쟁에서 수백여 명의
이스라엘 군이 사망하자 책임론이 대두되었다. 이 전쟁은 결국 이집트와의
평화협정으로 연결되었다.

　1974년에 샤론은 국회의원이 되었으나 예비군 사령관직을 유지하고자 의
원직을 사임했다. 1975년에 이츠하크 라빈 수상의 보안자문관으로 임명되었
고, 1977년에 메나헴 베긴 정부하에서 농림부장관이 되어 이집트와 농업 부
분 협력관계를 열었다. 1977년에서 1981년까지 샤론은 유대와 사마리아지역
등 전역에 걸쳐 정착촌 건설을 주도했다. 샤론은 이후 국방부장관이 되고서

도 정착촌 건설을 계속 추진해 7년간에 걸쳐 230여 개의 정착촌을 세웠다. 1981년 국장부장관 당시 남부 레바논을 공격해 테러기지를 소탕하고 팔레스타인해방기구를 베이루트에서 몰아내게 했다. 하리쿠드당의 핵심 인물 중 한 명으로 산업무역장관, 건설주택장관, 외무부장관 등을 역임하며 우파 정치인으로서 활발한 활동을 하던 샤론은 1999년에 하리쿠드당 대표로 선출되었다. 2001년 수상 에후드 바락이 제안한 수상 재선거에서 바락을 누르고 제11대 이스라엘 수상으로 선출되었다. 2003년 수상에 재선된 샤론은 최고의 인기를 누리며 승승장구했고, 2005년 가자정착촌 철수를 주도했다. 당이 정착촌 철수를 놓고 우파와 좌파로 나뉘면서 극우파의 거센 반대에 부딪히자 샤론은 하리쿠드당을 탈당해 신당 카디마당를 세웠으나, 2006년 1월 뇌졸중으로 쓰러진 후 정치권에서 물러났다. 샤론의 뒤를 이은 에후드 올메르트가 카디마당을 이끌었고, 2006년 3월 선거에서 승리한 후 제12대 수상이 되었다.

12) 에후드 올메르트(1945-) [48]

이스라엘 제12대 수상인 에후드 올메르트는 1945년 이스라엘에서 태어났다. 히브리대에서 물리학과 철학 그리고 법학을 공부했다. 군에 입대한 올메르트는 군작전 중 부상을 당해 많은 치료를 받았고, 후에 군 신문기자로 전역했다. 1973년 당시 28세의 최연소로 국회의원에 당선되어 1992년까지 7선 의원을 지내며 외교안보위원, 무임소장관, 보건장관 등을 역임했다. 올메르트는 1993년부터 2003년까지 예루살렘 시장을 역임했고, 2003년 샤론의 권유로 하리쿠드당 국회의원이 되어 샤론의 최 측근이 되었다. 2003년 선거 당시 선거본부장을 지냈고, 선거에서 승리한 후 부수상 겸 산업무역장관이 되었다. 2005년 샤론 수상의 가자정착촌 철수정책에 반대하며 사임한 재무장관 네탄야후의 후임으로 올메르트는 재무장관에 기용되었다. 6일전쟁 점령지에서

[48] http://en.wikipedia.org/wiki/Ehud_Olmert. http://www.pmo.gov.il/PMOEng/PM/Resume. http://www.jewishvirtuallibrary.org/jsource/biography/olmert.html.

73 에후드 올메르트 수상이 미국 조지 부시 대통령을 만나고 있다. 백악관, 2006년 5월 23일.

철수를 반대했고, 1978년 캠프데이비드협정에 반대표를 던졌던 올메르트는 가자정착촌 철수를 적극 옹호하며 샤론의 오른팔이 되었다.

　2006년 1월, 샤론이 뇌졸중으로 쓰러지자 수상 대행으로 카디마당과 정부를 이끌었고, 3월에 실시된 선거에서 이스라엘 제12대 수상으로 선출되었다.

6장 이스라엘 정치경제와 사회 주요세력

Political Economy & Social Force in Israel

1. 보이지 않는 이스라엘 네트워크

민주주의 국가 이스라엘은 국민의 의해 선출된 지도자들이 이스라엘을 이끌어 나간다. 그러나 공식 지도자집단 외에 이스라엘 정치와 사회에 막강한 영향력을 미치며 사회를 이끌고 있는 비공식 세력들이 있다. 역대 정부 중 국민의 절대적인 지지를 받은 정부가 거의 없음에도 불구하고 이스라엘이 안정적인 것은 바로 이 보이지 않는 실체가 있기 때문이다. 히브리대 정치학과 가브리엘 쉐퍼는 "이 실체는 군사 네트워크, 자본주의 네트워크, 정통랍비 네트워크, 그리고 고위관료 네트워크"라고 말하고 있다.[1]

군사주의 네트워크란 이스라엘의 안보 분야에서 고급 군사 비밀과 국가정책 그리고 군 산업을 주도하는 군 고위직 인사들로 이스라엘 사회와 문화에 광범위한 영향을 미치며 사회를 주도한다. 자본주의 네트워크란 이스라엘 내에 20위권에 들어 있는 부자 가문으로, 이들은 고위정치인과 기득권 층에 연결되어 민영화와 낮은 세금, 저임금 정책을 주도하며 자신들의 이익을 극대화 하고 있다. 정통랍비 네트워크란 비록 소수의 종교집단이지만 유대주의 국가로서 종교와 국가를 연결하며 공동의 이익을 창출해 낸다. 마지막으로 고위관료 네트워크란 정부의 주요 집행자들로 재무, 국방, 교육, 그리고 이스라엘 은행의 고위직들로 이스라엘 전체의 흐름에 영향을 미치는 네트워크 집단들이다.

이러한 이스라엘 정치와 사회를 이해하기 위해 먼저 이스라엘 정치의 엘리

---

[1] *Haaretz*, 2007년 11월 9일자.

트정치체제와 국가통제주의 경제의 특성을 알아보고 이익집단으로서 히스타드루트 전국노동조합, 이스라엘 군대, 언론, 해외 유대인 등을 소개해 보겠다. 이들 집단들은 비록 권력을 추구하는 정당은 아니지만 이스라엘 정치와 사회에 중대한 역할을 가지고 영향력을 행사한다. 이들 집단들은 이익증대와 조직의 보호를 위해 입법활동을 비롯한 각종 정책결정 과정에서 정당 이상의 영향력을 발휘하며 정치인과 시민의 경계를 쉽게 넘나들고 있다.

2. 이스라엘의 엘리트 정치체제[2]

2007년 6월 이스라엘의 원로 정치인 시몬 페레스는 84세의 나이에 제9대 이스라엘 대통령에 선출되었다. 페레스는 이미 두 번의 수상을 역임했고 이후 여러 장관직도 역임했다. 민주주의 제도에서 이토록 장기간 정치권에 머물러 있는 정치인은 드물다. 1996년 수상 벤야민 네탄야후 정부에서 아리엘 샤론이 재무장관을 역임했다. 2001년 수상 아리엘 샤론 정부에서 전 수상 벤야민 네탄야후가 재무장관을 맡았다. 한번 정치인이 되면 천직으로 평생 정치인으로 살아간다. 한 나라에서 최고 통치권자가 되었다가 임기를 마친 후 하위 직위에 머물러 평생 정치인의 삶을 사는 것은 아마 이스라엘만의 특징일 것이다.

최고위층에 집중되어 있는 소수의 엘리트 정치인들은 한번 정치인이 되면 좀처럼 은퇴가 없다. 비록 이스라엘이 민주주의 체제를 가지고 있지만, 그 어느 나라보다도 강력한 지도력을 요구하고 있는 이스라엘의 특수한 상황이 소수의 엘리트 체제를 가능하게 한다. 이론적으로는 선거를 통해 민주적으로 정치 지배층을 바꿀 수 있지만, 무명의 정치권력이 하루 아침에 탄생하기는 그리 쉽지 않다. 게다가 긴박한 비상 시국이 늘 발생할 수 있는 상황에서 일반 시민이 고위 정책과정에 참여할 수 없기 때문에 늘 극소수의 정치 엘리트들이 국가 주요정책을 결정한다. 따라서 이스라엘의 정치 참여 계층은 가파른

피라미드 모양을 한다. 상황이 비슷한 다른 나라에서는 일인독재나 군부체제가 들어설 만한 조건인 것이다.

이스라엘의 엘리트 체제는 1920년대 영국의 위임통치 때 형성되었다. 이스라엘 정치에 초석을 마련한 사람들은 1900년대 초반부터 밀려온 2차, 3차 이민자들로, 국가 건설에 참여했던 초기 지도자들은 모두 외국에서 온 이민자들이었다. 이스라엘 건국의 아버지라 불리는 데오도르 헤르젤조차도 팔레스타인에서는 거의 정치활동을 하지 않았고, 건국 이론을 제공한 자보틴스키 역시 본부를 유럽에 두고 있었다.[3] 그 이유는 팔레스타인 땅에서 유대인의 정치활동이 극히 제한되어 있어 대부분의 활동이 해외에서 이루어졌기 때문이다. 정착한 이민자들은 해외에서 주요 인사들을 끌어들여 건국운동을 위한 주요 조직들을 만들어 나갔다. 예를 들어, 2차 이민자들과 3차 이민자들은 각각 아흐둣-하아보다당과 히스타드루트 전국노동조합을 설립해 팔레스타인의 정치와 경제를 이끌었다. 초대 수상을 역임한 다비드 벤구리온이 바로 이들 지도자 중의 하나였다.

제3차 이민자(1919-1923)들은 1900년대 전후에 출생한 유대인들로 1917년에 일어난 러시아혁명의 영향을 받았다.[4] 개척정신이 투철한 3차 이민자들의 주요 인물들은 1948년 수립된 이스라엘 정부에서 주도적인 역할을 하였다. 3차 이민자들은 국가 최고 정책을 결정하는 2차 이민자들을 보좌하고 절대적인 충성심을 보이며, 상호의존관계를 유지하였다. 1970년대에 접어들면서 2차 이민자 그룹은 3차 이민자 그룹에게 정치적 권력을 승계하기 시작했다. 그러나 정치적 승계가 순조롭지만은 않았다.

---

2 이스라엘의 엘리트 정치체제에 관한 자세한 사항은 다음을 참조할 것: Gutmann, Emanuel, *The political elite and National leadership in Israel in Political elites in the Middle East* (ed) by George Lenczowski, 1975. pp. 163-199.

3 D. Putnam, *The Comparative Study of Political Elites*, (Englewood Cliffs, N.J.: Prentice Hall, 1976.)

4 Yonathan Shapiro, "Generational Units and Inter-Generational Relations in Israeli Politics,"-*A Developing Society* (ed.), A. Arian, Assen: Van Gorcum, 1980, pp.161-179.

74 크네셋 회기 때 각료석에 앉아 있는 노동당 장관들. 왼쪽부터 모쉐 다이얀, 심혼 샤피라, 수상 골다 메이르, 이갈 알론, 이스라엘 갈릴리. 크네셋, 1971년 2월 9일.

(1) 좌파 하아보다당(노동당) 계열의 엘리트 정치

권력 승계에서 갈등이 표출된 예는 모쉐 다이얀의 경우에서 찾을 수 있다. 1957년 수상 다비드 벤구리온이 군 참모총장 다이얀을 장관에 임명하려 하자 3차 이민세대가 반발했다. 정치계 순으로 볼 때 당연히 자신들이 임명될 것이라 생각했기 때문이다. 특히 골다 메이르와 잘만은 다이얀의 정치 경험 부족을 강조하며 반대했다. 임명을 강행한 벤구리온은 화를 자초한 셈이었다. 결국 3세대 지도자들의 반발로 벤구리온은 사퇴했고 자신이 세웠던 마파이당을 떠났다. 이에 벤구리온 독주체제였던 지배정당의 세력은 급속히 바뀌기 시작한다.

정치적 열망이 큰 정치가들은 정당 내에서 군림하기보다는 정부 내각의 주요 요직으로 나가는 것을 선호하였다. 정당에서 정부관료로 선호도가 바뀌는 현상은 당수의 권력 및 영향력의 감소와 함께 정당 조직의 권위의 축소를 의

미했다. 한편, 정당 지도자들은 실추된 당권을 회복하고자 다른 정당과 연합 세력을 구축하려고 하였다. 한 예로, 마파이당은 1965년 선거 전에 아흐둣-하 아보다당과 연합하였다. 그러나 1967년에 발발한 6일전쟁에서 마파이당의 신진들은 외교와 안보분야에서 취약점을 드러냈다. 이들 분야는 벤구리온이 마파이당을 이끌 때만 해도 마파이당이 독점하다시피 한 분야로서, 벤구리온 이 떠나자 이들 관련 분야에 공백 사태가 발생한 것이다. 결국 마파이당은 다 이얀을 국방부장관에 임명하고 벤구리온의 라피당을 연합정부에 끌어들였 으며, 1968년에 라피당과 아흐둣-하아보다당과 통합하여 이스라엘 하아보다 당(노동당)을 출범시켰다.

1973년부터 1977년 사이에 하아보다당 지도부 내부에 뚜렷한 차별화가 나 타나기 시작했다. 외교와 안보부문에 책임을 지고 있었던 국회의원들이 대부 분 군 출신 인사이거나 마파이당에 적을 두지 않은 인사들(이츠하크 라빈, 이 갈 알론, 이스라엘 갈릴리, 아하론 야리브)로 구성되기 시작한 것이다. 반면 국내 문제를 다루는 국회의원들로는 마파이당과 인연이 있는 인사들(예호슈 아 라비노비츠, 아브라함 오퍼, 아하론 얄딘, 모쉐 바람)이 주류를 차지했다. 그러나 외교안보분야 담당자들과 국내 문제 담당자들 간에 불화가 발생했다. 라빈 수상이 이 두 그룹 간에 상반되는 이익과 출신성향에서 나타난 격차를 줄이지 못했기 때문이다. 때마침 라빈 수상과 페레스 간의 권력 다툼에서 라 빈 수상 부인의 외화 불법반출 사건으로 페레스가 라빈을 누르고 1977년 당 권을 장악했다. 이러한 정당 수뇌부와 유권자 간의 불안정한 정당체계의 혼 란 속에서 DMC당이 출현했는데, DMC당은 하아보다당의 연합세력 내에서 정치적 열정을 느끼지 못한 각계 분야의 지도자들에게 정치참여를 위한 신선 한 기회가 되었다. DMC당은 출범 후 첫 선거에서 15석을 차지하며 하아보다 당에 치명적인 세력 약화를 안겨 주었다.

그러나 제2차와 3차 이민자 지도자들이 정치권에서 쇠퇴할 즈음 이들의 뒤 를 이을 만한 마땅한 후보들이 없어 엘리트집단은 승계의 위기를 맞이한다. 대안은 이츠하크 라빈과 시몬 페레스였는데 이 둘은 공유된 정치철학이나 목적의식이 없는 경쟁자일 뿐이었다. 라빈과 페레스가 정치권에서 물러나면서 하아보다당은 또 한번 정치 지도부 승계에 비상이 걸렸다. 차세대 후보군에 이름을 올린 인물들은 하임 랍몬(히스타드루트 선거에서 노동당의 유력한 경쟁후보)을 비롯해 아브라함 버그(유대인협회 회장), 요씨 베이린(PLO연대 오슬로 협상 기획자), 야엘 다이얀(모쉐 다이얀의 딸), 아미르 페레츠(라몬의 후임, 히스타드루트 위원장)였다. 이들은 모두 정치권에서 활발한 활동을 하고 있는 젊은 세대들로서 온건주의적인 성향을 공유하고 있었다. 후보군에는 속하지 않았지만 노동당 내에 존재했던 다른 잠재적인 정치 지도자로서 전 군 참모총장 에후드 바락, 하리쿠드 강경파 아리엘 샤론, 전 재무부장관 벤야민 네탄야후 그리고 예루살렘 시장 에후드 올메르트 등이 있었다.

(2) 우파 하리쿠드당의 엘리트 정치

우파 정치계의 1세대 정치 엘리트는 제2차 이민자 세대인 메나헴 베긴이었다. 1977년에 정권을 잡은 하리쿠드당의 당수가 된 베긴은 건국 이전 비밀 단체에서 활약했던 휘하 세력들의 한결같은 충성을 받았다. 리베랄당에서 하리쿠드당 정부에 몇몇 장관들을 추천했지만 베긴 수상의 권위에 도전하는 데는 한계가 있었다. 1983년 메나헴 베긴이 수상직에서 사임하자 이츠하크 샤미르가 뒤를 이어 10년간 정당과 이스라엘을 이끌었다. 1992년 샤미르 이후 공석이 된 당권에 다음 세대 정치 주자인 베니 베긴, 다비드 레비, 단 메리도르, 벤야민 네탄야후, 우지 란두, 에후드 올메르트, 아리엘 샤론 등이 거명됐다. 이들 차세대 지도자들의 아버지는 대부분 기존 정치권의 주역이었다. 아버지의 정치적 후광을 입은 젊은 정치 세대들은 당을 단합시키는 원동력이 되었다.

1920년대 정치조직을 만든 젊은 개척자들이 1940년대에 정치권 내에서 두각을 나타냈던 것에 반해 그들의 젊은 자녀들은 정치권보다는 군대나 군부세력과 관련된 단체에 관심이 더 많았다. 그 결과, 1960년대에 이르러 두 가지 현상이 겹치게 되는데, 하나는 노령화된 기존 정치 지도부의 은퇴이고 다른

75 시나이반도 한 군부대에서 라빈 수상을 수행하는 아리엘 샤론 장군. 샤론은 후에 라빈의 라이벌 하리쿠드 정당의 당수 및 수상이 되었다. 오른쪽은 예쿠티엘 아담 장군. 1976년 2월 19일.

하나는 전역한 40대 중후반의 군 수뇌부 출신들이 자연스럽게 정치권으로 흘러들어간 것이다.[5] 이러한 흐름은 40대 중·후반의 군 수뇌부들을 집단적으로 퇴출시키는 국방부의 정책이 한 몫 하였다. 한 조직에서 최고 계층에 있던 인사들이 다른 조직의 최고 계층으로 수평 이동하는 현상이 나타났는데, 군 지도부 출신이 정치 지도부 내로 한 순간에 발탁되는 식이었다. 외부 인사 영입은 당내 서열 1위 자리를 놓고 그 동안 온갖 노력을 기울여 왔던 당 중진들의 거센 반발을 불러일으켰다. 정당의 외부 인사 영입을 둘러싸고 위기가 불거졌고 이에 정당은 당 내규를 입법화해 고질적인 병폐를 고치고자 했다. 1996년 이후 발효된 수상 선출에 대한 직접선거법은 4년 임기를 2회에 한해서만 중임하도록 명시했다. 벤구리온 같이 카리스마가 강한 1세대 정치인들의 비공식적이고 불투명한 관행이 입법을 계기로 개혁된 것이었다.

---

[5] Gaetano Mosca, *The Ruling Calss* (New York: McGraw-Hill, 1939).

이스라엘에서 군이 차지하는 위상이 높은 만큼 군 출신의 정치권 입문은 당연하게 여겨졌다. 특히 군 영웅은 정치권의 영입대상 1순위로 하아보다당과 하리쿠드당은 군 출신 인사 영입을 위해 늘 경쟁하였다. 헤루트당의 에제르 와이즈만과 아리엘 샤론은 모두 군 출신으로 1977년 하리쿠드당의 출범과 정치적 지위 확보 과정에서 두각을 나타낸 인물이었다. 1996년 전 장군 출신인 이츠하크 모르데카이와 에후드 바락은 각각 하리쿠드당과 노동당에 합류하여 이츠하크 모르데카이는 1996년 네탄야후 수상 때 국방부장관을 역임했고, 에후드 바락은 라빈의 암살로 수상이 된 페레스 정부하에서 외무부 장관을 역임한 후 1999년에 수상이 되었다. 2000년에 발생한 이스라엘과 팔레스타인 간의 제2차 인티파다[6] 때 인기를 얻은 군 참모총장 샤울 모파즈는 수상 아리엘 샤론에 의해 국방장관에 임명되었다.

종교당의 경우 엘리트 정치인의 정치권 장악 현상은 더욱 두드러졌다. 극정통종교인 지도자들은 소수의 영향력 있는 랍비위원회로부터 추천을 받아 지명되었다. 메이르 포르쉬의 아버지 메나헴은 아구닷당에서 10번이나 의원을 지냈으며, 메이르 포르쉬는 40세부터 현재까지 정당지도자로 활동 중이다. 샤스당은 정신적인 지도자 랍비 오바댜 요세프가 모든 당내 의원을 임명한다. 요세프의 수제자 아리예 데리는 20대에 당 지도자가 되어 젊은 나이에도 당 운영에 천재성을 발휘하여 샤스당을 최대의 종교정당으로 성장시켰다. 그러나 내무부장관까지 오르며 탄탄대로를 걷던 데리는 공금 횡령죄로 정치인생을 마쳤다. 랍비 오바댜 요세프는 후임으로 엘리 이샤이를 지명했고 현재까지 당을 이끌고 있다. 샤스당의 모든 결정은 랍비 요세프가 결정해 준다.

3. 이스라엘의 국가통제주의 경제

한 나라의 경제는 정치와 밀접한 관계가 있다. 국가 지도자는 나라의 발전을 위해 여러 가지 경제부흥정책의 실행에 심혈을 기울인다. 부강한 국가가

76 이스라엘 건국에 막대한 도움을 준 로스차일드의 관이 하이파를 통해 이스라엘 땅에 도착해 라마트 간 묘역으로 향하고 있다. 1954년 4월 5일.

되려면 경제발전을 수반해야 하며 경제발전은 정부의 실적을 평가하는 잣대이기 때문이다. 건국 이후 줄곧 이스라엘 경제는 강력한 국가 통제 아래 있었고 대단히 정치적으로 운영되었다. 건국 초부터 상존해 온 외부의 위협에 대처하기 위해 국가는 강력한 통제력을 유지해야 했으며, 계속되는 전쟁과 대대적인 이민행렬, 해외 원조와 장기 대여는 국가를 통해서만 가능했기 때문이다. 더욱이 나라 없이 2000년간 고통 당해 온 유대인들을 보호할 강력한 국가가 필요했고, 건국 당시 지도자들 대부분이 강력한 국가 통제가 실시되는 유럽 국가의 출신인 배경도 한몫했다.[7]

1880년대 팔레스타인 땅에 들어온 초기 유대 이민자들은 매우 열악한 환경

---

6 인티파다는 '봉기'를 뜻하며 2000년 9월 28일 촉발된 팔레스타인들의 봉기는 약 5년간 계속됐다. 이스라엘-팔레스타인 간의 유혈분쟁으로 팔레스타인인 3,000여 명, 이스라엘인 1,000여 명 이상이 사망했다. 1987년 봉기를 1차 인티파다, 2000년 봉기를 2차 인티파다라 부른다.

7 Sharkansky, Ira. *Governing Israel*, New Jersey: Transaction Publishers, 2005. pp. 55~72.

에 있었다. 유대인들은 국가를 재건한다는 정치적인 목적만 있었지 정작 정착에 필요한 기술이나 자본은 없었다. 농업에 대한 무지, 익숙하지 않은 기후, 고된 육체노동, 부족한 수자원, 베두윈의 공격, 터키정부의 비협조 등 모든 조건이 최악이었다. 이러한 열악한 환경에서도 유대인의 정착에 결정적인 도움을 준 이가 있었으니 그는 바로 프랑스의 대 은행가 '바론 에드몬드 로스차일드'였다. 로스차일드는 1884년에서 1900년 사이에 팔레스타인에 투자한 금액으로 땅을 매입했고, 노동자들에게는 최소한의 임금을 보장해 주었다. 1차 세계대전 초기에 팔레스타인 유대인 땅의 60%가 로스차일드의 소유였던 만큼 당시 유대인 공동체는 절대적으로 로스차일드에게 의존하고 있었다.[8]

유대인의 공동체가 형성되면서 정치계에도 변화가 일기 시작했다. 1920년 세계시온주의기구가 설립되었으며, 협회는 부동산을 공동재산으로 매입하는 한편 유대인 노동자조직을 결성해 임금 수준이 낮은 아랍인 노동자들을 밀어냈다. 이후 지도자들은 정당을 조직한 후 전문 정치인으로 본격적인 활동을 개시하면서 세계 유대인들과 시온주의기구로부터 정치자금을 모금했다. 유대인들은 보조금으로 땅을 매입하고 아랍인들로부터 유대인들을 보호했다. 노동계와 시민들은 자신들의 이익을 대변할 여러 조직들을 만들었는데, 1903년에 교원조합, 1912년 의료조합, 1920년 노동조합과 실업인조합, 1921년에 농사기술자조합, 1927년 키부츠조합, 1930년에 모샤브조합이 설립되었다. 1930년대에 들어서면서 두각을 나타내는 선두 그룹이 있었는데 바로 마파이당이었다. 마파이당은 사회주의를 이념으로 삼고 유대인 공동체 이슈브와 세계시온주의기구를 주도했다.

신생 독립국 이스라엘은 국가 설립 초기부터 사회 전 분야에 걸쳐 시련을 겪었다. 국가 예산의 3분의 1에 달하는 막대한 예산을 국방부 창설에 지출해야 했고, 끊임없이 밀려들어오는 이민자의 정착을 지원해야 했다. 나치 치하에서 살아남은 게토 출신 유대인들과 쫓겨나다시피 나온 아랍권 이민자들은 오갈 곳 없는 처지였다. 이민자들은 정착에 필요한 기술도 없는 데다 대부분이 정신적·신체적 고통을 당하고 있어 이스라엘 정부에 심각한 사회복지 문제로 대두되었다. 게다가 이민자들이 기하급수적으로 늘어나면서 상품과 서비스에 대한 수요도 증가해 1950년대 중반에 이르러서는 1948년에 비해 50% 이상이었다. 다행히 세계 각지 유대인들과 외국의 경제원조는 이러한 상태를 개선하는 데 도움이 되었다. 1인당 GDP는 1954년 15.9% 증가했고, 1955년에는 10.2%의 증가율을 나타내며 세계에서 보기 드문 경제 성장을 이룩했다.[9]

이스라엘의 GNP 대비 국가예산은 다른 민주주의 국가들보다 항상 월등했으나, 1967년 6일전쟁으로 인해 국방과 안보분야에 막대한 예산이 지출되었다.[10] 더욱이 1973년 전쟁 때 새로운 군사장비의 도입 필요성 제기, 유가 상승, 예비병력 보충에 대한 추가 예산, 사회적 빈곤층 증가 등으로 연 40%에 육박하는 인플레이션을 불러왔다. 이러한 경제 불황은 결국 정부를 위기로 몰아갔다.

1977년 건국 이래 처음으로 하아보다당(노동당)의 장기집권이 종식되고 국정 경험이 전혀 없는 하리쿠드당이 정권을 잡았다. 하리쿠드당은 그간 하아보다당의 약점을 딛고 야심찬 새로운 계획을 내놓는 한편, 자유시장경제에 입각하여 공공부문에 대한 민영화를 시도했다. 그러나 민영화는 실패했고 국가 경제 개입도 하아보다당 시절과 큰 차이가 없었다. 정부는 도시 빈민가를 없애고 점령지에 정착촌을 확충하는 정책에 막대한 예산을 사용하느라 최신예 전투기 개발 같은 정책들은 중도에 포기하고 말았다. 일례로, 레비 전투기 개발 사업에는 10년간 GNP의 10%에 해당하는 예산을 쏟아 붓고도 1987년 전면 폐지되었다.[11]

8 로스차일드는 유럽의 은행재벌로, 유대인 정착의 아버지로 불릴 정도로 정착유대인들에게 토지를 구입해 주고 많은 물질적인 지원을 해 주었다.
9 Israel Statistical Abstract, 1993, pp. 192-195.
10 Gideon Doron and Boaz Tamir, "The Electoral Cycle: A Political Economic Perspective." Crossroads 10 (1983): pp.141-164. 1950년대와 60년대 초반의 40%에 비해 67년 6일전쟁 전후에 55%의 국방예산 지출.
11 연합뉴스, 2007년 10월 24일 인터넷뉴스, 이스라엘과 미국은 '레비' 프로젝트란 암호명으로 항공기 개발에 착수했으나 레이건 정부의 자금 지원 중단으로 취소되었다. 이스라엘의 기술과 부품을 구입한 중국은 J-10 전투기를 개발해 이스라엘의 숙적인 이란에 수출했다.

이스라엘의 국가예산은 크게 안보, 사회복지, 국채상환 등의 세 분야로 나뉘며, 국가안보에 대한 예산이 1순위로 배정됨에 따라 사회복지분야 예산은 종종 제한되어 왔다. 그런데도 하리쿠드당은 빈곤층 유권자들에게 내건 사회복지분야를 강화하겠다는 공약을 실천하기 위해 적지 않은 예산을 지출해야 했고, 그에 따른 부족액을 채우기 위해 화폐를 초과 발행하였다. 그 결과 1980년에는 139.9%에 달하는 기록적인 인플레이션이 발생했으며, 이 때문에 1981년 선거 이후에 하리쿠드당은 경제분야 정책에 대한 통제력을 상실하고 말았다. 1982년에 발발한 레바논 내 팔레스타인을 상대한 전쟁으로 경제는 더욱 악화되었다. 1984년 이스라엘 물가상승률은 445%에 달했으며, 한때는 세계에서 유래를 찾아볼 수 없는 1000%의 물가상승률을 보이기도 했다.

1980년대 중반 이후 이스라엘 경제는 정부개입에서 시장경제로 전환되어 갔다. 1984년 하리쿠드당-하아보다당 연립정부의 수상 시몬 페레스와 재무장관 이츠하크 모다이 주도하에 경제회복계획이 추진되었다. 미국 차관으로 경제의 안정을 도모하고 물가와 임금을 법으로 동결시켰다. 정부, 전국노동조합, 기업가 대표들도 경제회복계획에 소요되는 희생비용을 공평하게 부담하겠다는 협의안에 합의했다.[12] 이러한 과정에 힘입어 1986년 말에 가서는 물가상승률이 조금씩 감소하기 시작해 20% 이하로 떨어졌다. 그 후 5년간 물가상승률은 16~20%대에 머물렀다. 1992년 하아보다당이 하리쿠드당으로부터 정권을 인수할 당시 물가상승률은 9.4%였으나, 1993년과 1994년에는 다시 상승하여 각각 11.2%, 14.5%를 기록했다.

정부와 전국노동조합은 노동인력의 절반에 가까운 인력을 고용하고, 기업연합 방식으로 농업을 관리하며, 이스라엘 금융활동의 90%를 점유하고 있는 3대 은행인 방크레우미[13], 하포알림, 디스카운트는 근본적으로 국영화되어 있다. 담배와 커피 부문은 시장에서 독점적인 지위를 누리고 있고, 공산품의 수출 역시 몇몇 소수 기업에 한정되어 있다. 의료 부문도 국영화되어 있고, 교통부문에도 국가가 보조금을 지급하며 관리한다. 이처럼 단기간 동안 사회적 불안 없이 이스라엘 경제가 회복될 수 있었던 이유는 정부의 적극적인 개입과 통제가 있었기 때문이다.

2007년 5월, 스위스 국제경영개발원이 발표한 '2007 세계국가경쟁력 평가'에서 이스라엘은 세계 21위를 차지했다.[14] 또한 2007년 10월 유엔무역개발회의(UNCTAD)가 발표한 세계 각국의 무역과 경제개발 성과를 측정해 점수화한 결과에서 이스라엘은 세계 20위를 차지하며 경제발전 가능성이 높게 나타났다.[15] 이는 전쟁과 주변 아랍국가들의 위협 속에서도 이스라엘의 국가경제가 성공적으로 발전하고 있음을 보여 주는 것이다. 이스라엘은 제한된 자원과 자연환경에도 불구하고 지난 수십년 동안 농업과 산업 부분을 집중적으로 개발하여 식량의 자급자족을 이루었고 2007년 세계 무기수출의 10%를 차지할 정도로 군사장비와 최첨단 기술 등에서 선진국 수준의 성과를 이루어냈다. 과실과 채소 재배 등 농업 분야를 비롯하여 컴퓨터공학, 화학, 군사기술, 다이아몬드 가공 등 다양한 분야에서 세계적인 주목을 받고 있다. 2006년 이스라엘의 무기 수출액은 420억 달러였으며, 생명공학은 미국 실리콘밸리에 버금갈 만큼 뛰어난 수준에 와 있다. 인텔과 마이크로소프트사는 해외 첫 연구개발사를 이스라엘에 설립했고, IBM, 씨스코시스템(Cisco System), 모토로라 등 세계적 IT기업들 역시 이스라엘에 진출해 있다. 2007년 세계적인 투자가 워렌 버핏은 이스라엘 기업 이스카르(Iscar)를 인수함으로써 이스라엘의 투자 환경이 긍정적임을 보여 주었다. 관광업도 이스라엘의 중요 산업 중 하나다. 이스라엘의 성지와 역사적인 고고학 현장 등은 전 세계의 관광객들을 꾸준히 불러들일 수 있는 잠재력을 가지고 있다.

---

[12] 희생비용이란 예를 들어, 1984년 5.9%에서 1986년 7.1%로 증가한 실업률과 실제소득의 감소치를 말한다.

[13] 방크레우미는 2007년 초 민영화로 매각되었다.

[14] 조세일보, 2007년 5월 10일자. 1위는 미국이었고, 한국은 29위였다.

[15] 국민일보, 2007년 11월 7일자. 한국은 599점으로 중국(577점, 25위)보다는 앞섰지만, 이스라엘(610점, 20위), 호주(628점, 16위), 뉴질랜드(623점, 18위) 등에 뒤졌다. 부동의 1위는 743점의 미국이 차지했고, 그 뒤를 독일, 덴마크, 영국 등이 이었다.

4. 히스타드루트 전국노동조합

이스라엘에서 정당이 아니면서 영향력이 가장 큰 단체는 전국노동조합 '히스타드루트'이다. 1920년 하이파에서 출범한 히스타드루트는 유대인 무역연합회이면서도 당시 영국 식민지 하에서 모든 유대인 노동자들의 권리와 이익을 목표로 하고 있다. 설립 당시 4,400명으로 시작한 히스타드루트는 1927년에 전체 노동자의 75%가 가입해 이스라엘에서 가장 영향력 있는 기관이 되었다. 하아보다당이 건국 후 처음 패배한 1977년의 선거 전까지 히스타드루트는 하아보다당 정부 하에서 준 공공기관의 역할을 해왔다. 히스타드루트 의장이 하아보다당의 지도부는 물론 각 부처 장관에 임명되는 등 히스타드루트는 하아보다당과 밀접한 관계를 유지해 왔다. 히스타드루트는 노동자 파업인정법, 국가보험법, 노동시간규정, 국가공휴일법, 아동고용법, 여성고용법, 노동교환법 제정 등 노동자를 위한 사회 프로그램이나 복지 관련 입법도 추진했다.

1977년 하리쿠드당이 정권을 잡으면서 히스타드루트는 처음으로 정부와 반대편에 서게 되었다. 1977년 10월, 하리쿠드 정부가 경제와 세입에 통제를 강화하고, 30년간 하아보다당이 제공한 보조금 지급을 중단하겠다고 발표하자 히스타드루트는 대 정부 파업을 단행했다. 당시 히스타드루트는 정부에 근본적인 물가안정대책이 없는 통화정책을 폐지할 것을 요구하면서 이스라엘 화폐의 평가절하, 식품과 대중교통에 대한 보조금 축소는 국민의 생활비 부담을 10-25% 올려놓을 것이라고 주장했다.

히스타드루트는 전국노동조합으로서만이 아니라, 이스라엘에서 가장 크면서도 유일한 사회ㆍ경제적 집단으로서 문화와 교육 전반에 영향을 미쳤다. 1977년 당시 이스라엘 노동자 절반 이상이 히스타드루트 노조원이었고, 노동자의 90%는 히스타드루트 산하 여러 노동조합에 가입해 있었다. 국민의 3분의 2 이상이 히스타드루트 산하의 쿠파트 홀림에서 운영하는 건강보험의 혜택을 보고 있었고, 노동자의 25%가 히스타드루트 산하의 기업에 취직해 있었

77 히스타드루트 28주년을 기념하는 회의 모습. 텔아비브, 1947년 12월 15일.

다. 이처럼 광범위한 활동으로 히스타드루트는 이스라엘에서 어느 정당보다 영향력이 있었다.

히스타드루트는 산하에 전문노조나 노동자위원회, 사회복지회, 소비자 집단, 여성조직 등을 두고 있다. 모샤브와 함께 키부츠와 관련한 3개의 연합 등 4개의 농업관련단체 역시 히스타드루트에 가입돼 있다. 히스타드루트는 고등학교와 대학교에서 성인을 위한 전문직업 교육과정과 학술과정도 진행하고 있으며, 독자적인 교육기관도 운영하고 있다. 병원과 연금제도, 스포츠 프로그램과 아동관련 부서도 두고 있다.

히스타드루트는 간호사, 토목공, 언론인, 파일럿, 의복 종사자, 귀금속 상인, 공무원, 음악가, 교사, 관광업 종사자, 식료품 종사자, 아동보호인, 중금속 노동자, 위생관련인, 군인, 배우 및 영화감독뿐 아니라 주유소 점원의 노조도 포함하고 있다. 이들 중에서 전기노조와 교사노조는 히스타드루트의 보호가 필요 없을 정도로 영향력이 강하다. 이처럼 전국적인 노동조합의 총집단체인 히스타드루트는 노동자들에게 위협적인 존재이다. 히스타드루트는 거대 규모의 운송회사 두 개와 유통망, 은행, 보험회사, 건설회사, 농산물협동조합 등을 운영하고 있으며 보유한 부동산도 매우 많다.

여성조직인 '나아마트'는 준독립적인 조직으로서 히스타드루트 대표 선출 시기에 해당 지도자를 선출한다. 나아마트는 취업여성의 지위 보장을 위한 활동을 전개하는 가운데 유치원과 보육원, 전문직업학교와 농업학교를 운영하고 있으며, 유대인과 아랍 공동체를 위해서도 활동하고 있다. 이 조직은 히스타드루트 남성 조합원과 같은 수준의 대우와 권리를 누리고 있다.

히스타드루트는 1920년에 하이파에서 설립되어 1960년대까지 노동자가 주류를 이룬 마파이당이 지배하였다. 그러나 최근에는 다른 정당들의 세력도 커지고 있다. 히스타드루트의 조합원들은 전당대회에 출마하기 위한 대표자를 선출하는데, 여기에서 여러 정당들은 히스타드루트 내에서 보다 많은 세력을 획득하고자 경쟁한다. 하아보다당은 1949년에 치러진 제7대 히스타드루트 전당대회 선거에서 90% 이상의 득표를 획득한 데 반해, 1977년 제13대 선거에서는 55% 득표에 그쳐 세력이 많이 약해졌다. 반면 하아보다당의 가장 강력한 정쟁자인 하리쿠드당은 28.2%만을 획득했다.

히스타드루트에는 반대세력도 있었다. 이스라엘의 직종별 노동조합과 지역 노동위원회의 지도자들은 두 세대에 걸쳐 중앙권력에 대한 불만을 표출하며 독립적으로 행동해 왔으며, 중앙연맹에 속한 몇몇 조합들은 히스타드루트의 명령을 무시하곤 했다.

히스타드루트는 1980년대 들어서 세력이 약해지기 시작했다. 거대한 산업 규모를 유지하기가 어려워졌고, 조직 혁신에도 실패했을 뿐 아니라 건강연금의 자금 위기와 거세지는 하리쿠드 정부의 반대 때문이었다. 히스타드루트는 1980년대에 발생한 경제적 위기로 조합원들의 이익을 보호할 능력을 상실했다. 당시에는 거의 모든 산업이 붕괴 직전에 있었고, 몇몇 기업들은 매각되거나 파산하였다. 다행히 하리쿠드당은 히스타드루트와 이념적 경쟁자였지만 기업붕괴의 대재앙을 막고 높은 실업률을 극복하기 위해 기업들에게 자본을 제공해 주었다. 경제위기에서 살아남은 히스타드루트의 많은 기업들은 새로운 변화를 받아들여야 했다.

1992년까지 히스타드루트는 하아보다당의 기반이라기보다는 선거에서 요직을 차지하기 위한 방편이었다. 예컨대, 히스타드루트 의장 케이사르가 라빈 정부에서 교통부 장관이 되자 뒤를 이은 하베르펠드는 하임 라몬이 주장한 의료보험체제의 개혁에 반대한다. 이에 하임라몬과 페레츠는 라츠당과 샤스당에 가입한 후 '람'이라는 개혁 신당을 만들어 히스타드루트 의장 선거에 출마, 하베르펠드와 대결한다. 하베르펠드는 1994년 2월에 있은 의장 예선에서 아미르 페레츠를 상대로 승리했으나 본선에서는 복지부장관이었던 하임라몬에게 패배했다.

1994년의 히스타드루트 위원장 선거를 앞두고 진행된 선거유세에서 하아보다당 라빈 수상은 자신은 진정한 하아보다당 당원으로서 라몬의 계획을 지지한다고 밝혔다. 하아보다당 내 인사가 히스타드루트 의장을 지낸 전통을 깨고 '람'이라는 다른 당의 후보를 지지한다는 모순된 메시지였지만 33%에 이르는 하아보다당 유권자의 지지에 힘입어 라몬은 46%의 득표율로 승리하였다.

히스타드루트의 위원장이 된 라몬은 정부와 국회에서 의료보험체계의 개혁을 주장했고 결국 1995년 의료보험법이 발효되었다. 이로써 모든 이스라엘 국민은 의무적으로 월급의 4.8%에 해당하는 보험료를 쿠파트 홀림이 아닌 정부에 납부하게 되었고, 그에 따라 건강의료부문이 아닌 다른 곳에서 보험금이 쓰일 가능성은 완벽히 차단되었다. 반면 히스타드루트는 자신의 조직운영에 필요한 상당한 자금을 잃게 되었다. 1995년 라빈의 암살로 라몬이 정부장관으로 들어가면서 당시 부위원장인 아미르페레츠가 위원장이 되었다. 아미르 페레츠는 재임시절 전국적인 노동자파업을 성공적으로 이끌어 이스라엘 역사상 가장 성공적인 파업을 주도한 인물이 되었다. 2005년 아미르 페레츠가 하아보다당 당수로 선출되면서 사임하자, 2006년 1월에 오퍼 에이니가 위원장으로 선출되어 히스타드루트를 이끌고 있다.

유대인 군사조직 하가나 회원들이 이스르엘 평야에서 군사훈련을 하고 있다. 1948년 1월 3일.

히스타드루트는 현재(2007년) 전국에 70만 명 회원의 최대 노동조합으로 1980년 이후 영향력이 점점 쇠퇴하기 시작했지만 여전히 이스라엘 노동자의 이익을 대변하며 최대 단체로서의 영향력을 유지하고 있다.

5. 이스라엘의 군과 정치 [16]

이스라엘의 군은 건국 이전 개별적인 군사조직에 기반을 두고 있다. 팔마흐, 하가나, 이르군 등의 군사조직은 이슈브 시기부터 존재했고, 건국과 함께 여러 군사조직들이 통합되어 이스라엘 국방부가 창설되었다. 건국 초기부터 국가 존립을 책임지는 이스라엘 군의 위상은 최고였으며 안보와 관련해 국가 전반에 영향을 미치고 있었다. 이스라엘의 군대야말로 과거부터 현재에 이르기까지 이스라엘 정치와 경제에 가장 폭넓게 연관되어 있다. 이스라엘 국민

대부분이 군에 의무 입대해야 하고 제대 후에도 예비군에 동원된다.[17] 국방부는 정부 예산에서 막대한 부분을 차지하고 있으며 국가안보와 관련해 국민의 폭넓고 지속적인 관심을 모으고 있다. 안보정책상 필요하다면 정치, 경제, 산업, 사회, 문화 등 모든 분야가 군에 동원된다.

장교를 양성하는 사관학교가 없는 이스라엘 사병이 장교시험에 지원해 장교로 승진하며 장성까지 진출한다. 혁혁한 성과를 올리거나 기량이 뛰어난 장교는 빠르게 진급한다. 따라서 고위직 장교의 정년이 상대적으로 짧은 까닭에 영구적인 계보를 만들거나 특정 간부집단이 존재할 수 없다. 이스라엘 군은 역동적인 구조로 되어 있음을 알 수 있다. 군 고위 장교의 25%는 키부츠와 모샤브 집단농장 출신이다. 키부츠나 모샤브의 인구가 이스라엘 전체 인구의 8%도 안 된다는 점을 고려하면 이들 지역에서 군에 진출하는 비율이 매우 높음을 알 수 있다. 이스라엘의 군 고위 장성은 보통 아쉬케나지나 이스라엘 본토 출신 중에서 임명된다. 1970년까지 아시아·아프리카 출신의 유대인 중에서 장성에 오른 이는 한 명도 없었다. 스파라디 유대인에 대한 편견이 심했던 것이다. 고위 장교직과 관련한 불안정한 인사행태는 군 간부의 조기 은퇴를 부추겼다.

이스라엘 사회는 군에 대한 인지도가 높아 군 간부 출신들의 사회진출이 우대되었다. 1967년부터 1973년까지 전역한 군 장성들은 고위직일수록 정치계나 산업계의 주요 요직에 앉게 되었다. 1950년에서 1973년 사이에 전역한 고위장교 75명의 사회진출 통계를 보면, 33%가 기업체의 요직에, 25%가 국방부 및 국방관련기구에, 나머지는 대학이나 행정 외교 분야에 취업했다. 그러나 1973년 이후 이스라엘 군 규모가 급속도로 커지면서 최고위층 군관들도 늘어났다. 이 때문에 고위급 장교들의 진로에 정체가 생기자 전역장교들을

16 이스라엘 군에 관하여 참조할 만한 책. Luttwak, Edward & Horowitz, Dan. *The Israeli Army.* London: A. Lane, 1975. New York: Harper & Row, 1975.

17 아랍인과 종교인은 군 복무가 면제된다. 아랍인은 유대인 국가를 위해 위험을 감수하지 않으려 하고, 종교인은 예시바 종교학교에서 공부하는 동안 군 입대가 연기되지만 사실상 면제로 이어진다. 두르즈인과 베두윈은 자원자에 한해 군에 입대할 수 있다.

위한 직업 전문 교육 과정이 신설되고 채용 정보 기구도 마련되었다. 정치계에 입문하는 장교들도 많았는데 대부분은 시온주의 성향의 정당에 들어갔다. 여당인 하아보다당에 적을 둔 예비역들은 국회나 정부에 많이 진출했다.[18]

1967년까지 예비역들은 주로 노동부, 관광부, 교통부, 농산부 등 비주류 장관직에 기용되었으나, 1974년 모쉐 다이얀이 국방부 장관이 되자 그의 동기 예비역들의 활로도 트이기 시작해 1974년과 1977년에 예비역 장군 5명이 정부의 주요 각료에 임명되었다.

국회에 진출한 예비역 장성들의 정치적 관점 또한 다양했다. 강경론자로는 몰레테트당의 레하빔 쩨비, 쪼메트당의 라파엘 이탄, 하리쿠드당의 샤론 등이 대표적인 인물인[19] 반면, 온건파에는 진보당의 모티 펠레드, 쉘리당의 메이르 파일 등이 있었다. 쩨비와 이탄, 샤론은 자신들의 정당을 이끌면서 1990년부터 1992년까지 샤미르 정부의 장관으로 활동했다. 정당을 이끈 장성출신 인물로 라빈(1992, 하아보다당), 와이즈만(1984, 야하드), 모쉐 다이얀(1981, 텔렘), 이갈 야딘(1977, DMC), 아리엘 샤론(1999, 하리쿠드) 등이 있다.

1969년까지 군 출신이 지방선거에서 정당을 이끈 적은 없었다. 그러다가 하아보다당이 헤르젤리아 시장 후보로 내세운 조세프 네보가 군 출신으로서는 최초로 당선되었다. 1973년 장성 출신인 슐로모가 텔아비브 시장에 당선되었고 그 이후 군 출신들의 지방 정치 활동이 본격적으로 이루어지기 시작했다. 장성 출신 아미람 미쯔나는 1993년에 하이파시장에 당선되었는가 하면 그 후에는 하아보다당 당수까지 되었다.

이스라엘 군 장교들을 대상으로 한 설문조사에서 장교들 대부분은 특정 진영에 속해 있지 않고 다양한 이념적 성향을 갖고 있는 것으로 나타났다. 1965년 선거에서 그들 중 과반 이상이 하아보다당 연합당에 표를 던졌고, 3분의 2 이상은 민족주의적 세계관이나 경제관, 종교, 민주주의 등에 중도적인 입장을 취했다. 1972년에 실시된 설문조사에서는 영토 양보에 압도적인 태도를 보일 정도로 일반인들보다 더 평화적인 자세를 취하는 것으로 나타났다.[20] 응답자의 57%는 서안지구를 팔레스타인에 양보할 준비가 되어 있었고, 52%는

79 잘만 대통령과 함께한 이스라엘 군 장성들. 1967년 6월 21일.

팔레스타인의 민족자결권을 인정했다. 장교들의 이러한 중도 자유주의적 입장은 민감한 분야인 외교안보에도 비슷했다. 그러나 계급이 높을수록 더 온건한 것으로 나타났다. 즉 연령층이 낮을수록 시온주의의 좌파와 우파를 명확히 구분하는 성향을 보였다.[21]

18 Arian, Asher (ed.), *The Elections in Israel: 1973*, Jerusalem Academic Press, 1975. pp. 129-41.

19 극우에 속한 레하빔 쩨비는 2002년 관광부장관 재직 당시 팔레스타인 무장세력에 암살당했고, 라파엘 이탄은 1981년 군 참모총장 재직 당시 이라크 핵 시설 파괴를 승인한 장본인으로서 그 후에는 농림부장관을 지냈다. 아리엘 샤론은 하리쿠드 당수로 2001년 에후드 바락을 누르고 수상이 되어 2005년 1월 뇌출혈로 쓰러지기 전까지 수상을 역임했다.

20 1970년대 실시된 이스라엘 군 장교들의 성향으로 예나 지금이나 군 장교들은 좌파와 우파 정당에 고르게 진출한다. 2000년대에 장성들 중 노동당의 에후드 바락과 아브람 미쯔나가 있는가 하면 샤울 모파즈 군 참모총장은 아리엘 샤론에 의해 하리쿠드에 들어갔다.

21 Don Peretz, *The government and Politics of Israel*, 1997, pp. 157-8.

(1) 군사관료체제

군사강국 이스라엘 국방부에는 대략 8-9만여 명이 복무하고 있다. 이는 가용 인원의 77%로, 12% 가량은 1년 안에 조기 제대를 한다. 다시 말해 가용 인원의 3분의 1은 입대가 면제되거나 조기제대를 한다. 예비군은 42만 5,000여 명으로 군사인력의 70%에 해당하며, 모두가 동원되지는 않는다. 군복무가 점차 전문화, 첨단화 됨에 따라 징집률도 점차 감소하고 있어 미래에는 군복무자와 면제자 사이에 독특한 집단이 생길 수도 있다고 한다. 그런데도 국방 분야에서 일하는 사람은 이스라엘 인구 규모에서나 이스라엘보다 인구가 많은 나라와 비교해서도 월등히 많은 편이다. 사실 이스라엘의 군사력은 세계 최상급이다. 전투기, 헬기, 탱크, 미사일, 군함, 잠수함 등에 최첨단의 장비를 갖추고 있고, 미국산 부품을 제외한 대부분을 이스라엘 독자적으로 개발하며, 핵 기술도 세계 최고 수준이다. 이스라엘은 건국 초기인 1949년에 이미 국가 총지출의 3분의 1을 국방비에 할당할 만큼 강력한 국방력을 위해 어느 나라보다 국방 분야에 많은 예산을 투입해 왔다. 1950년에서 1966년까지 국방예산은 평균적으로 GDP의 9%를 차지했고, 1967년 6일전쟁과 1973년 대속죄일전쟁 이후에는 기하급수적으로 국방지출이 늘어나 1980년대에는 GDP의 24%까지 치솟았다.[22]

1967년까지 이스라엘의 무기와 군수품은 주로 유럽, 특히 프랑스에서 들여왔다. 그러나 6일전쟁 이후 프랑스 대통령 샤를 드골이 무기 수출을 금지함에 따라 아이젠하워 시대 이후에는 미국에서 수입하였다. 미국은 1959년에 40만 달러, 1960-65년에는 660만 달러의 군사차관을 이스라엘에 융자해 주었다. 1966년에는 레비 수상이 미국 존슨 대통령을 설득해 군사차관을 9,000만 달러로 늘리는 등 1971년까지 미국이 이스라엘에 융자해 준 군사차관은 연평균 4,000만 달러에 달했다. 그러나 1971년 시리아가 요르단을 침공하자 이스라엘은 미국과 연합하여 요르단을 도와주었고, 그 대가로 미국으로부터 무려 5억 4,500만 달러의 군사원조를 받았다. 냉전 중인 닉슨 행정부 시기에 이스라엘은 변방의 작은 미국처럼 간주되었고, 이를 통해 1970년대 초에는 3억 달러의 원조를 미국에서 받아냈다.

1973년 대속죄일(욤키프)전쟁에서는 미국과 이스라엘의 연합관계가 더욱 공고해져, 이스라엘은 미국으로부터 받은 차관 8억 달러 외에도 전쟁으로 파손된 무기를 교체하는 비용으로 160만 달러를 추가로 지원받았다. 이후 미국의 군사원조는 차관과 보조금의 혼합형태로 바뀌었다. 1979년 이스라엘은 이집트와 평화조약을 맺은 대가로 미국으로부터 6억 달러의 보조금을 포함해 26억 달러를 받았고, 미국의 이같은 보조금 지급은 해마다 계속되었다. 한편 이스라엘에 대한 원조금은 미국의 무기산업에 재투자됨으로써 미국의 경제에 도움을 주었고, 이스라엘이 치르는 전쟁은 미국산 최신 무기의 실험장이 되었다.[23]

이스라엘 국방비는 대부분 국민의 세금으로 충당되었고, 유대인들은 군복무의 의무를 져야 했다. 보통 남자는 3년, 여자는 2년간의 군복무를 해야 하며, 여러 가지 이유로 젊은이들이 군복무면제를 받거나 조기제대를 하기도 한다. 상당수의 남성들이 군입대 후 직업군인으로 남기도 한다. 한편 예비군제도는 이스라엘 경제에 큰 부담거리로, 군사정책에도 영향을 미쳤다. 이스라엘은 자질이 부족한 군인들을 국경선에 배치할 수 없었고, 선제공격능력과 전략적인 요충지 확보를 위해 조기경보시스템 등 최첨단 장비에 의존해야 했다.

이스라엘 국방비는 규모가 정확하게 공개되지 않는다. 다른 부처들은 예산 입안 및 집행 시 반드시 재무부와 상의를 거쳐야 하나 국방부와 안보당국은 예산을 독립적으로 사용할 수 있고 사용 내역을 공개할 의무가 없기 때문이다. 재무부에서 국방예산을 삭감하려 할 때도 구체적인 항목은 국방부에서 결정하며, 삭감규모가 너무 클 경우에는 국방장관이 국가 안보 위기를 언론

22 Charmaine Seitz, Israel's Defense Budget: The Business Side of War, *Information Brief* No. 64, 30 January 2001.
23 Wikipedia, Israel Army, http://en.wikipedia.org/wiki/Israel_Army#Expenditures_and_alliances; 미국 공화당 인터넷 홈, Committee on the Budget, www.house.gov/budget_democrats/pres_budgets/fy2004/fy04update/150.htm

네게브 사막에서 출동태세를 갖춘 이스라엘 탱크부대. 1967년 5월 20일.

에 호소해 재무부장관에게 압력을 가하기도 한다.

(2) 경제력으로서의 보안산업

국가안보가 국가 최대의 주제인 만큼 보안 관련 산업이 이스라엘 경제에서 차지하는 비중은 막대하다. 보안 관련 산업은 일자리 창출에 적지 않은 기여를 하고, 국방부에 무기를 납품함은 물론 첨단 보안장비를 해외로 수출하기도 한다. 무기산업은 건국 이전 이슈브에서 비밀리에 무기를 만들며 이미 시작됐고, 독립전쟁을 승리로 이끄는 데 크게 기여했다. 이스라엘은 자주국방을 실현하기 위해 새로운 종류의 무기들을 개발해 내야 했고, 이 때문에 이스라엘의 무기산업은 계속 성장하게 되었다. 1950년대에 이스라엘은 이스라엘 군사사업단, 이스라엘항공사업단, 국립무기개발연구소가 주도하여 무기산업을 발전시켰고, 1960년대 들어서는 무기산업의 영역을 항공기 및 전자부품

개발, 핵 연구, 기관총이나 해양미사일 등으로 확대시켰다.

1967년 프랑스의 이스라엘 무기수출 금지령과 1973년 미국의 무기보급 지체는 이스라엘로 하여금 자주국방과 무기개발에 대한 의지를 확고하게 만들었다. 1970년대 중반에 프랑스의 미라지(Mirage)전투기에 맞먹는 크피르(Kfir)전투기 자체 개발과 고효율을 자랑하는 메르카바(Merkava)탱크 생산이 대표적인 예이다. 레비(Lavi)전투기 사업은 시작되었다가 비용문제로 중단되기도 했다. 이스라엘은 지대공 미사일을 개발하는 선제방어전략(Strategic Defense Initiative)사업에도 참여하였다.

이스라엘은 다른 무기생산국보다 가격이 저렴하고 성능이 뛰어난 무기를 생산하면서 세계 최고의 무기 수출국이 되었다. 태국, 대만, 싱가포르, 말레이시아, 에티오피아, 가나, 케냐, 리베리아, 탄자니아, 우간다, 자이르, 모로코와 남아메리카 국가 대부분이 이스라엘제 무기를 수입했다.

1990년대까지 무기산업의 규모가 확대된 것은 무기거래에 뛰어든 전 군간부들과 무기 관련 산업에 종사했던 민간인들, 그리고 정치인들로 구성된 단체가 국방부에 강력한 로비를 펼쳤기 때문이다. 1990년대 초, 냉전체제가 끝나자 국제 무기거래가 줄고 무기시장의 경쟁은 시들해졌으며, 경제가 불안정한 국가에 무기 외상판매를 사절하면서 무기 판매를 위한 로비도 영향력을 점점 잃었다. 이러한 외부 요인 때문에 이스라엘의 무기산업은 시련을 겪고 있다. 하지만, 그럼에도 불구하고 이스라엘 생산 무기의 66%는 수출되고 있으며 세계 주요 무기생산기업 100개 중 이스라엘 회사가 4개 포함되어 있다.[24]

---

24 *Haaretz*, 2007년 10월 1일, 인터넷판.

6. 미디어

이스라엘은 뉴스의 나라라 할 정도로 뉴스도 많이 생산되지만 뉴스에 대한 국민적 관심도 매우 높다. 실시간 라디오 뉴스와 저녁 TV뉴스, 그리고 조간신문에 갖는 관심도는 세계 최고를 자랑한다. 1990년대 케이블방송과 지역 라디오방송이 시작되면서 언론매체에 대한 접근이 더욱 용이해졌다. 언론매체는 정치인들에게 요긴한 선전수단이었고, 정책결정기관이 국민들과 의견을 주고 받을 수 있도록 통로 역할도 했다. 일간신문은 급진성향에서 보수성향까지 다루며, 스포츠나 패션뿐만 아니라 과학과 철학에 이르기까지 다양한 분야의 기사를 담고 있다.

《다바르》,《하쪼페》,《알 하미쉬마르》 등 정당이 발간하는 신문들은 구독률이 낮다. 1995년 마팜당의 《알 하미쉬마르》지가 폐간되었고, 히스타드루트의 《다바르》지는 재정난으로 1996년에 발행이 중단되었다. 《다바르》지는 1925년 초판이 발행된 이래 1977년까지 하아보다당의 관점을 반영해 정부의 모든 정책을 다뤘다. 한때 히스타드루트 조합원들에게 보급하면서 발행부수가 크게 늘었지만, 재정적자로 보급이 중단되었다. 《알 하미쉬마르》지는 정부에 대해 끊임없는 비판하는 키부츠연합세력의 신문으로 발행 부수가 적었다. 1980년대에 들어와 사회주의적인 입장을 완화했고, 1992년에는 메레츠당의 입장을 대변했다. 마프달당의 《하쪼페》는 정통유대교의 신문으로 랍비들의 목소리를 전달했다.

《예루살렘포스트》는 영자신문으로서 외교단체나 영어사용권 이민자들에게 널리 보급되었으며 영국이나 미국에도 독자층이 있다. 《예루살렘포스트》는 한때 히스타드루트에 의해 운영되다가 개인기업에게 팔렸고, 군사애국주의나 반하아보다당 관점을 대변한 적도 있다.

인구의 5% 정도가 히브리어가 아닌 스페인어, 불어, 불가리아, 독일어, 헝가리어 등 유럽언어권의 신문을 읽는다. 1990년대 이후에 들어온 100만이 넘는 러시아 유대인들은 러시아어 신문뿐 아니라 방송도 내보내고 있다. 러시

아어 주요 신문으로는 《베스티》(*Вести*), 《나샤 스트라나》(*Наша Страна*), 1970년 창립해 3만 5,000부를 발간하는 《노보스티 네델리》(*Новости Недели*), 《루스키 이스라일타닌》(*Русский Израильтянин*) 등이 있다.

이스라엘 최대의 언론재벌은 하아레쯔의 Schoken[25]과 예디옷아하로놋[26]의 모제스 가문으로 이들 두 가문은 이스라엘의 TV와 라디오 그리고 여러 지방 언론도 운영하고 있다. 이들 언론 세력은 일간·주간·월간지 외에 15개 지역의 수백만 지방 독자에게 신문을 공급하며, 지방 언론의 50%, 지역출판의 33%를 차지하고 있다. 이들에 이어 세 번째로 큰 님로디스사는 《마아리브》

---

[25] Schocken 가문은 2차 세계대전 이전 독일에서 20개의 백화점 체인을 소유한 4번째로 큰 백화점 가문이었다. 1931년 팔레스타인으로 건너와 하아레쯔를 사들여 이스라엘 최대 언론재벌 중에 하나가 되었다.

[26] 예디옷아하로놋그룹은 1939년에 설립된 예디옷아하로놋을 1970년대에 이스라엘 최대 신문사로 만들었고, 상업 텔레비전 채널2, 케이블 Hot, 주간지방신문 티크쇼렛, 러시아어신문 베스티, 잡지 등 다양한 언론 매체뿐 아니라 기업도 소유하고 있다.

지[27]를 발행한다. 예디옷아하로놋과 마아리브가 사진을 많이 싣는 타블로이드판으로 서민층을 주 독자로 삼고 있다면, 하아레쯔는 분석기사와 심층보도를 통해 지식층을 주 독자로 삼고, 정부 지도자들에게 영향을 미친다. 모제스가와 님로디스 가는 1993년 이후 상업방송 TV 채널2의 최대 주주가 되었다.

이스라엘 전국 주요 신문으로 《예디옷아하로놋》, 《마아리브》, 《하아레쯔》, 경제신문 《글로브스》가 있고, 무가지로 2006년 창간되어 기차역 · 버스터미널 · 주유소에서 배포되는 《이스라엘리》와 2007년 6월에 창간된 《이스라엘 하윰》이 경쟁을 벌인다. 지방지로 텔아비브에 《잘만텔아비브》, 《이톤텔아비브》, 《하이르》, 예루살렘에 《콜하이르》, 《콜하즈만》, 《이톤예루살랴임》, 하이파에 《콜보》, 《하다숏하이파 하짜폰》, 《예디옷하이파》, 남부 지역에 《쉐바》 (브엘쉐바), 《콜비》, 《아라드쯔비》 등이 있다.

1968년까지 이스라엘 가정에 TV가 보급되었지만 시청할 수 있는 프로그램은 이웃 아랍권 국가들의 방송뿐이었다. 이에 이스라엘 정부는 아랍어 방송 담당 부서를 세우고, 뉴스와 같은 시사 프로그램들을 히브리어 방송 바로 전인 저녁에 방송했다. 1968년부터 1993년까지 모든 TV프로그램은 이스라엘방송공사의 통제를 받았다. 매 선거 후 국회의석 수에 따라 TV방송국 방송감독위원회의 위원들이 바뀌었다. 방송감독위원회가 때때로 특정 프로그램에 간섭하기도 했지만, 이스라엘 TV가 대체로 정치적 중립성을 지켜왔기 때문에 대부분의 시청자들은 이스라엘 TV를 신뢰하고 있다. TV 채널로는 채널1(하아루쯔하리숀)이 1994년 채널2 설립 전까지 하텔레비지아 하이스라엘릿으로 불렸었다. 상업방송인 채널2가 1994년 시작되었고, 2002년 드라마 · 쇼 · 뉴스 등의 채널10이 시작되었다. 지상파 외 케이블TV 채널로 씨리즈채널, 영화채널, 어린이채널, 과학채널, 스포츠채널 등이 있다.

1995년에 상업 라디오 방송이 시작되기 전까지는 7개의 공영방송만 있었

---

27 1948년 예디옷아하로놋의 편집장이었던 아즈리엘 칼레바흐가 예디옷아하로놋을 떠나 마아리브를 만들었다.

다. 그중 4개는 이스라엘방송공사가 운영했고, 2개는 국방부에서 운영했으며, 한 개가 독립적으로 운영되었다. 해적방송국인 평화의 목소리(The Voice of Peace)라는 방송은 1993년까지 지중해의 선상 위에서 방송되었다. 1994년 통계를 보면, 이스라엘 국민의 94%가 라디오를 청취했고, 그중 65%는 이스라엘방송공사의 방송을, 30%는 국방부의 방송을, 나머지가 독립방송을 들었던 것으로 나타났다. 이스라엘에서 아랍어를 사용하는 인구는 이스라엘에서 히브리어 방송을 하는 시간대에 이웃 아랍국의 방송도 청취할 수 있다. 이스라엘은 중동이나 이란 그리고 멀리는 러시아에까지 정치적 선전방송을 한다.

이스라엘 라디오의 팔레스타인 방송서비스인 PBS와 하가나 지하단체 방송이 함께 만든 "콜이스라엘"은 1948년 5월 14일 벤구리온의 독립선언문 낭독을 생중계했다. 1965년 이스라엘방송위원회(IBA)가 설치되어 콜이스라엘을 관리했고, 콜이스라엘은 이스라엘 전체 라디오를 주관하면서 방송 프로그램을 자체 제작했다. 이스라엘의 주요 공영 라디오방송으로는 콜이스라엘, 토론과 문화프로그램의 레쉐트 알레프, 뉴스와 현안을 다루는 인기방송 레쉐트 베이트, 팝 음악을 다루는 레쉐트 김멜, 아랍어 방송인 레쉐트 달레트, 이민자들을 위해 13개 언어로 방송하는 레쉐트 레카, 클래식 음악과 드라마를 다루는 콜하뮤지카, 종교방송인 레쉐트 모레쉐트 등이 있다. 최근 들어 인터넷에 기반을 둔 전자언론매체의 영향력이 급속히 증대되면서, 2006년 1월 시작된 뉴스 전문 사이트 스쿠프가 2년 만에 이스라엘 3대 인터넷 사이트 중 하나가 되기도 했다.

이스라엘과 팔레스타인 그리고 아랍과 관련한 국내뉴스는 바로 국제뉴스가 될 정도로, 이스라엘은 뉴스의 생산지라 불리며 세계에서 가장 활발한 언론 활동을 벌이는 나라 중 하나이다. 정치인들은 국민의 생각과 의견을 수렴하고, 국민은 정치인들의 의도를 알기 위한 수단으로 언론이 국민에게 큰 관심사가 되고 있다.

7. 디아스포라 유대인과 세계시온주의기구(WZO)

(1) 디아스포라 유대인 조직의 활동

"이스라엘은 이스라엘 국민과 수많은 생존 위협에서 살아남은 세계 유대인들의 최후 보루로서 건국되었다." 1960년에 열렸던 25회 세계시온주의기구에서 벤구리온 수상이 한 말이다. 이는 이스라엘은 국내 유대인들뿐 아니라 해외 모든 유대인들의 국가임을 강조한 것이다.

2002년 전 세계에 흩어진 디아스포라 유대인은 총 1,329만 6,100명으로 집계되었다.[28] 최근 2005년 통계에 의하면 미국에는 세계에서 가장 많은 615만 명의 유대인이 살고 있으며, 이스라엘의 555만 명보다 많다. 그러나 미국 유대인들의 저 출산과 현지 동화로 2006년 이후 유대인이 가장 많이 사는 국가는 이스라엘로 예상된다. 이외에 러시아에 80만 명, 프랑스에 60만 명, 아르헨티나에 25만 명, 캐나다에 37만 5,000명, 그리고 영국에 35만 명 등 유대인이 거주하고 있다.[29] 세계 각지에 흩어져 있는 유대인 공동체 중에서 미국에 있는 유대인 공동체가 이스라엘에 가장 큰 영향을 미친다. 가장 중요한 유대인 공동체인 WZO(세계시온주의기구, World Zionist Organization)와 유대인관청(Jewish Agency)은 미국과 이스라엘에 집행위원회를 두고 있다.

WZO 정기의회의 대표자는 각국의 시온주의 단체 회원들에 의해 선출되고, 이스라엘의 여러 정당에 당원으로 가입되어 있다. 정기의회 사이에는 시온주의 지도부가 구성한 각 부서(예를 들어 토라교육, 정보, 이민, 동화정책, 대외관계 등을 담당)를 통해 이스라엘 정부와 공조관계를 취한다. 이러한 관계를 통해 이스라엘 정부는 세계의 유대인들로부터 기금을 마련하고, 그들에

---

[28] World Jewish Population Survey of 2002. www.jafi.org.il/education/100/concepts/demography/demjpop.html

[29] Sergio Della Pergola, Yehezkel Dror, and Shalom S. Wald, *Annual Assessment 2005: A Rapidly Changing World*, Jerusalem: Jewish People Policy Planning Institute, 2005.

게 교육과 정보를 제공하며 정치적 지원도 요청한다. 표면상 해외 자금과 친이스라엘 정책을 주도하는 디아스포라 유대인들이 이스라엘 정치에 영향을 미치는 것 같지만, 실제로는 이스라엘 정부가 시온주의자와의 관계에서 주도권을 쥐고 있다. 이는 정부가 다른 어떤 조직보다 강력하고, WZO의 고위직에 이스라엘 정치인이 다수 포진하고 있기 때문이다. 유대인 인구가 많은 국가에서는 현지 이스라엘 대사관 및 영사관을 통해 이스라엘을 위한 정치적 지원을 호소하고, 지역 시온주의자나 유대인 공동체를 지원하여 모국과 결속 관계를 유지하려고 노력한다.

규모가 거대한 미국 유대인공동체는 이스라엘과 특별한 관계를 유지하고 있다. 유대인의 종교, 문화, 기금모금과 관련된 단체들은 대부분이 비공식 조직이지만 때에 따라 문서로 보장된 공식 조직도 있다. 미국유대인위원회(American Jewish Committee, AJC)나 미국유대인의회(American Jewish Congress)와 같은 기구는 미국의 정책에 영향력을 행사하며 고위 정치권과 긴밀한 관계를 유지하고 있다. 이스라엘 정치권은 엄청난 부와 사회적 영향력을 지닌 미국유대인위원회 회원들에게 특별한 관심을 가지면서, 이스라엘 정부는 사설기관인 미국유대인위원회와 공식관계를 맺고 있다.

세계 모든 유대인들은 이스라엘을 모국으로 여기고, 일부는 유대인 모두가 이스라엘에 거주해야 한다는 주장을 펴기도 한다. 세계 유대인들은 끊임없이 이스라엘 정부에 재정적인 도움을 주고, 이스라엘은 2차 세계대전 이후 반유대주의를 피해 몰려온 유대인에게 안식처를 제공하는 등 국가적인 차원에서 유대인의 권익 보호를 위해 노력한다. 디아스포라 유대인과 이스라엘 정부 간의 친밀한 관계 속에서도 이스라엘이 해외 유대인에게 미치는 물리적인 영향의 범위와 유대인 통제 문제로 갈등을 빚기도 한다. 미국에 살고 있는 유대인들은 옛 유대 땅으로부터 추방당해 타국에 살게 되었다는 정서에 거부반응을 보였고, 다른 지역에 살고 있던 유대인도 이스라엘에 국민적 의무를 지녀야 한다는 벤구리온의 주장을 반박했다. 1950년대 미국의 유대인위원회 의장인 제콥 블라스테인은 미국에 거주하는 모든 유대인이 미국을 자신의 고향으

이스라엘 수상 시몬 페레스가 미국 워싱턴에서 열린 AIPAC 회의에 참석해 연설을 하고 있다. 미국 클
린턴 대통령이 앉아 있다. 1996년 4월 28일.

로 여긴다고 주장했다. 또한 이스라엘 국민과 외국에 거주하는 유대인의 친
선문제는 상호 호혜적인 관계로 이스라엘은 타국에 살고 있는 유대인의 감정
을 건드리지 말아 달라고 요구했다. 결국 1950년 벤구리온 수상과 블라스테
인의 협정 서명으로 이스라엘과 해외 유대인 간의 갈등이 종결되었는데, 미
국의 유대인들은 이스라엘의 구속을 받을 필요가 없는 독립된 정치적 권리가
있음을 명시했다. 즉, 이스라엘은 자국민만을 대표하며 외국 시민권을 소유
한 해외거주 유대인들을 통제할 수 없다는 내용이다. 미국유대인위원회는 자
신들이 제창한 귀환법과, 유대인이면 자동적으로 부여되는 이스라엘 시민권
을 조정해서 미국 유대인의 이스라엘 이주는 희망자에 한정시켰다. 나훔 골
드만 같은 시온주의 지도자들도 이스라엘 정부에 종속되기를 거부했는데,
1950년대 초 독일과 오스트리아 등 패전국과 나치 희생자 피해보상 협상에서
자신을 이스라엘 정부와 구별하기도 했다. 골드만은 1956년 세계시온주의기
구 의장이 되었으며, 이스라엘 지도자들이 국가와 군대의 힘에 너무 의존하

고 디아스포라 유대인들의 요구에 민감하지 못하다고 비판한 바 있다.

한편 미국시온주의자연합회(American Zionist Federation)는 미국시온주의자들의 이해를 강화시켰고, 14개의 시온주의자조직과 10개의 청년 시온주의자조직의 활동을 조정하였다. 이들 조직은 이스라엘 건국 과정의 산물인 여러 분야의 정책과 활동을 이스라엘로 양도함에 따라 수정시온주의자는 하리쿠드당과, 미국진보주의는 마팜당과, 미국종교시온주의는 마프달당과 그리고 노동시온주의운동권은 하아보다당과 연계하는 등 이스라엘 정치권과 깊은 관계를 맺고 있다. 미국시온주의연합회는 이스라엘 건국 후에도 세계 유대인들을 이스라엘로 모으는 귀환운동 등 해외에서 할 수 있는 역할을 계속 담당하고 있다. 시온주의기구는 법적으로 이스라엘에 속하지 않아 이스라엘이 접근하기 어려운 곳에서 이스라엘을 대신해 활동할 수 있는 장점이 있다. 이런 까닭에 이스라엘이 소련과 국교관계가 없었을 때 세계여성시온주의자기구는 소련에서도 활동할 수 있었다. 유대인의회도 1950년대 초반 여러 아랍국가에서 핍박 받는 유대인들을 구해오는 데 중요한 역할을 했다. 시온주의기구는 이스라엘의 교육·문화·정착·복지에 필요한 자금을 국제적으로 모금했고, 미국유대인호소단체는 직접 이스라엘로 이민을 가지 않는 대신 이스라엘의 국가 재정에 많은 돈을 기부하며 도왔다. 미국유대인호소단체는 이스라엘이 1973년 전쟁에서 파괴된 무기들을 교체하는 데 약 4억 3,800만 달러(1967년 물가 적용)의 자금을 조성해 주었고, 1982년에도 5억 달러 넘게 자금을 조성해 줌으로써 레바논과 전쟁 중이던 이스라엘 정부의 재정 압박을 줄여 주었다. 그동안 이 단체가 모은 기금의 약 60%는 이스라엘 정부에 전달됐다.

이스라엘과 미국의 최대 로비창구로 불리는 미국-이스라엘공공위원회 AIPAC[30]은 미국 내 600만 유대인 중 100만이 가입한 유대인 최대 단체로 미

---

[30] AIPAC 홈페이지: www.aipac.org/. 이스라엘 언론 예디옷아하로놋이 규정한 AIPAC의 정의는 다음과 같다: www.ynetnews.com/articles/0,7340,L-3064502,00.html

국내 여러 유대인 조직으로부터 자금을 거두어들인다. AIPAC은 워싱턴 D.C
에서 최고의 영향력을 가진 로비단체 중 하나로 미국 의회가 친 이스라엘 정
책을 펴도록 미국 상원과 하원에 강력한 영향력을 행사한다. AIPAC은 원래
미국시온주의위원회로부터 나왔는데, 1954년 AIPAC이 독립되면서 붙여진
이름이다. AIPAC은 미국 시온주의자 또는 유대인 조직과 이스라엘 내의 외교
대표부와의 긴밀한 유대관계를 통해 미국의 정책결정에 압력을 행사한다. 미
국에서 이스라엘의 이익을 가장 잘 반영하는 미국 내 최고위급 유대인 조직
은 CPMAJO(Conference of President of Major American Jewish Organization)[31]
이다. 미국 내 유대인들의 의견을 효과적으로 파악하기 위해 1956년 아이젠
하워 대통령의 요청으로 세워진 CPMAJO는 미국 내 유대인 조직 32개를 대변
한다. 이 기구는 이스라엘과 관련된 문제에 있어 미국 내 유대인의 공동 의지
를 대변한다.

　1967년 6일전쟁과 1973년 대속죄일전쟁으로 시온주의자와 비 시온주의자
로 나누어 설정했던 이스라엘과 미국 내 여러 시온주의자들과의 관계에 변화
가 생겼다. 전쟁으로 미국 내 모든 유대인들 사이에 국가 존립의 위기감이 일
면서 사상이나 노선을 떠나 이스라엘과 결속하는 분위기가 조성되었다. 이스
라엘 전쟁은 세계의 디아스포라 유대인들에게 결코 되풀이 되어서는 안 될
홀로코스트 유대인 학살의 악몽을 환기시켰다. 세계 유대인 조직들의 이스라
엘에 대한 물질적 · 정치적 지원이 활기를 찾았고 비 시온주의자들 사이에서
"우리는 지금 모두 시온주의자다" 라는 분위기가 확산되기 시작했다.

　구 소련에 흩어져 살던 유대인들이 1967년 이후 이스라엘의 언어와 전통
등에 관심을 갖기 시작했다. 그들 중 많은 이들이 히브리어를 배우고 유대교
의 전통과 관습을 몸소 실천했으며, 수천 명의 유대인들이 이스라엘 이민을
희망하기도 했다. 이스라엘 정부는 당초 이들의 요구에 불분명한 태도를 취
했으나, 점차 이들에 대한 지원을 확대하기 시작했다. 시온주의의 근본 취지

---

[31]　CPMAJO의 홈페이지: www.conferenceofpresidents.org. 흔히 Presidents Conference라고 부른다.

는 구 소련의 유대인들과 같은 처지의 유대인들에게 주택을 제공하기 위함이었지만, 이스라엘 정부는 유대인 문제로 구 소련과 외교 마찰을 일으키게 될 것을 우려했다. 서방세계에 조직된 유대인 조직이 구 소련의 유대인 문제에 있어 이스라엘 정부를 대신해 활약했는데, 미국의 내셔널 컨퍼런스(National Conference)는 미국정부가 구 소련 정부에 압력을 가해 유대인들의 이민을 허가하도록 했다.

1970년대 초 구 소련과 소비에트 조지아에서 이민자들이 조금씩 들어오기 시작했다. 과거 KGB가 외국 이주를 금지했던 유대인 수형자들도 있었는데, 이들도 미국의 개입으로 이스라엘 땅을 밟게 되었다. 1990년 소련이 붕괴되자 러시아 유대인 이민자 수가 급속히 증가하면서 이스라엘 내 가장 큰 민족 집단이 되었다.

1988년 선거 후, 종교정당들은 연립정부 참여 조건으로 이츠하크 샤미르 수상에게 엄격한 종교법안을 허락할 것과 귀환법의 개정을 요구했다. 미국 내 유대인들은 이 같은 법안이 통과되면 이스라엘과 외국 유대인 간의 관계가 악화될 것을 예상해 샤미르 수상에게 종교정당의 요구를 거부하도록 설득했다. 이에 샤미르는 종교당을 배제하고 하아보다당과 연립정부 구성을 결정함으로써, 해외 유대인과 국내 유대인 그리고 종교정당과 비 종교정당 간의 세력균형을 유지할 수 있었다.

이스라엘 정치권에 실질적인 영향력을 행사했던 해외유대인으로 루바비치 랍비였던 메나헴 스치니어슨을 꼽을 수 있다. 그는 이스라엘 선거에서도 거대한 영향력을 행사했고, 1988년 국회에서 3석을 추가로 획득했다. 개인의 정치적 영향력은 자신의 지지자들을 정치에 동원할 수 있는 능력의 정도로 평가되었다. 미국 내 몇몇 유대인들은 시온주의운동에 자본을 제공하는 측면에서 중요한 역할을 했다. 1993년 하리쿠드당 지도자로 선출된 벤야민 네탄야후는 재정적인 어려움에 처했던 하리쿠드당의 모든 빚을 청산해 줄 만한 돈을 미국에서 끌어올 수 있는 인물이었다. 이밖에도 프랑스, 캐나다, 모로코 등지의 부유한 유대인들이 이스라엘 정치인에게 금전적 지원을 해 주고 있다.

(2) 세계시온주의기구(WZO)

1897년 데오도르 헤르젤[32]이 설립한 세계시온주의기구는 모든 유대인에게 회원 자격과 대표단을 선출할 수 있는 선거권을 준다. 세계회의는 1897년에서 1948년까지 매 2년마다 열렸고, 건국 이후 매 4년마다 예루살렘에서 새로운 지도부를 선출한다. 2006년 제35차 회의에서 이스라엘 카디마당의 쩨브 비엘스키가 재선되었고, 다음 회의는 2010년에 열린다. 1959년 이후 세계시온주의기구 대표의 38%는 이스라엘 국회의 시온주의 정당들이 차지하고, 29%는 미국 출신 유대인이 그리고 나머지 33%는 다른 나라 출신 유대인의 몫이다.[33]

피라미드형을 이루는 WZO 조직은 518명의 세계 대표들로 구성되며, 상위고위직에 192명의 대표들과 작은 수의 이사회가 있다. 이스라엘 정당이 주도하는 WZO는 이스라엘 정당정치의 연장선상에 있으며, 중요한 기능은 주요 정당에 의해 유지되고 권한은 평등하게 할당된다. WZO에는 우파 성향의 마카비, WIZO(여성 보조 시오니스트 조직), 브네이 브리트(유대인 사회조직), 세파르디유대인연합, 정통유대인, 보수주의유대인, 개혁주의운동 등 몇 개의 조직이 추가 되었다.

1899년에 설립된 유대식민지트러스트(Jewish Colonial Trust)가 WZO의 운영자금을 모금하고, 1901년에 설립된 유대기금 케렌카예멧레이스라엘(Jewish National Fund)이 토지구입을 주관한다. 1920년에 설립된 케렌하예소드는 건국이전 팔레스타인전력회사, 팔레스타인포타쉬회사, 앵글로-팔레스타인은행 등을 통해 시온주의자들과 이슈브활동을 지원했다.[34]

영국의 식민지 하 이스라엘에서 세계의 도움을 얻어 유대인의 정착을 돕고 격려하기 위해 유대인관청(Jewish Agency)[35]을 세웠다. 유대인관청 집행부는 이스라엘의 최고 의사 결정 기관으로서 역할을 했고 건국의 모체가 되었다. 영국과 긴밀한 관계에 있던 유대인관청의 권한과 힘은 크네셋이스라엘, 선거위원회, 그리고 국가위원회 등 정부 조직보다 더 컸다. 1935년까지 유대인관

83 이스라엘 독립선언에 서명을 한 시온주의 집행부 의장인 다비드 벤구리온(왼쪽)이 모쉐 샤레트와 악수를 하고 있다. 텔아비브 박물관, 1948년 5월 14일.

청은 마파이당이 장악하고 있었으며, 다비드 벤구리온이 의장이 되었다. 유대인관청의 장악을 놓고 벌이는 이스라엘 내 유대인과 해외거주 유대인 간 오랜 경쟁은 유대인관청의 중요성을 상징적으로 보여 주고 있다. 유대인관청의 의장인 벤구리온이 건국이스라엘의 수상이 되었고, 정치부분 장인 싸레트가 외무부장관이 되었다.

건국 전에는 정착, 이민, 교육 등 모든 분야에서 활동하던 세계시온주의기구는 건국 후 활동 범위를 경제분야로 집중해 활발히 활동했다. 이스라엘에서 가장 큰 은행인 뱅크레우미, 수자원프로젝트인 메코롯과 타할, 건축개발

---

32 건국의 아버지라 불리는 헤르젤은 기자로 파리 특파원 당시 드레프스 사건을 접하고, 1896년 『유대인 국가』라는 책을 저술해 유대인들의 국가 건설의 비전을 제시했다. 그가 설립한 세계시온주의기구 초대 회장을 지냈다.

33 http://en.wikipedia.org/wiki/World_Zionist_Organization

34 http://www.kh-uia.org.il/us/history.html

35 유대인기관 홈페이지: www.jewishagency.org/JewishAgency/English/Home

담당 아미다르, 이스라엘항공 엘알, 이스라엘 주 해운회사 찜, 예루살렘 이스라엘박물관 등 굵직한 기관을 세계시온주의기구가 소유하거나 부분 소유하고 있다. 이는 시온주의기구가 이스라엘 주요 경제에 얼마나 폭 넓게 관여하며 영향력을 행사하고 있는지를 말해 준다. 시온주의기구는 건국 이전뿐만 아니라 건국 후에도 여전히 활발하게 활동하고 있다.

세계시온주의기구에는 두 개의 중요한 조직이 있는데 바로 케렌하예소드와 케렌카예멧이다. 케렌하예소드는[36] 시온주의 운동의 자금모금부분 담당 지부이다. 1920년에 발족해서 미국을 제외한 전 세계 45개국에서 운영되고 있으며, 이스라엘 정부의 재무부와 긴밀한 관계를 유지하며 중요한 재정지원을 하고 있다. 케렌하예소드는 전 세계에 흩어진 유대인에게 이스라엘을 지원할 책임이 있음을 내세워 이스라엘 지원에 모든 유대인의 동참을 호소한다. 케렌카예멧은[37] 팔레스타인 땅을 구입하고 개척 · 개간하는 임무를 책임졌으나, 이스라엘 건국 후 이러한 기능이 정부에 넘겨졌다. 국유화된 토지의 관리자는 이스라엘 토지청이며 1967년 이전 이스라엘 영토의 90퍼센트 이상을 관리하고 있다. 이스라엘 토지청은 가장 중요한 국유지를 주관하므로 정부 내에서도 자리 경쟁이 치열하다. 1996년 아리엘 샤론에 의해 국가시설기관부처가 신설되었을 때 토지청은 국가 건설분야의 주요 실체 중 하나가 되었다.

1971년 유대인관청은 시온주의운동과 연합을 형성하면서 이스라엘 정치정당과 해외 유대인지도부의 지배를 받게 되었다. 이스라엘 정치정당은 이 두 개의 거대 단체의 운영과 재정 및 정책, 지도부 임명을 조정했다. 1995년 40세의 아브라함 버그가 최연소 유대인관청 및 세계시온주의기구의 의장이 되었다. 아브라함 버그가 하아보다당의 국회의원이 되어 정치에 입문하자, 44세의 하리쿠드당 살라이 메리도르가 뒤를 이었다.

유대인관청이나 WZO는 해외 유대인으로부터 모금한 자금으로 이스라엘 이민자의 정착을 도울 뿐 아니라 해외 유대인들을 상대로 유대교 전파와 교육을 지원한다. 수십년이 지난 현재 대부분의 자금은 미국에서 모금된다. 그러나 미국 유대인의 50%가 타민족과 결혼하고, 그 4분의 3은 한번도 이스라엘을 방문한 적이 없으며, 이스라엘 유대인들이 점차 유대주의로부터 멀어지고 있어 시온주의 지도자들의 우려를 낳고 있다. 현대에 들어와 유대인관청과 WZO의 행동강령이 논쟁거리가 되면서 1990년 3,200여 명이었던 유급 직원이 절반으로 축소되었으며, 기구의 기능이 이스라엘 정부의 역할과 겹치는 등 잡음이 있었다. WZO와 유대인관청은 그 역할이 예전에 비해 많이 축소되었지만, 여전히 중요한 상징적인 가치를 지닌 채 경제분야에서 활발히 활동하고 있다.

---

36 케렌하예소드 홈페이지: www.kh-uia.org.il
37 케렌카예멧 홈페이지: www.kkl.org.il/kkl/kklmain_blue_eng.aspx

다음은 필자가 이스라엘 정치를 경험하고 이해에 도움을 이스라엘 주요 인사들과의 함께 한 사진이다. 이스라엘 정치현장을 이해해 나간 필자의 일면을 보여 주고 필자와 친분을 나눈 주요 인사들을 소개하고자 몇 장의 사진을 싣는다.

1 시몬 페레스 이스라엘 대통령

이스라엘 최고의 존경 받는 정치인이다. 젊은 나이에 정치계에 투신 수차례에 걸쳐 정부 주요장관직과 이스라엘 최고 통치권자인 수상을 두 차례나 역임했다. 2007년 7월 84세의 나이로 대통령에 출마해 당선된 그는 민주주의 체제 하에서 이스라엘은 물론 세계적으로도 유명한 최장수 정치인 중 한 명이다. 1995년에는 중동평화에 기여한 공로로 노벨평화상을 수상하기도 했다.

1969년 예루살렘 히브리대학교 재학 중 24세의 나이로 키리앗 말라키시 시장에 당선되어 이스라엘 최연소 시장이 되었고 시장직을 두 번이나 수행했다. 이후 국회의원과 여러 장관직을 거쳐 2000년 이스라엘 대통령에 선출되었으며 2007년까지 7년간 대통령을 역임했다. 이란 이민자 출신으로 특히 이스라엘과 이란 간의 정책에 중요한 기여를 했다.

1973년 27세의 나이로 최연소 국회의원에 당선되었고, 1993년부터 2003년까지 예루살렘 시장을 역임했다. 2003년 샤론 정부에 합류하였고, 샤론 수상이 뇌출혈로 쓰러진 후 수상권한 대행을 거쳐 정식 수상직을 수행하고 있다. 책 출간을 축하하며 친필 사인(사진 아래)과 함께 사진을 보내왔다.

4 에후드 바락 국방장관

이스라엘 군 참모총장 출신으로 1999년 이스라엘 수상이 되었다. 2000년 인티파다 이스라엘 팔레스타인 충돌과 2000년 캠프데이비드 회담 결렬 후 수상직에서 중도 사퇴했다. 2007년 노동당의 당수로 선출된 이후 현 정부에서 국방장관직을 수행하고 있다.

5 무하마드 압바스 팔레스타인 대통령

야세르 아라파트의 후계자로 팔레스타인 대통령이다. PLO의 후신 파타당의 지도자로 강경 하마스와 대결구도를 펼치고 있다. 온건파인 그는 이스라엘과 미국의 평화협상 파트너로 팔레스타인을 이끌고 있다.

6 싸에브 에라카드 팔레스타인 수석장관

아라파트 팔레스타인 수반의 최측근으로 이스라엘과 팔레스타인 간의 평화협상 수석대표를 맡은 이후 현 무하마드 압바스 대통령 정부에서도 그 역할을 수행하고 있다. 팔레스타인의 대 서방 세계에 가장 잘 알려진 팔레스타인 정치인이다.

7 아미르 페레츠 전 국방장관

이스라엘 남부 스테롯 시장을 거쳐 이스라엘 최대 노동조합인 히스타드루트 위원 장을 지냈다. 노조위원장으로 재직 당시 이스라엘에서 가장 성공적인 파업을 이끈 강경론자로 인기를 끌었다. 노동당 당권에 도전해 시몬 페레스 대 원로를 누르고 당권을 장악했고, 2006년에 국방장관직을 수행했다.

8 이츠하크 헤르조그 복지부장관

이스라엘 초대 최고랍비의 손자이며, 전 이스라엘 대통령 하임 헤르조그의 아들로 소장 정치인이다. 이스라엘 변호사협회 회장 출신으로 관광장관, 주택장관 등 여러 장관직을 역임했으며, 현재는 복지부장관으로 있다.

9 아흐마드 후무스 팔레스타인 교육부장관

팔레스타인 야세르 아파라트의 신임으로 1995년부터 팔레스타인 교육부를 이끌었고, 수년간 팔레스타인 교육부장관을 역임했다.

10 율리 타미르 교육부장관

이스라엘의 몇 안 되는 여성 정치인으로 1973년 대속죄일전쟁 당시 시나이반도 최전방에 참여하기도 했고, 이후 학교에서 여러 학문활동을 해왔다. 여러 번의 국회의원직을 수행했고, 2006년부터는 교육부장관직을 맡고 있다. 최근 전국 대학 교수들의 파업시 강경하게 대응, 3개월이 넘는 파업에도 조금도 물러서지 않았던 강경 정치인이다.

11 아흐마드 티비 국회의원

이스라엘 국민 중 130만 아랍 이스라엘인들의 대표적 정치인으로 이스라엘 국회 내의 아랍 국회의원이다. 이스라엘과 팔레스타인 간의 대화창구 역할을 하며, 대 아랍국가들에 이스라엘 내 아랍인들의 권익을 위해 활발히 활동하고 있다.

12 빅터 바타쉐 베들레헴 시장

팔레스타인 기독교 도시인 베들레헴의 시장 빅터 바타쉐이다. 예수님이 탄생한 성지인 베들레헴 시장은 전통적으로 기독교인이 맡는다. 로마 카톨릭 신자로 의사 출신이다. 이스라엘에 대해서는 강경론적 입장이지만 베들레헴을 찾는 전 세계 기독교계를 향해 폭넓은 활동을 하고 있다.

13 로버트 아우만 2005년 노벨경제학상 수상자

히브리대학교 수학과 교수인 그는 2005년 '게임이론'으로 노벨경제학상을 수상했다. 이스라엘 우파 성향의 학자로 이스라엘 현 정치에 대해 적극적인 의견을 제시하고 있다.

14 아리브 오펜하이머 샬롬 악샵 대표

이스라엘 내 최대 시민단체인 샬롬 악샵의 대표이다. 팔레스타인 영토 내에 정착촌 감시 및 철거운동의 선봉장으로 한국을 비롯해 전 세계 언론에 잘 알려진 인물이다. 2003년 20대 후반의 나이에 국회의원에 출마하기도 한 그는 유력한 젊은 정치인 중의 한 명으로 꼽힌다.

15 나단 샤란스키 전 장관

옛 소련 사하로프 박사의 통역관으로 소련의 반체제 인사로 오랫동안 수감되어 있다 미국 레이건 대통령의 도움으로 이스라엘에 이민 온 러시아계 유대인이다. 이스라엘 러시아 이민자당을 이끌며 이스라엘 이민장관을 역임했고, 민주주의에 대한 그의 저서 『민주주의를 말한다』가 부시 대통령의 중동정책에 교과서가 되면서 전 세계의 주목을 받았었다.

16 아리예 슈머 전 대통령비서실장 및 현 텔아비브 시의회의장

하임 와이즈만 전 이스라엘 대통령 비서실장 출신으로 현재는 이스라엘 최대 도시 텔아비브 시의회 의장이다. 이스라엘 인구의 3분의 1이 밀집된 텔아비브 시의 의회 의장으로 아주 폭넓은 인맥을 가지고 있으며, 현재 한국대사관 명예영사로 한국에도 많은 도움을 주고 있다.

17 이라 샤르칸스키 히브리대 정치학과 교수

예루살렘 히브리대 정치학과 명예교수로 필자의 은사다. 25세에 박사학위를 받고 위스콘신대학 교수로 재직 중 이스라엘에 귀화해, 평생을 이스라엘 정치를 연구해 온 정치학자다. 그를 통해 필자는 '종교와 정치' 라는 새로운 각도에서 이스라엘 정치를 바라보게 되었다. 약 30여 권의 저서가 있으며, 그의 초기 저서 『행정학개론』 은 이미 한국에 번역되어 대학교재가 되기도 했다.

6일전쟁과 대속죄일전쟁

6일전쟁(Six Day War)

　세계 전쟁사에서 6일간의 가장 짧은 시간에 가장 많은 영토를 점령하며 대 승리로 기록된 전쟁이 바로 1967년 6일전쟁이다. '제3차 중동 전쟁'으로도 알려진 6일전쟁에서 신생국가 이스라엘은, 전 아랍연합국들을 상대로 싸워 승리하며 강력한 이스라엘을 전 세계로 알리는 계기를 만들었다.

　6일전쟁은 이스라엘이 당시 이집트를 필두로 한 아랍연합군에 선재 공격을 감행함으로 시작되었다. UN군이 시나이반도에서 철수하자 이집트는 이 지역을 재무장시키고, 이스라엘의 해상 통로인 티란 해협을 봉쇄했다. 동시에 이집트는 주변국들이었던 요르단, 시리아, 이라크와 군사동맹까지 체결해 이미 중동지역에 전운이 감돌았다. 전쟁을 감지한 미국이 이들을 중재하고자 나섰지만, 이스라엘은 1967년 6월 5일에 이집트를 공격함으로써 전쟁이 시작되었다.

　이스라엘이 이집트를 공격함과 동시에 이스라엘 공군은 국경에 접해 있는 동쪽의 요르단 북쪽의 시리아 그리고 이라크 공군기지로 출격해 활주로를 폭파해 효과적으로 중동 영공을 장악했다. 특히 시나이반도에서 행한 이스라엘의 전반적인 공격은 대 성공으로, 작전을 개시한 지 4일 만에 이스라엘은 가장 강력한 군사력을 지닌 이집트에 승리를 거두며 시나이반도 대부분을 점령했다. 당시 군 병력을 비교하면, 아랍연합군 세력은 각종 내전에 투입되어 있었던 데다 병참선마저 열악했던 반면 이스라엘의 병력은 예비군을 포함하여 26만 4,000명이었다.

1967년 5월 23일자 《뉴욕타임스》 지에 "아랍군의 군사력은 엄청난 이스라엘의 군사력에 상대조차 되지 않는다"고 언급될 정도였다.

6월 10일이 되자 이스라엘은 골란 고원에서의 공격을 중단했고, 다음 날인 11일에 아랍연합국과 휴전에 합의했다. 이로써 이스라엘은 6일전쟁을 통해 가자 지구와 시나이 반도, 서안 지구, 골란 고원을 확보하게 된 것이다. 즉, 이스라엘은 남쪽으로는 300km에 이르는 전략적 영토를 확보하게 되었으며, 동쪽으로는 60km, 북쪽으로는 20km를 넓힘으로써 6년 후에 발생할 1973년의 중동 전쟁에서의 국방 자산을 확보하게 된 것이었다. 또한 이 전쟁을 통해 이스라엘은 중동 지역의 세력 균형을 변화시킬 수 있는 힘을 보여주는 계기를 만들었다. 6일전쟁은 종교적으로도 변화가 있었다. 당시 요르단 통치하에 있는 동예루살렘을 점령함으로써 유대인들은 통곡의 벽에 자유롭게 접근할 수 있었고, 기독교인들에게는 예수님의 무덤교회가, 무슬림들에게는 성전산의 엘악사 사원의 자치권이 각각 주어졌다.

그러나 6일전쟁에서 이스라엘이 점령한 영토는 중동분쟁의 새로운 불씨가 되었다. 1967년 11월 22일, UN안전보장이사회는 결의안 242호를 채택해 6일전쟁 때 이스라엘이 점령한 영토를 원래대로 반환할 것을 요구했지만, 영토 반환과 관련하여 결의안 자체에는 구체적인 조건이 명시된 바가 없었다. 1978년의 캠프데이비드협정에서 이스라엘은 시나이 반도를 이집트에 돌려주었지만, 요르단 서안과 골란고원은 아직도 이스라엘이 차지하고 있어 분쟁의 대상이 되고 있다.

당시 6일전쟁으로 이스라엘은 약 800명이 전사했고, 이집트는 자국 군사력의 80%에 해당하는 1만 1,500명의 군인들이 전사했으며 5,500명이 포로로 잡혔었다. 요르단 역시 7,000명이 전사했고, 2만 명이 부상했으며, 시리아는 2,500명의 전사했다. 이스라엘은 6일전쟁의 승리로 건국 후 이스라엘 자국의 존재에 관해 자신감을 갖게 되었고, 세계는 중동 분쟁의 한복판에 있는 이스라엘의 존재에 대해 새롭게 인식하는 계기가 되었다.

대속죄일전쟁(Yom Kippur War)

1973년 유대인들에게 가장 거룩한 절기인 대속죄일에 전쟁이 발발한 제4차 중동전쟁을 히브리어로 '욤키푸전쟁' 또는 '대속죄일전쟁'이라고 부른다. 1973년 10월 6일부터 10월 26일까지 치러진 이 전쟁은 유대교의 대속죄일에 이집트와 시리아가 이스라엘을 기습 공격하면서 시작되었다.

아랍권에서 독보적인 군사강국의 입지를 다지고, 6일전쟁 때 빼앗긴 시나이반도 및 골란고원을 되찾기 위해 이집트와 시리아가 이스라엘에 선제공격을 감행했다. 이집트는 전쟁을 위해 1972년부터 소련으로부터 각종 무기와 군수품을 조달 받는 등 전쟁준비를 해왔고, 시리아 역시 군비를 증강했다. 당시 이스라엘 정보기관을 통해 군사적인 움직임을 알아챘지만 이들의 선제공격은 예상하지 못했다. 이에 따라 전쟁 초기 1-2일 동안은 이집트와 시리아가 전세를 쥐었다. 대속죄일을 맞아 경찰과 전후방 군병력까지 금식 중에 있던 이스라엘은 전쟁 초반 고전을 면치 못했다. 특히 6일전쟁에서 이스라엘의 공군에 참패를 당했던 이집트는 소련제 미사일을 내세워 이스라엘 공군을 무력화시켰고, 시리아 역시 압도적인 수의 탱크를 앞세워 이스라엘이 점령한 골란고원으로 진격했다.

그러나 전세를 가다듬은 이스라엘은 전쟁 셋째 주에 접어들면서 전세를 역전시켰다. 이스라엘은 골란 고원에 전력을 투입하여 반격을 가함으로써 10월 11일부터 14일까지 시리아를 골란고원에서 밀어냈으며, 시나이반도 남쪽으로 들어온 이집트의 제3군을 이스라엘이 완전히 포위했다. 이에 이라크가 가세하여 골란 고원에 3만 명의 지원병력과 300대의 탱크를 투입하였으나 이스라엘의 기세를 꺾지는 못했다. 대속죄일전쟁에서 이스라엘은 이집트 시나이반도를 점령하고 홍해 수에즈 운하를 건너 이집트의 수도 카이로로 진격해 나가, 이스라엘 역사상 이집트(애굽)에 대항해 가장 큰 승리를 거두기도 했다. 전쟁이 장기화 양상을 보이자 이스라엘과 UN은 미국과 소련의 중재로 10월 22일 이스라엘과 아랍 사이의 휴전을 요구하는 결의안 338호를 발의했다.

대속죄일전쟁은 중동 지역에 매우 광범위한 영향을 미쳤다. 이집트는 캠프데이비드협정을 통해 6일전쟁 때 빼앗긴 시나이반도를 이스라엘로부터 돌려받으면서 아랍권 최초로 이스라엘을 정식 국가로 인정하였다. 뒤이어 1994년에 요르단도 이스라엘을 인정하고 평화협정을 맺으면서, 자유로운 왕래를 시작하는 계기가 되었다.

찾아보기

참고문헌

이스라엘 건국이전 및 건국 초기 정치사

Abramov, S. Zalman. *Perpetual Dilemma: Jewish Religion in the Jewish State.* Associated University Press, 1976.

Avinery, Shlomo, *The Making of Modern Zionism*, New York: Basic Books, 1981.

Beit Hallahmi, Benjamin, *Original Sins: Reflections on the History of Zionism and Israel*, OliveBranch Press, 1993.

Halpern, Ben, *Zionism and the Creation of a New Society*, Brandeis University Press, 2000.

Horowitz, Dan & Lissak, Moshe. *Origins of the Israeli Polity: Palestine Under the Mandate.* Chicago: University of Chicago Press, 1978. Kurzman.

Lehman Wilzig, Sam N. and Susser, Bernard. *Public Life in Israel and the Diaspora.* Tel Aviv: Bar Ilan University Press, 1981.

Luttwak, Edward & Horowitz, Dan. *The Israeli Army.* London: A. Lane, 1975. New York: Harper & Row, [1975].

Sagi, Avi and Dov Schwartz (eds.). *A Hundred Years of Religious Zionism* (vol. 3, Ideology Asspects). Univ.of Bar-Ilan: Israel, 2003. (in Hebrew).

Samet, Moshe, *Who is a Jew* (1958-1988), Jerusalem: Hemat, 1988.

이스라엘 정치일반

Aronoff, Myron J. *Israeli Visions and Divisions: Cultural Change and Political Conflict.* New Jersey: Transaction Publishers, 1989.

Brichta, Avraham, *Political Reform in Israel*, Sussex Academic Press, 2001.

Cohen, Haim H. *Jewish Law in Ancient and Modern Israel.* Jerusalem: Hebrew University of Jerusalem, 1971.

Don Peretz and Gideon Doron, *The Government and Politics in Israel*, Westview, 1997.

Dowty, Alan, *The Jewish State: a century later*, University of California Press, 1998.

Etzioni-Halevy, Eva, *Political Culture in Israel*, Praeger Publishers, 1977.

_____, *The Divided People: Can Israel's Breakup be Stopped?*, Lanham, Maryland: Lexington Books, 2003.

Hazan, Reuven Y. and Maor, Moshe, ed., *Parties, Elections and Cleavages: Israel in Cpmparative and Theoretical Perspective*, Lonon; Frank Cass, 2000.

Isaac, Rael Jean, *Party and Politics in Israel; Three Visions of a Jewish State*, New York and London: Longman, 1981.

Kraines, Oscar. *Government and Politics in Israel.* Boston: Houghton Mifflin Company, 1961.

Medding, Peter Y(ed.), *Israel: State and Society, 1948-1988*, Oxford University Press, 1989.

Medding, Peter Y "From Government by Party to Government Despite Party" in Hazan, Reuven Y. and Maor, Moshe (eds), *Parties, Elections and Cleavages: Israel in Comparative and Theoretical Perspective*, London; Frank Cass, 2000.

Sharkansky, Ira, *Policy Making in Israel: Routines for Simple Problems and Coping with the Complex.* Pittsburgh: University of

Pittsburgh Press, 1997.

_____. *Governing Jerusalem: Again on the World's Agenda*. Detroit: Wayne State University Press, 1996.

_____. *Rituals of Conflict: Religion, Politics, and Public Policy in Israel*. Boulder, Colo.: Lynne Rienner Publishers, 1996.

김용기, 『이스라엘의 정치와 사회』, 글터, 1996.

이스라엘 정치정당 및 선거

Arian, Asher (ed.), *Politics in Israel*. New Jersey: Chatham House Publisher, 1989.

_____ (ed.), *The Elections in Israel: 1969*, Jerusalem Academic Press, 1972.

_____ (ed.), *The Elections in Israel: 1973*, Jerusalem Academic Press, 1975.

_____ (ed.), *The Elections in Israel: 1977*, Jerusalem Academic Press, 1980.

_____ (ed.), *The Elections in Israel: 1981*, Ramot Publishing Co., 1983.

_____ (ed.), *The Elections in Israel: 1984*, Ramot Publishing Co., 1986.

_____ (ed.), *The Elections in Israel: 1988*, Westview Press, 1990.

_____ (ed.), *The Elections in Israel: 1992*, State University of New York Press, 1995.

_____ (ed.), *The Elections in Israel: 1996*, State University of New York Press, 1999.

Arian, Asher and Shamir, Michael (ed.), *The Elections in Israel 1999*, State University of New York Press, 2002

Diskin, Abraham, *Elections and Voters in Israel*, Praeger, 1991.

Elazar, Daniel J. and Sandler, Shmuel, *Israel's Odd Couple: The 1984*

Knesset Elections and the National Unity Government, Detroit: Wayne State, University Press, 1990.

_____. *Who's the Boss in Israel: Israel at the Polls, 1988*, Detroit: Wayne State University Press, 1992.

_____. *Israel at the Polls, 1992*, Rowman & Littlefield Publishers, Inc. 1995.

_____. *Israel at the Polls, 1996*, Frank Cass 1998.

Elazar, Daniel J. and Mollov, M. Ben, *Israel at the Polls 1999*, Frank Cass, 2001.

Garb, Yoni. "NRP's Youth and the Ideologic Roots of Gush Emunim". In: Cohen, Asher and Yisraeli Harel (eds.). *The Religious-Zionism: An Era of Changes*. Bialik Institute: Jerusalem, 2004. (Hebrew)

Gonen, Amiram and Hasson, Shlomo, *The Cultural Tension within Jerusalem's Jewish Population*, The Floersheimer Institute for Policy Studies, 1997.

Hasson, Shlomo, *The Cultural Struggle over Jerusalem: Accommodations, Scenarios and Lessons*, The Floersheimer Institute for Policy Studies, 1996.

Horowitz, Neri, *Ultra-Orthodox Politics between the Elections of 1999 and 2001*, The Floersheimer Institute for Policy Studies, 2002.

Lochery, Heill. *The Israeli Labour Party: In the Shadow of the Likud*. Ithaca Press, 1997.

Penniman, Howard R. *Israel at the Palls, The Knesset Elections of 1977*, Washington, D.C., 1979.

Penniman, Howard R. and Elazar, Daniel J. *Israel at the Palls, 1981: A Study of the Knesset Elections*, Washington, D.C.: Indiana University Press, 1986.

Shapiro, Yonathan. *The Road to Power: Herut Party in Israel*. State University of New York Press, 1991.

Sirkin, Ronald Mark. *Coalition, Conflict, and Compromise: The Party Politics of Israel*. The Pennsylvania State University, Ph.D. Dissertation, 1971.

Tedeschi, G. and Yadin, Y. *Studies in Israel Legislative Problems*. Jerusalem: The Magnes Press, The Hebrew University, 1966.

Unna, Moshe, *Separate Ways: In the Religious Parties' Confrontation of Renascent Israel*, Publishing Division of the Torah Education Department of the W.Z.O. 1987.

Walzer, Michael. *The Jewish Political Tradition*. Yale University Press, 2000.

Ware, Alan, *Political Parties and Party Systems*, New York: Oxford University Press, 1996.

Yanai, Nathan. *Party Leadership in Israel: Maintenance and Change*. Ramat Gan: Turtledove Publishing, 1981.

Zohar, David M. *Political Parties in Israel: The Evolution of Israeli Democracy*. New York: Praeger Publishers, 1974.

이스라엘 종교와 문화

Cohen, Asher and Susser, Bernard, *Israel and the Politics of Jewish Identity*, Baltimore and London: The Johns Hopkins University Press, 2000.

Cohen, Asher and Yisraeli Harel (eds.). *The Religious-Zionism: An Era of Changes*. Bialik Institute: Jerusalem, 2004. (in Hebrew)

Cohen, Stuart A. *The Three Crowns: Structures of Communal Politics in Early Rabbinic Jewry*. Cambridge University Press, 1990.

Cohen, Stuart A. and Don-Yehiay, Eliezer. *Conflict and Consensus in Jewish Political Life*. Tel Aviv: Bar-Ilan University Press, 1986.

Dane' l, Adam D., *A Jewish and Democratic State: A Multiculturalist View*, The Floersheimer Institute for Policy Studies, 2003.

David, Yossi and Yinon, Eyal, *The State Rabbinate: Appointment, Tasks and Freedom of Expression*, The Floersheimer Institute for Policy Studies, 2000.

David, Yossi, *The State of Israel: Between Judaism and Democracy*, The Floersheimer Institute for Policy Studies, 2003

Efron, Noah J., *Real Jews: Secular Versus Ultra-Orthodox and the Struggle for Jewish Identity in Israel*, New York: Basic Books, 2003.

Elazar, Daniel J. and Cohen, Stuart A. *The Jewish Polity: from Biblical Times to the Present.* Indiana University Press, 1985.

Englard, Izhak. *Religious Law in the Israel Legal System.* Jerusalme: Hebrew University of Jerusalem, 1975.

Heilman, Samuel, *Defenders of the Faith: Inside Ultra-Orthodox Jewry*, University of California Press, 2000.

Ilan, Shahar, *Draft Deferment for Yeshiva Student: A Policy Proposal*, The Floersheimer Institute for Policy Studies, 1999. (in Hebrew and English)

Liebman, Charles S. *Religious and Secular: Conflict and Accommodation Between Jews in Israel*, Keter Publishing House, 1990.

Liebman, Charles S. and Don-Yehiya, Eliezer. *Religion and Politics in Israel.* Indiana University Press, 1984.

_____, *Civil Religion in Israel: Traditional Judaism and Political Culture in the Jewish State*, University of California Press, 1983.

Liebman, Charles S. and Katz, Elihu, *The Jewishness of Israelis: Responses to the Guttman Report*, Albany: State University of New York Press, 1997.

Marquand, David and Nettler, Ronald L., *Religious and Democracy*,

Blackwell Publisher, 2000. JC 423 R36 2000

Medding, Peter Y., (ed.), *Studies in Contemporary Jewry*, Indiana University Press, 1986.

Mendelsohn, Ezra. *On Modern Jewish Politics*. Oxford University Press, 1993.

Mittleman, Alan L. *The Politics of Torah: The Jewish Political Tradition and the Founding of Agudat Israel*. State University of New York Press, Albany, 1996.

Rabinowicz, Harry, *Hasidim and the State of Israel*, Fairleigh Dickinson, 1982.

Ravitzky, Aviezer, *Religion and State in Jewish Philosophy*, The Floersheimer Institute for Policy Studies, 2002.

_____, *Religious and Secular Jews in Israel: A Kulturkampf*, 2000.

_____, *Messianism, Zionism, and Jewish Religious Radicalism*, University of Chicago Press, 1993.

Rolef, Susan Hattis, The *Dilemma of Religion and Politics*, Semana Publishing Co. 1986.

_____, *Political Dictionary of the State of Israel*, Jerusalem : Keter Publishing House, 1987.

Sasson, Shlomo, *The Struggle for Hegemony in Jerusalem: Secular and Ultra-Orthodox in Urban Politics*. The Floersheimer Institute for Policy Studies, 2002.

Schiff, Gary S., *Tradition and Politics: The Religious Parties of Israel*. Detroit: Wayne State University Press, 1977.

Shahak, Israel and Mezvinsky, Norton. *Jewish Fundamentalism in Israel*. Fluto Press, 1999.

Sharkansky, Ira. *The Politics of Religion and the Religion of Politics: Looking and Israel*. Maryland: Lexington Books, 2000.

_____. *Ambiguity, Copying, and Governance : Israeli Experiences in Politics, Religion, and Policymaking*. Westport, Praeger

Publisher, 1999.

_____. *Israle and Its Bible: Political Analysis*. New York: Garland Publishing, 1996.

_____. *Ancient and Modern Israel: An Exploration of Political Parallels*. State University of New York Press, 1991.

Sheleg, Yair, *The Political and Social Significance of Evacuating Settlements in Judea, Samaria and Gaza*. The Floersheimer Institute for Policy Studies, 2003.

Shilhav, Yosseph, *Ultra-Orthodoxy in Urban Governance*, The Floersheimer Institute for Policy Studies, 1998.

Shiffer, Varda, *The Haredi Education in Israel: Allocation, Regulation, and Control*. The Floersheimer Institute for Policy Studies, 1999.

Silberstein, Laurence J. *Jewish Fundamentalism in Comparative Perspective: Religion, Ideology, and the Crisis of Modernity*. New York University Press, 1993.

Stern, Yedidia Z., *State, Law, and Halakhah: Part Two, Facing Painful Choices*. The Floersheimer Institute for Policy Studies, 2003.

_____, *On the Role of Jewish Law in Matters of Religion and State*. The Floersheimer Institute for Policy Studies, 2004.

_____, *State, Law, and Halahka: Part One-Civil Leadership as Halakhic Authority*. The Floersheimer Institute for Policy Studies, 2001.

_____, *Rabbincal Rulings on Policy Questions*. The Floersheimer Institute for Policy Studies, 1999.

Waxman, Chaim I. *Israel as a Religious Reality*. Pennsylvania: Rabbi Isaac Elchanan Theological Seminary, 1994.